Roman Lesmeister
Begehren, Schuld und Neubeginn

Das Anliegen der Buchreihe Bibliothek der Psychoanalyse besteht darin, ein Forum der Auseinandersetzung zu schaffen, das der Psychoanalyse als Grundlagenwissenschaft, als Human- und Kulturwissenschaft sowie als klinische Theorie und Praxis neue Impulse verleiht. Die verschiedenen Strömungen innerhalb der Psychoanalyse sollen zu Wort kommen, und der kritische Dialog mit den Nachbarwissenschaften soll intensiviert werden. Bislang haben sich folgende Themenschwerpunkte herauskristallisiert:

Die Wiederentdeckung lange vergriffener Klassiker der Psychoanalyse – beispielsweise der Werke von Otto Fenichel, Karl Abraham, Siegfried Bernfeld, W. R. D. Fairbairn, Sándor Ferenczi und Otto Rank – soll die gemeinsamen Wurzeln der von Zersplitterung bedrohten psychoanalytischen Bewegung stärken. Einen weiteren Baustein psychoanalytischer Identität bildet die Beschäftigung mit dem Werk und der Person Sigmund Freuds und den Diskussionen und Konflikten in der Frühgeschichte der psychoanalytischen Bewegung.

Im Zuge ihrer Etablierung als medizinisch-psychologisches Heilverfahren hat die Psychoanalyse ihre geisteswissenschaftlichen, kulturanalytischen und politischen Bezüge vernachlässigt. Indem der Dialog mit den Nachbarwissenschaften wieder aufgenommen wird, soll das kultur- und gesellschaftskritische Erbe der Psychoanalyse wiederbelebt und weiterentwickelt werden.

Die Psychoanalyse steht in Konkurrenz zu benachbarten Psychotherapieverfahren und der biologisch-naturwissenschaftlichen Psychiatrie. Als das ambitionierteste unter den psychotherapeutischen Verfahren sollte sich die Psychoanalyse der Überprüfung ihrer Verfahrensweisen und ihrer Therapieerfolge durch die empirischen Wissenschaften stellen, aber auch eigene Kriterien und Verfahren zur Erfolgskontrolle entwickeln. In diesen Zusammenhang gehört auch die Wiederaufnahme der Diskussion über den besonderen wissenschaftstheoretischen Status der Psychoanalyse.

Hundert Jahre nach ihrer Schöpfung durch Sigmund Freud sieht sich die Psychoanalyse vor neue Herausforderungen gestellt, die sie nur bewältigen kann, wenn sie sich auf ihr kritisches Potenzial besinnt.

BIBLIOTHEK DER PSYCHOANALYSE
HERAUSGEGEBEN VON HANS-JÜRGEN WIRTH

Roman Lesmeister

Begehren, Schuld und Neubeginn

Kritische Analysen psychoanalytischer Konzepte im Anschluss an Jacques Lacan

Psychosozial-Verlag

Bibliografische Information der Deutschen Nationalbibliothek
Die Deutsche Nationalbibliothek verzeichnet diese Publikation
in der Deutschen Nationalbibliografie; detaillierte bibliografische Daten
sind im Internet über http://dnb.d-nb.de abrufbar.

Originalausgabe

Gesetzlich vertreten durch die persönlich haftende Gesellschaft Wirth GmbH,
Geschäftsführer: Johann Wirth
Walltorstr. 10, 35390 Gießen, Deutschland
0641 969978 0
info@psychosozial-verlag.de
www.psychosozial-verlag.de

Umschlagabbildung: William Turner, *Die letzte Fahrt der »Temeraire«* (Detail), 1839
Umschlaggestaltung & Innenlayout nach Entwürfen von Hanspeter Ludwig, Wetzlar
Satz: metiTec-Software, me-ti GmbH, Berlin
Druck und Bindung: Books on Demand GmbH
In de Tarpen 42, 22848 Norderstedt, Deutschland
Printed in Germany

ISBN 978-3-8379-2659-0

Inhalt

Einleitung 9

Das Begehren und die Übertragung des Psychoanalytikers 19

Die Übertragung des Patienten und die Übertragung des Analytikers 19

Konzeptionelle Beiträge zum Begehren und zur Übertragung des Analytikers 26

Die analytische Situation als vom Begehren des Analytikers geleitete Konstruktion 27

Jacques Lacan und das Wahrheitsbegehren des Analytikers 29

Das Begehren des Analytikers und die Autonomie des Patienten bei Otto Rank 38

Begehren und wechselseitige Anerkennung: Ausgleich oder Illusion? 45

Das Begehren des Analytikers und die Intersubjektivität der analytischen Situation 47

Das Phantasma der Voraussetzungslosigkeit als Maskierung des Begehrens 50

Das Begehren des Analytikers und der Rückzugsraum des Patienten 53

Der Schuldige Mensch und der Tragische Mensch 57
Ein anthropologischer Dualismus
im gegenwärtigen psychoanalytischen Diskurs
Der Schuldige Mensch und der Tragische Mensch bei Heinz Kohut 58
Kulturtheoretische Aspekte:
Das Verschwinden der Schuldproblematik 63
Versuch einer Synthese: Tragische Schuld und tragisches Subjekt 66
Die Schuldproblematik in der psychoanalytischen Praxis 73
Der schuldige Analytiker 77
Die schuldigen Eltern 80
Die »Schuld der Individuation«: Gibt es die noch? 85
Der Schuldkonflikt in der Selbstwerdung 85
Schuld, Trennungsaggression und Individuation 90
Spuren der Verflüchtigung 99

Psychoanalytische Konzeptionen des Neubeginns 101
Neubeginn durch Einsicht und Bewusstwerdung 102
Neubeginn durch Regression 111
Regression und Neubeginn bei Michael Balint 112
Regression und Neubeginn bei C.G. Jung 116
Regression, romantisches Phantasma und Nachträglichkeit 121
Neubeginn durch Neubildung 127
Nicht finden, sondern erschaffen 127
Neubildung und demiurgisches Phantasma 130
Neubeginn als Ereignis 134
Das kausalistische Phantasma 134
Was ist ein psychoanalytisches Ereignis? 138

Ein Anderer 143
Zur Ethik der psychoanalytischen Situation
Begehren und Verantwortung des Psychoanalytikers 143
Die analytische Beziehung und der Andere 160

Das falsche Versprechen 161
Beziehungstechnik 164
Nicht-Inklusion oder der Patient als der Andere 168
Der Andere im Konzept der depressiven Position 169
Der Andere bei Emmanuel Lévinas und die analytische Situation 174
Glaube als Element analytischer Haltung und Ethik 177
Die realitätsfundierende, epistemologische und
Beziehungsdimension des Glaubens 178
»Glaube an O«:
Wilfred Bions metaphysische Grundlegung psychoanalytischer Ethik 181
Analytischer Glaube: »aus dem Nichts« 185

Literatur 189

Einleitung

Das psychoanalytische Denken und die von ihm inspirierte klinische Praxis der Psychoanalyse haben sich im Verlaufe der zurückliegenden Jahrzehnte tiefgreifend verändert. Nachdem die Objektbeziehungstheoretiker längst zu neuen Ufern aufgebrochen waren, vollzog sich seit den Siebzigerjahren des vergangenen Jahrhunderts in Konkordanz mit bestimmten Veränderungen im allgemeinen gesellschaftlichen und kulturellen Klima der westlichen Industrienationen ein fortschreitendes Umdenken, das zur bisweilen radikalen Erneuerung psychoanalytischer Vorstellungsweisen und daran gebundener methodischer Konzepte geführt hat. Stationen diese Wandels, der sich in einer neuartigen Wertschätzung des individuellen Selbst und der interpersonalen Beziehung ausdrückte, sind – um nur die wichtigsten zu nennen – Heinz Kohuts Selbstpsychologie, die auf John Bowlby zurückgehende und maßgeblich von der Forschergruppe um Peter Fonagy weiterentwickelte Bindungstheorie sowie schließlich die zahlreichen und keineswegs als einheitlich anzusehenden Modelle intersubjektiver oder relationaler Psychoanalyse. In enger Verbindung mit diesen Umwälzungen, die eine gesteigerte Aufmerksamkeit für die Ergebnisse empirischer entwicklungspsychologischer Forschung mit sich brachten, ergab sich eine folgenreiche Innovation, die bis in die Gegenwart hinein das interne Bild psychoanalytischer Praxis prägt. Die Rede ist von der Ausweitung des Indikationsspektrums für psychoanalytische Psychotherapie auf die Gruppe der vormals sogenannten Grenzfälle, in zeitgemäßer Terminologie ausgedrückt: den Formenkreis der Persönlichkeitsstörungen, worunter in erster Linie die narzisstischen und Borderline-Persönlichkeitsstörungen zu nennen sind. Die psychoanalytische Behandlung von Patienten, die den genannten diagnostischen Kategorien zuzurechnen sind, verlangt, so der weithin bestehende Konsens, ganz spezielle und auf die Erfordernisse dieser anwachsenden Population von Hilfebedürftigen abgestimmte ätiologische, psychodynamische und technische Konzepte. Und ein Großteil der Anstrengungen, die von Psychoanalytikern innerhalb und außerhalb des Behandlungszimmers geleistet wird, dient heute der Entwicklung, Ausarbeitung und Erprobung eben solcher Konzepte.

Es ist sehr schwer, den angehenden Analytikerinnen und Analytikern an einem Ausbildungsinstitut im Jahre 2016 ein Bild davon zu vermitteln, wie ganz andersartig sich die professionellen Sichtweisen und Gepflogenheiten noch zu einer Zeit darstellten, in der der Autor dieses Buches seine psychoanalytische Ausbildung begann. Zur Illustration des Wandels, um den es hier geht, sei eine kleine Anekdote angeführt.

Zu Beginn der Achtzigerjahre war es mit vergönnt, einen älteren und erfahrenen Psychoanalytiker kennenzulernen, zu dem die gesamte Dozentenschaft des Institutes, an dem er tätig war, in berechtigter Hochachtung, ja Verehrung emporblickte. Es handelte sich um einen weit über die Institutsgrenzen hinaus bekannten Mann, der maßgeblich zur Einführung der Kassenpsychotherapie in Deutschland beigetragen und sich in diesem Zusammenhang als Mitautor eines Standardkommentars zu den Psychotherapierichtlinien einen bleibenden Namen gemacht hatte. Dieser hoch angesehene Kollege hatte die Funktion inne, bei allen Patienten, die von Ausbildungskandidaten in Behandlung übernommen werden sollten, die ärztliche Zweitsicht durchzuführen. So kam es, dass sich eines Tages bei ihm eine junge Frau vorstellte, die ich mir für eine meiner ersten analytischen Behandlungen ausgesucht hatte. Aus heutiger Sicht würde ich einräumen, dass es sich nicht gerade um einen »leichten Fall« handelte, ja, dass einige charakteristische Symptome und Verhaltensmuster auf eine, wie man damals noch sagte, schwere Charakterneurose (sprich: Persönlichkeitsstörung) hindeuteten. Gleichwohl schien mir die Patientin hoch motiviert und an einer analytischen Aufarbeitung ihrer Problematik überzeugend interessiert. Das Votum meines Zweitsichters fiel für mich – und das hieß natürlich auch für die Patientin – dennoch vernichtend aus. Von der strengen Belehrung, die ich zu hören bekam, sind mir noch folgende Worte im Sinn: »Was glauben Sie, wenn Sie da anfangen, da machen Sie ein paar oberflächlich Fortschritte. Und wenn Sie weitermachen, dann liegt da eine Borderline-Persönlichkeitsorganisation drunter. Und das kriegen Sie nie in den Griff, schon gar nicht als Anfänger!« Zur Datierung dieser kurzen Episode habe ich mich bereits geäußert. Es war eine Zeit, in der die neuen ätiologischen und behandlungstechnischen Konzepte ja schon »unterwegs« waren und in Buchform erhältlich vorlagen. Es war aber ebenso die Zeit, in der sich die Ausbildung noch an Ralph Greensons *Technik und Praxis der Psycho-*

analyse zu orientieren hatte (Greenson, 1981). Melanie Klein war bekannt, aber suspekt, zum einen wegen ihrer abenteuerlich anmutenden Theorien über die frühkindliche Entwicklung, zum anderen wegen ihrer Gegnerschaft zu Anna Freud. Winnicott galt als respektabel, aber man glaubte, dass er allenfalls Kindertherapeuten etwas zu sagen habe. Und Kohut konnte man im fachlichen Diskurs eigentlich nicht ernsthaft erwähnen.

Ich bin der festen Überzeugung, dass die damals von mir ausgesuchte Patientin heute als für eine analytische Therapie geeignet eingeschätzt würde, und dass sie keine Mühe hätte, einen entsprechenden Platz zu finden. Der zwischenzeitlich vollzogene Paradigmenwechsel würde es geradezu unmöglich machen, sie guten Gewissens vom analytischen Therapieverfahren auszuschließen. Daran kann man zweifellos einen Fortschritt sehen. Nun glaube ich, dass sich meiner kleinen persönlichen Geschichte jedoch noch ein anderer Aspekt abgewinnen lässt. Wäre es denn zu abwegig, dem Verdikt des ehrwürdigen Mentors meiner analytischen Anfangszeit, diesem »Das-kriegen-Sie-nie-in-den-Griff«, einen ungewollt und ungeahnt prophetischen Gehalt zuzuschreiben? Selbstverständlich nicht in Bezug auf meine Person und professionelle Eignung, sondern in Bezug auf die außerordentliche, um nicht zu sagen grandiose Ambition, von der gegenwärtig die Anwendung psychoanalytischer Konzepte und Methoden bei Menschen mit schweren Störungen der Persönlichkeit getragen wird? Könnte es nicht sein, dass das, was damals darauf zielte, dem Kandidaten eine hinter der Unerfahrenheit verborgene Selbstüberschätzung, ja eine Spur von Größenwahn zu attestieren, sich heute genau *darin* bewahrheiten würde, nämlich in der Diagnose einer ins Imaginäre abdriftenden Bestrebung, die Freud den mit dem Heilen sich gerne verbindenden Furor nennt, eine lateinische Vokabel, die sich als wuterfüllte Besessenheit, mithin als Wahn übersetzen lässt? Die Ironie der Geschichte läge dann also in der Frage, ob es schon jemals gelungen ist oder ob Aussichten bestehen, dass es jemals gelingen wird, die Pathologie einer Persönlichkeitsstörung analytisch »in den Griff zu bekommen«? Auch wenn man von der rabiaten Ausdrucksweise einmal absieht und mildere Formulierungen für den erhofften Therapieerfolg heranzieht, bleibt noch ein ausreichender Rest an Zweifel, der zu denken geben müsste. Doch ich greife weit voraus. Solche Überlegungen an dieser Stelle einzufügen, kann nur den einen Zweck erfüllen, nämlich hinzuführen zum Anliegen des Buches, das der Leser in Händen hält.

Der Untertitel des Buches kündigt »kritische Analysen psychoanalytischer Konzepte« an. Kritische Analysen kann man nur von bestimmten theoretischen Bezugspunkten aus vornehmen, wobei diese Bezugspunkte als solche ausgewiesen sein sollten. Im vorliegenden Fall hat der Autor das psychoanalytische Denken Jacques Lacans als bevorzugtes Referenzsystem für seine Untersuchungen gewählt. »Bevorzugt« bedeutet, dass auch andere Perspektiven eingenommen werden. Um es klar zu sagen: Die in diesem Buch vereinigten Abhandlungen präsentieren sich nicht als lacanianische Texte. Der Autor hat sich die Freiheit genommen, »im Anschluss an Lacan« die Ideen des bedeutenden französischen Denkers für seine Ziele und Zwecke zu verwenden, ganz im den Sinne, wie es dem Winnicott'schen Terminus der Objektverwendung entspricht: In Anerkennung des Anderen freien und eigenständigen Gebrauch zu machen von dem, was er einem zu geben hat. Des Weiteren brauchen kritische Analysen einen Gegenstand, der von ausreichendem Interesse für eine Adressatengruppe ist. Auf den folgenden Seiten werden ausgewählte Themenbereiche der analytischen Revision unterzogen, von denen man annehmen darf, dass sie Kernfragen des aktuellen psychoanalytischen Diskurses berühren.

Das erste der vier Kapitel des Buches handelt vom Begehren des Psychoanalytikers und seiner daraus ableitbaren Übertragung. Mit dem Begriff des Begehrens ist gleich zu Beginn eine Markierung im Geiste Lacans gesetzt, wobei dieser Begriff mittlerweile eine Verbreitung gefunden hat, die diesem Geist durchaus nicht immer entspricht. Das Konzept vom Begehren des Analytikers richtet sich im hier zu diskutierenden Kontext gegen die Überbewertung der Gegenübertragung, um nicht zu sagen gegen den Kult, der in der neueren psychoanalytischen Praxis um diese getrieben wird. Seit der zweifellos bahnbrechenden Entdeckung dieses Resonanzphänomens und seiner späteren Freigabe als legitimes Instrument der analytischen Technik rückte die Gegenübertragung immer mehr in den Rang einer *via regia* zum Unbewussten des Analysanden, und der fachgerechte Umgang mit ihr wurde zum Gütesiegel analytischer Kompetenz erhoben. Das ist umso erstaunlicher, als es wohl nie eine Zeit oder Richtung des Denkens gegeben hat, die einer rein subjektiven Regung, und die Gegenübertragung ist eine solche, einen verlässlichen Erkenntniswert hinsichtlich der inneren Realität eines anderen Menschen zugesprochen hätte. Dass ein persönliches Gefühl, das als Reaktion auf Äußerungen eines anderen Subjektes entsteht, etwas auszusagen hätte über die innerpsychische, ja sogar die unbewusste Verfasstheit dieses anderen Subjektes, ist bestenfalls eine vorläufige Hypothese, die der Validierung anhand anderer Parameter bedarf. Die Gleichungen, die hier aufgestellt werden, enthalten in der Regel zahlreiche unbekannte Größen. Gleichwohl wird in der gegenwärtigen psychoanalytischen Praxis, die Ausbildungspraxis eingeschlossen, vielfach so mit ihnen operiert, als transportierten sie sicheres Wissen – eine bedenkliche Verirrung, die im unkritischen Verständnis und Gebrauch des Konzeptes angelegt ist. Meine Ausführungen zu dieser Problematik werden sich aber nicht auf die angerissenen Ungereimtheiten konzentrieren. Sie setzen vielmehr – darin sind sie von Lacans Ideen angeleitet – der Überwertigkeit des Gegenübertragungsdenkens eine Betrachtungsweise entgegen, die das primäre Begehren des Analytikers und die daraus hervorgehende Übertragung, die er auf den Analysanden hat, näher in den Blick nimmt. Es handelt sich um ein Begehren oder Wollen, das weder in der persönlichen Geschichte des Analytikers wurzelt noch als subjektive Resonanz auf den Analysanden entsteht. Es ist das Begehren, das mit dem Platz des Analytikers und der symbolischen Funktion, die er einnimmt, notwendig verbunden ist und das als solches die analytische Situation im Sinne einer basalen Intersubjektivität vorstrukturiert.

Im zweiten Kapitel des Buches wird eine andere Seite aktueller psychoanalytischer Kontroversen aufgeschlagen. Die darin angestellten Betrachtungen nehmen ihren Ausgangspunkt von der auf Heinz Kohut, den Begründer der psychoanalytischen Selbstpsychologie, zurückgehenden anthropologischen Unterscheidung zwischen dem Tragischen Menschen und dem Schuldigen Menschen. Worum es dabei geht, ist eine weitere Spielart von Vereinseitigung, die das Bild betrifft, das wir vom Verhältnis des Subjektes zu seiner Psychopathologie haben. Unter dem Einfluss der neueren entwicklungspsychologischen und ätiologisch-psychodynamischen Konzepte ist es in der Psychoanalyse dazu gekommen, das Ich – um auf eine Formulierung von Johannes Cremerius zurückzugreifen – mehr vor dem Hintergrund dessen zu sehen, was es erlitten hat, als dahingehend zu betrachten, was es getan hat und aktuell tut. In pointierter Fassung dieses Gedankens könnte man auch sagen: Die verbreiteten und vorwiegend zur Behandlung früher Störungen herangezogenen klinischen Konzepte bevorzugen das Opfer-Subjekt und vernachlässigen das Täter-Subjekt. Damit einhergehend beobachtet man eine Verflüchtigung der Schuldthematik, ähnlich wie vor nicht allzu langer Zeit die Verflüchtigung der sexuellen Thematik beklagt wurde. So wie die Sexualität aus der analytischen Praxis ausgeklammert wurde, erscheint heute die Schuldproblematik ausgetrieben, jedenfalls dort, wo man der Ansicht ist, der in seiner Selbstentwicklung früh beeinträchtigte Mensch sei aufgrund seines Strukturdefizits zum Schulderleben noch gar nicht fähig, weshalb dieses auch in der Behandlung auf nicht absehbare Zeit keine Rolle zu spielen brauche. Das Schuldgefühl taucht allenfalls dort auf, wo es als Auswirkung eines grausamen archaischen Über-Ichs dem Patienten selbst Leid verursacht aber kaum dort, wo es mittels ungebändigter Aggression andere leidend macht. Der Autor unternimmt den Versuch, einen Weg zu finden, der aus der bei Kohut angelegten irreführenden Polarisierung von schuldhaften Triebkonflikten einerseits und angeblich schuldfrei erlebten Prozessen der narzisstischen oder Selbstentwicklung andererseits herausführt. Dieser Weg mündet in eine Lösung, die den Begriff des Tragischen Subjektes aus einer altehrwürdigen Tradition übernimmt und neu begründet. Es handelt sich um ein Subjektbild, in dem aktives Tun und Erleiden, Schuld und Schuldlosigkeit nicht voneinander zu trennen sind, sondern in unauflöslicher gegenseitiger Durchdringung existieren. Das Subjekt des analytischen Diskurses ist schuldig und schuldlos zugleich, ganz unabhängig davon, ob seine Geschichte von einer »reifen« neurotischen Konflikt- oder einer »frühen« Strukturpathologie geprägt ist. Es ist existenziell situiert in einer Einheit von Geworfensein und freiem Selbstentwurf. Eine in der gegenwärtigen psychoanalytischen Theorie und therapeutischen Praxis weitverbreitete Sichtweise trennt diese Verbindung künstlich auf, indem sie – ich spreche hier immer vom mündigen selbstverantwortlichen Subjekt – das Konstrukt einer Paarung von »erwachsenem Ich« und »innerem Kind« erfindet, so als lebe in der Psyche ein Homunkulus, der sich die zweifelhaften Vorzüge der infantilen Frühzeit einschließlich der von dorther stammenden unverschuldeten Leiden und Schmerzen originalgetreu bewahrt hat. Einem alternativen und hier vertretenen Subjektverständnis hingegen gilt diese Sicht als Phantasma, das durch die Reduktion des analytischen Diskurses auf ein entwicklungspsychologisches Nachreifungsprogramm genährt wird. Was die Schuldproblematik anbelangt, so ist es erneut Lacan, der die Sache, um die es geht, in ein anderes Licht rückt. Weder interessiert er sich sonderlich für das Schuldgefühl als neurotisches oder allgemein pathogenes Phänomen noch sieht er darin den Indikator für einen besonderen Reifezustand des Individuums, so wie dies in der Theorie der depressiven Position geschieht. Das Schuldgefühl wird als unvermeidliches Element einer Dynamik des Begehrens begriffen, man könnte auch sagen als eine Art Regulativ des Begehrens, womit eine Perspektive eingenommen wird, die Lacans Ideen an dieser Stelle in überraschende Nähe zu Auffassungen von C. G. Jung rückt.

Die Bedeutung des Phantasmas – der Begriff bezeichnet gewisse Erzeugnisse aus der Werkstatt des Imaginären, die uns dabei helfen, uns in Bezug auf uns selbst und die Welt ichgerecht zu orientieren – wird im dritten Kapitel des Buches im Zusammenhang mit klinischen Konzepten untersucht, die sich mit den Mechanismen von Veränderung und Neubeginn in psychoanalytischen Prozessen befassen. Ziel ist dabei nicht, die in Betracht kommenden Mechanismen möglichst vollständig zu inventarisieren, sondern den phantasmatischen Gehalt von Veränderungskonzepten freizulegen, die in der gegenwärtigen psychoanalytischen Praxis als die primär handlungsanleitenden ausgemacht werden können. Gemeint sind damit vor allem die Konzepte von Regression und Strukturneubildung. Dass tiefgreifende seelische Transformation den »Rückgang« auf verdrängte oder auf andere Weise verloren gegangene Ressourcen seelischer Lebendigkeit erforderlich macht, gilt seit den innovativen Arbeiten Sándor Ferenczis und Michael Balints – mit davon abweichender Akzentsetzung natürlich auch C. G. Jungs – als geradezu selbstverständliches Requisit psychoanalytischer Arbeit. Mit weitaus geringerer Selbstverständlich ist man hingegen der Frage nachgegangen, was dort, wo wir von Regression sprechen, eigentlich genau geschieht. Was sich mangels dieses Nachfragens fest- und durchgesetzt hat, ist ein psychologischer Realismus oder Konkretismus, der die Regressionsphänomene als mehr oder weniger buchstäbliche Wiederkehr des einst im Unbewussten Untergetauchten oder nie aus diesem Aufgetauchten versteht. Dieser Realismus *ist* aber das Phantasmatische. Er ist das Phantasmatische in Gestalt eines romantischen Mythos von den verlorenen und wiederzufindenden Quellgründen seelischen Lebens und seelischer Gesundheit. Bedauerlicherweise muss man auch in diesem Zusammenhang feststellen, dass die einseitige entwicklungspsychologische Basierung der neueren psychoanalytischen Theorie- und Technikkonzepte zur historisierenden Verzerrung des analytischen Diskurses beigetragen hat, und zwar so weitgehend, dass der überwunden geglaubte Rekonstruktionseifer der psychoanalytischen Pioniere von den modernen entwicklungspsychologischen Geschichtsdeutern geradezu in den Schatten gestellt wird. Vereinzelt vorgebrachte Kritik an der buchstäblichen Interpretation der Regressionsphänomene hat es immer wieder gegeben. Aber, wie mir scheint, war es Jacques Lacan, der diesen Irrglauben so konsequent wie kein anderer zurückgewiesen und durch eine konsistente alternative Betrachtungsweise ersetzt hat. Die Wahrheit des Subjektes und seiner Geschichte, so lässt sich resümieren, liegt nicht in der Vergangenheit. Sie liegt in der Gegenwart seines Sprechens, das sich unter dem Horizont einer vergegenwärtigten Zukünftigkeit an den Anderen (den Analytiker) wendet. Auch in der buchstäblichen Vergangenheit, die es ja gab, hat diese Wahrheit immer in der jeweiligen Gegenwart gelegen. Und was es mit den in der Regression auftauchenden »alten Gefühlen« auf sich hat, wird mithilfe der Konzepte von Spur, Nachträglichkeit und analoger Neubildung zu untersuchen und zu verstehen sein.

Bedenklicher stellt sich in gewisser Hinsicht das Problem der Fixierung am Phantasma dar, wenn man die klinischen Konzepte in Augenschein nimmt, die in den letzten Dezennien zum Zweck der Neubildung psychischer Struktur und Funktionen entwickelt worden sind. Dort, wo das Problem nicht in der Blockierung von etwas, sondern im Fehlen von etwas besteht, muss die therapeutische Ambition die der Neubildung sein. Hier geht es nicht darum, Gefühle und Wünsche aus der Unterwelt der Verdrängung zu befreien, sondern Fühlen und Wünschen erst zu lernen. Überhaupt gilt es zu lernen: Aggressionen nicht auszudrücken, sondern zu beherrschen, Spannungen auszuhalten statt auszuagieren, denken zu lernen statt impulsiv zu handeln, Bindungsfähigkeit zu erwerben und ein kohärentes Selbstgefühl zu installieren. Der analytische Raum verwandelt sich tendenziell in ein Labor, in dem unter fachkundiger Anleitung in der Retorte der Intersubjektivität die Keimanlagen und rudimentären Organe eines neuen Subjektes entstehen. Dieses als »Nachreifung« verstandene und für zahllose Menschen zweifellos hilfreiche Projekt birgt in zweierlei Hinsicht phantasmatische Gehalte. Zum einen suggeriert es – auch wenn dieser Eindruck immer wieder rationalisierend abgeschwächt oder verleugnet wird –, man könne gescheiterte Etappen der Kindheitsentwicklung buchstäblich nachholen, und zwar unter Mitwirkung einer analytischen Elternfigur, die ihre Aufgaben besser versieht als die realen Eltern dies getan haben. Zum anderen produziert der Anspruch auf Neubildung einen omnipotenten Schatten, weshalb ich das Phantasma der Neubildung ein demiurgisches oder prometheisches nenne, ein welt- und menschenerschaffendes. Auch ohne einen stringenten Nachweis zu führen, bewahrheitet sich die aufgestellte Behauptung, sobald man eine Blick auf die Kluft wirft, die sich zwischen dem Anspruch und den Versprechungen der neueren behandlungstechnischen Konzepte auf der einen und den therapeutischen Erfolgsbilanzen auf der anderen Seite auftut. Lässt man gegenüber den nach selektiven Kriterien publizierten Fallberichten die nötige Skepsis walten, dann weiß jeder auf diesem Gebiet Tätige, dass die psychoanalytische Behandlung strukturell schwer gestörter Menschen äußerst aufwendig und mühsam verläuft, zu überwiegend bescheidenen, meist instabilen und häufiger Nachbehandlung bedürftigen Ergebnissen führt und damit meist weit entfernt bleibt von den anfänglichen Zielsetzungen, auch von denen, die in den hierzulande üblichen Anträgen im Rahmen der kassenpsychotherapeutischen Versorgung formuliert worden sind. Die Tatsachen sollten ein Umdenken bewirken. Das eigentlich Fatale ist, dass die Psychoanalyse, die sich die hier der Kritik unterzogene Programmatik zu eigen macht, einer gesellschaftlichen und politischen Tendenz folgt, deren Sorge sich nur noch auf die Reparatur der durch sie selbst verursachten Schäden richtet – und auch vielleicht nur noch richten kann.

Das Buch schließt mit Betrachtungen zur Ethik der psychoanalytischen Situation, in denen die im Vorausgegangenen entwickelten Gedanken in gewisser Weise eine Anwendung auf ein konstituierendes Moment dieser Situation, nämlich die Haltung des Psychoanalytikers erfahren. Die kritische Analyse verfolgt dabei mehrere Fragerichtungen. Der Ausgangspunkt liegt in der Feststellung, dass die ausgedehnten Ethikdiskussionen, die in den zurückliegenden Jahren innerhalb der psychoanalytischen Profession geführt worden sind, zwar normative Regelungen hervorgebracht haben, um das Unzulässige im Handeln des Analytikers – das sind die Spielarten der Übertretung im Verhältnis zum Patienten– zu begrenzen und zu sanktionieren, dass diese Diskussionen aber so gut wie nirgendwo die ethische Problematik in den Blick genommen haben, die im Zulässigen, das heißt im regulären und als rite qualifizierten Handeln des Analytikers angelegt ist. Zu denken ist dabei an die Zumutungen, denen der Analytiker qua seines Auftrages den Patienten aussetzt – Zumutungen wie die Konfrontation mit seelischem Schmerz, Destruktivität oder Trennung –, für die er immer eine Mitverantwortung trägt, weil sie der Art und der Richtung seines eigenen analytischen Begehrens entsprechen. Jacques Lacan fragt danach, worin dieser Auftrag denn eigentlich besteht oder anders formuliert: Wie hat der Analytiker auf das Begehren des Patienten zu antworten und wie *kann* er ehrlicherweise nur auf dieses antworten? Lacan ist der Ansicht, dass das Begehren des Patienten im Allgemeinen von der Suche nach »Gütern« geleitet ist. In der sinnreich gewählten Bezeichnung versteckt sich natürlich der traditionelle Begriff des Guten, der Zentralbegriff jeder Ethik. Aus diesem Guten ist heute aber ein kollektives Wunschbild oder Ich-Ideal geworden, das wie eine hochwertige Ware auf dem Markt gehandelt wird und das jeder erwerben will. Auf dem Gebiet der Psychoanalyse und Psychotherapie handelt es sich um Güter wie Gesundheit, Wohlbefinden, Erfolg – mit einem Wort : Glück. Wenn der Analytiker dem Anspruch des Patienten auf Güter der genannten Art folgt, tut er etwas, was nicht der Aufgabe entspricht, die er eigentlich erfüllen soll. Diese besteht darin, den Patienten mit seinem je eigenen Begehren bekannt zu machen, das ein ganz individuelles ist und in eine ganz andere Richtung als der kollektiv vordefinierten weisen kann. Das ist es, wofür der Psychoanalytiker allein verantwortlich zeichnen kann: den Patienten mit seinem Begehren bekannt zu machen oder, in einer anderen Sprache ausgedrückt, ihm zu der Erfahrung zu verhelfen, ein Selbst zu sein. Und das ist es, wofür er eine auch ethisch einzustufende Mitverantwortung trägt. Sicher kann er in seiner praktischen Arbeit auch noch etwas anderes tun – den »Dienst an den Gütern« mitbetreiben. Aber das tut er dann, streng genommen, nicht als Psychoanalytiker. Welche Orientierung kann ihm bei der schwierigen Aufgabe, die seine eigentliche ist, helfen? Er muss auf etwas ausgerichtet sein, ein »Bild« wäre schon zu viel gesagt, und sich von etwas betreffen lassen, was durch die Raster standardisierter Formatierungen hindurchfällt, was nicht aufgeht in einem schon vorhandenen Wissen. Mit anderen Worten: Er muss sich in der Beziehung zum Patienten ausrichten auf eine Erfahrung des nicht verfügbaren und irreduziblen Anderen, eine Erfahrung, von der am Ende nur gesagt werden kann, dass sie auf Nichts gestellt und einer Haltung analytischen Glaubens anvertraut ist.

Das Begehren und die Übertragung des Psychoanalytikers

Die Übertragung des Patienten und die Übertragung des Analytikers

Wenn wir in der Psychoanalyse von Übertragung sprechen, haben wir dabei im Allgemeinen den Patienten im Blick. Der Patient ist derjenige, der Übertragungen entwickelt, worin er frühe und unbewusst gewordene Imagines und Beziehungsmuster, die durch die therapeutische Situation reaktualisiert werden, mit der Person des Analytikers verknüpft. Diese Übertragungen sind – im neurotischen Fall – von konflikthafter Art und gehören zum infantilen Erbe, das in der Analyse durchgearbeitet und, so gut es geht, aufgelöst werden sollte. Aber schon Freud war sich darüber im Klaren, dass es neben diesen konflikthaften, triebhaft-affektiv aufgeladenen Übertragungsvorgängen, die den eigentlichen Stoff der analytischen Arbeit ausmachen, auch solche gibt, die nicht interpretiert und aufgelöst werden sollten, sondern die gerade umgekehrt unerlässlich dafür sind, dass der Patient den Analytiker in seiner spezifischen Funktion wahrnehmen, anerkennen und als solchen nutzen kann – mit anderen Worten, dass so etwas wie Analyse überhaupt stattfinden kann. Diese aus Sublimierungsleistungen hervorgehende basale oder Hintergrundübertragung, die Freud auch die »milde« und »unanstößige« genannt hat, bindet den Patienten an den Analytiker und stellt insofern die emotionale Grundlage dessen dar, was späterhin als Arbeitsbündnis bezeichnet wurde.

Ist im geläufigen Verständnis die Übertragung der Seite des Patienten zugeordnet, so hat es der Analytiker im komplementären Verhältnis dazu mit der Gegenübertragung zu tun, also der Gesamtheit seiner unbewussten und vorbewussten psychischen Reaktion auf die Übertragung des Patienten. Natürlich kann der Analytiker auch aus seiner persönlichen Beziehungsgeschichte stammende Übertragungen auf den Patienten entwickeln. Aber dies sollte er nach Möglichkeit nicht tun, jedenfalls nicht in nachhaltiger, konsistenter und dauerhafter Ausprägung. Die persönliche Übertragung des Analytikers, die mit dessen eigenen unbewältigten neurotischen Konflikten oder gar Strukturdefiziten zu tun hat, gehört zum »iatrogenen« Störfall der psychotherapeutischen Arbeit. Ihr haftet das Odium mangelnder Professionalität an, und sie sollte dort, wo der Analytiker darauf stößt oder gestoßen wird, Anlass zu gründlicher Selbstreflexion geben. Dem muss man weder widersprechen noch etwas hinzufügen. Aber wie steht es analog zur bereits gekennzeichneten Basisübertragung des Patienten mit einer ebenso unvermeidlichen wie unverzichtbaren Übertragung des Analytikers, die dieser nicht als diese oder jene Person mit dieser oder jener Geschichte, sondern qua seines Analytiker-Seins hat und haben muss, um seine spezifische Aufgabe zu erfüllen? Mit anderen Worten: Müssen wir nicht zu Recht eine Übertragung postulieren, die den Analytiker in der Weise an den Patienten bindet, dass er für diesen als Analytiker überhaupt tätig werden kann? Einer Übertragung des Analytikers, die sich weder der vom Patienten her determinierten Gegenübertragung noch der eigenen »Restneurose« zurechnen lässt, ist in der psychoanalytischen Theoriebildung insgesamt wenig Aufmerksamkeit entgegengebracht worden. Die zunehmende Technisierung des psychotherapeutischen Handelns droht die Frage nach der basalen Übertragung des Analytikers, die ja immer auch eine Frage nach dem spezifischen Wollen oder Begehren des Analytikers ist, vollends zum Verschwinden zu bringen.

Ich werde in meinen folgenden Ausführungen genau dieser Frage nach der Übertragung und dem Begehren des Analytikers jenseits vom Schmelztiegel der Gegenübertragungsphänomene und den Schatten persönlicher Pathologie nachgehen. Dabei werde ich den Versuch unternehmen, die möglichen Ursprünge und Erscheinungsformen der Übertragung des Analytikers näher zu bestimmen und aufzuzeigen, wie das darin wirksame Begehren den analytischen Raum strukturiert. Um am Vertrauteren anzuknüpfen, werde ich auf meinem Weg zunächst von der basalen Übertragung des Patienten ausgehen und mich von dort aus zum Problem der Übertragung des Analytikers voran arbeiten.

Zuvor erscheinen einige klärende Worte zum Begriff des Begehrens vonnöten. Im Gegensatz zum Begriff der Übertragung gehört der Begriff des Begehrens nicht zum ursprünglichen Vokabular der Psychoanalyse. Seine gegenwärtige Verbreitung verdankt er vielmehr dem zunehmenden Einfluss der Psychoanalyse Jacques Lacans, wobei die Bezugnahmen auf Lacan häufig nur schwammig oder implizit vorgenommen werden und längst nicht immer erkennbar ist, ob die Begriffsverwendung der von Lacan zugewiesenen Bedeutung entspricht. Zum Verständnis meiner nachfolgenden Erörterungen halte ich daher eine gewisse terminologische Klärung für erforderlich.

Lacan unterscheidet zwischen Bedürfnis, Verlangen und Begehren. Ein Bedürfnis wie zum Beispiel Hunger kann befriedigt werden. An die Bedürfnisbefriedigung knüpft sich von frühester Zeit aber ein Verlangen, das nie vollständig befriedigt werden kann, etwa das Verlangen nach bedingungsloser Liebe und Anerkennung oder totaler Verschmelzung mit dem geliebten Objekt. Das Begehren geht einerseits über die Bedürfnisbefriedigung hinaus, und es wird andererseits hinsichtlich des Verlangens nach grenzenloser Erfüllung gebrochen, indem es von Beginn an in die symbolische Ordnung (der Sprache, des Signifikanten) eingelassen ist, also unter dem Gesetz des Anderen steht. Für das Begehren ist die durch die symbolische Ordnung vermittelte Getrenntheit konstitutiv, was bedeutet, dass es im Hinblick auf unsere Wünsche nach unbedingter Liebe, Einheit und Vollkommenheit nie ans Ziel gelangt. Aber gerade darin ist es der Träger und Garant seelischer Lebendigkeit.

Ein weiteres wichtiges Merkmal des Lacan'schen Begehrens besteht darin, dass es, weil es an die symbolische Ordnung der Sprache gebunden ist, immer über den Anderen, also sozial vermittelt ist. Das Wie und das Was des Begehrens lernen wir von Anderen. Das hat nach Lacan zur Folge, dass wir immer vom Ort des Anderen aus begehren (»Das Begehren ist das Begehren des anderen«), weshalb das Subjekt in seinem Begehren stets dezentriert, in gewissem Sinne seiner selbst entfremdet ist.

Obgleich ich mit meinen folgenden Ausführungen keineswegs streng einer lacanianischen Linie folge, steht doch fest, dass ich vom Begehren in einer Weise spreche, die nicht bedeutungsrelevant abweicht vom Term der Lacan'schen Theorie. Dies gilt bis auf das Gewicht, das Lacan der Entfremdungsstruktur des Begehrens zuweist. Hier sind durchaus andere Deutungen möglich.

Wie ich bereits angemerkt habe, trennt Freud von den drängenden unbewussten libidinösen Wünschen, die der Patient mit in die Behandlung bringt, eine bewusstseinsfähigere, aus zärtlichen (nicht-sinnlichen) und freundlichen Gefühlen bestehende Komponente ab, die eine »milde«, »unanstößige« Übertragung als Grundlage der therapeutischen Beziehung entstehen lässt. In der Schrift »Zur Einleitung der Behandlung« führt er dazu aus:

> »Das erste Ziel bleibt, ihn [den Patienten, Anm. d. A.] an die Kur und an die Person des Arztes zu attachieren. Man braucht nichts anderes zu tun, als ihm Zeit zu lassen. Wenn man ihm ernstes Interesse bezeugt, die anfangs auftauchenden Widerstände sorgfältig beseitigt und gewisse Missgriffe vermeidet, stellt der Patient ein solches Attachement von selbst her und reiht den Arzt an eine der Imagines jener Personen an, von denen er Liebes zu empfangen gewohnt war« (Freud, 1913c, S. 473f.).

Freud bringt hier wie an anderen Stellen unmissverständlich zum Ausdruck, dass es die Erinnerung an die als Kind genossene und die Erwartung neuerlicher Liebe ist, die den Patienten veranlasst, dem Analytiker zu vertrauen, sich ihm gegenüber zu öffnen und ihn als Autorität zu akzeptieren. Freud weiß, dass es sich bei dieser affektiven Komponente um eine notwendige, aber allein noch nicht hinreichende Bedingung der analytischen Zusammenarbeit handelt. Denn auch die mild-libidinöse Basisübertragung mit all den darin aufgehobenen kindlichen Wünschen und Hoffnungen könnte den Patienten dazu verleiten, in einer passiv-regressiven Haltung der Wunscherfüllung zu verharren, also mit anderen Worten, zu wiederholen, anstatt zu erinnern und durchzuarbeiten. Es erschien Freud daher notwendig, das erwachsene, vernünftige, realitätsorientierte Ich des Patienten für die analytische Zusammenarbeit und das heißt für das Erkennen, Aufdecken, Bewusstwerden zu gewinnen, mit ihm einen »Pakt« zu schließen und so jene Achse zwischen analysierendem Ich des Analytikers und einsichtsfähigem Ich des Patienten herzustellen, die den konfliktneutralen Kernbereich des Arbeitsbündnisses ausmacht.

Um Freuds Vorstellung von den Ursachen der basalen Übertragungsbindung des Patienten noch besser zu verstehen, ist es aufschlussreich, sich seinen Überlegungen zur Übertragung in den *Vorlesungen zur Einführung in die Psychoanalyse* (Freud, 1916–17a) zuzuwenden. In der 28. Vorlesung über »Die analytische Therapie« behandelt er den Zusammenhang zwischen regulärer analytischer Technik und Suggestion (ebd., S. 467ff.). Er legt dar, dass die erfolgreiche Wirkung der Suggestion, die er selbst ja vormals in der Hypnose praktiziert hatte, auf der Übertragung beruht. Er glaubt entdeckt zu haben, dass der Hypnotiseur, der er ja selbst einmal war, nicht als solcher und aus eigener Macht suggestiv wirkt, sondern dass die Übertragung des Hypnotisierten ihn mit suggestiver Macht ausstattet. Mit dieser Herleitung kann Freud zu Recht behaupten, er habe auch schon bei der Hypnose mit der Übertragung gearbeitet, allerdings ohne diese erkannt und in ihrer Wirkung verstanden zu haben. Im Übergang zur psychoanalytischen Technik ist dieser Mechanismus nun transparent gemacht worden und kann als technisches Instrument eingesetzt werden. Die Übertragung des Patienten verleiht dem Analytiker suggestive und autoritative Macht. Das passiert, wir haben es gehört, von alleine. Der Beitrag des Analytikers besteht dann nur noch darin, die in der Übertragung transportierte suggestive Kraft technisch-therapeutisch zu verwenden. Die als Suggestion wirkende Übertragung soll nun kein Heilmittel mehr sein – dies würde lediglich zu einer wenig verlässlichen »Übertragungsheilung« führen –, sondern sie soll bewusst gemacht und aufgelöst werden. Die Macht, derer der Analytiker sich dabei bedient, erscheint jedenfalls als eine geliehene, eben übertragene. Etwa respektlos könnte man so zusammenfassen, dass sich der Patient in der Analyse mittels seiner Übertragung und auf dem Umweg über den Analytiker gewissermaßen selbst hypnotisiert und der Analytiker ihm dann dabei hilft, aus dem hypnotischen Zustand wieder herauszufinden! Der Analytiker dagegen erscheint, was den affektiven Teil des Geschehens anbetrifft, mehr oder weniger unbeteiligt. Er wäscht seine Hände in der Unschuld eines neutralen, rein technischen Selbstverständnisses, das ihm allenfalls die Rolle als »Übertragungsauslöser« zuweist.

Ich bin nun der Ansicht, und man wird dies meinem Kommentar bereits entnommen haben, dass es hier mit der Unschuld des Analytikers etwas zu weit getrieben wird. Gleichwohl findet sich das von Freud konzipierte Grundmuster, das die analytische Situation so aussehen lässt, als gäbe es darin kein Begehren des Analytikers, sondern nur eines des Patienten, das sich am Analytiker lediglich entzündet, bei der Mehrzahl psychoanalytischer Forscher und Praktiker. Man trifft hier auf theoretisch-konzeptionell unterschiedliche Vorstellungen davon, worauf die basale Übertragung des Patienten beruht. Bei Freud, so hörten wir, ist es der zärtliche Wunsch nach der Liebe einer frühen Mutter- oder Vaterfigur. Für Bela Grunberger, einen Psychoanalytiker der französischen freudianischen Richtung, bezieht der Analytiker seine Wirkungsmacht aus der Übertragung einer idealen, erhabenen Vaterimago (Grunberger, 1988, S. 204). Daneben ist er der Ansicht, dass der Patient mit dem Beginn der Analyse seinen Narzissmus, das heißt sein Selbst, auf den Analytiker überträgt, von dem er es im Verlauf des analytischen Prozesses schrittweise und gewandelt »zurückerstattet« erhält (ebd., S. 206). Von einer ähnlichen Idee ist C. G. Jung geleitet, der davon ausgeht, dass die basale Übertragung ein archetypisches Bild beinhaltet, bei dem es sich entweder um die Imago des verwundeten Heilers, des Seelenführers oder des Selbst als einer psychischen Ganzheitskonfiguration handeln kann (Jung, 1984 [1946]). Einen Ausnahmeplatz in der dargestellten Reihe nimmt Jacques Lacan ein, den ich hier nur vorläufig erwähne. Für Lacan ist der Analytiker aus der Übertragungsperspektive des Patienten »das Subjekt, dem Wissen unterstellt wird«, gemeint ist natürlich ein besonderes, überlegenes, Heilung versprechendes Wissen. Lacan sagt, dass dort, wo Wissen unterstellt wird, immer eine Übertragung stattfindet. Allerdings zieht er, wie wir sehen werden, aus dem Vorhandensein einer solchen primären Übertragungstendenz ganz andere Schlüsse, als die Mehrzahl der übrigen psychoanalytischen Autoren dies tut.

Die merkwürdige Scheu, dem Analytiker ein von seiner persönlichen Subjektivität unabhängiges Begehren, also Wollen und Wünschen, zuzugestehen, hängt natürlich eng mit dem alten Postulat von der Tendenzlosigkeit der Analyse zusammen. In gewisser Weise verlangt die analytische Haltung vom Analytiker das zu praktizieren, was Schopenhauer, von dem Freud sehr stark beeinflusst war, »Willensverneinung« genannt hat. Bekanntlich war Schopenhauer der Meinung, dass der triebhafte Wille, der von ihm als blind apostrophierte Lebenswille, dem Menschen nicht gut tut, dass er letzten Endes eigentlich nur Unheil anrichtet, weshalb der Philosoph es für ratsam hielt, sich von der Macht des Willens zu distanzieren. Als wirksamste Modi der Willensverneinung empfiehlt Schopenhauer die ästhetische Kontemplation und eine ethisch begründete Askese (Schopenhauer, 1991, S. 233ff., S. 357ff.) Den ästhetischen Weg können wir hier außer Acht lassen. Die Askese kehrt unverkennbar im Verzicht des Analytikers auf eigene Triebbefriedigung wieder, also jener Entbehrung, die Freud als analytisches Abstinenzgebot Patienten auferlegte. Aber gerade die kontemplativen Elemente, in denen Schopenhauers Affinität zur östlichen Spiritualität zum Ausdruck kommt, haben nicht nur Eingang in den klassischen Kanon der analytischen Haltung gefunden, sondern erfahren gerade in neueren Ansätzen analytischer Technik eine auffällige Wertschätzung. Schon die gleichschwebende Aufmerksamkeit zeigt mit ihrer – idealtypisch zu verstehenden – gelassenen Äquidistanz zu allen aufsteigenden seelischen Regungen deutlich genug die Verwandtschaft mit dem mentalen Zustand des Meditierenden. Wilfred Bion schließlich, der seine Sympathie für die mystische Dimension seelischer Erfahrung ausdrücklich bekennt, geht noch einen Schritt weiter. Seine bekannte Empfehlung an den Analytiker »No memory, no desire, no understanding« meint einen Zustand des Sich-leer-Machens und -Haltens zum Zwecke höchster Rezeptivität für die Manifestationen des Unbewussten, des eigenen wie das des Patienten. Es fügt sich in den gekennzeichneten Zusammenhang, wenn Herrmann Beland die analytische Haltung frei schwebender Aufmerksamkeit anhand einer Zen-Geschichte illustriert (Beland, 2004, S. 71). Darin wird ein Zen-Meister von einem Herrscher nach dem Sinn der Wahrheit gefragt. Die Antwort des Meisters lautet: »Weit aufgeräumt – nichts Heiliges«. Eben dies charakterisiert Beland zufolge die analytische Haltung gleichschwebender Aufmerksamkeit.

Die der Tendenzlosigkeit inhärente Problematik, der ich mich nun zuwenden will, erhellt in frappierender Direktheit aus dem nachfolgenden Freud-Zitat: »Wir sind und bleiben tendenzlos, bis auf das eine: zu erforschen und zu helfen« (Freud & Ferenczi, 1996, S. 229). Vom heutigen Reflexionsstand aus gesehen, kann man sich über die Naivität dieser Sichtweise nur wundern. Freuds weitgehend objektivistischem Blick auf die analytische Situation scheint entgangen zu sein, dass Erforschen- und Helfen-Wollen eben auch Spielarten des Begehrens sind, die ihre Wirkung auf den Analysanden nicht verfehlen. Sicher hat Freud mit seiner paradigmatischen Vorgabe etwas außerordentlich Wichtiges im Sinn, nämlich eine verlässliche Vorkehrung zu treffen gegen Suggestion, Edukation und Manipulation vonseiten des Analytikers. In den Raum, der vom eigenen Wollen leer gemacht wird, soll der Andere eintreten können. »Wir haben es entschieden abgelehnt«, schreibt Freud an anderer Stelle,

> »den Patienten, der sich Hilfe suchend in unsere Hand begibt, zu unserem Leibgut zu machen, sein Schicksal für ihn zu formen, ihm unsere Ideale aufzudrängen und ihn im Hochmut des Schöpfers zu unserem Ebenbild, an dem wir Wohlgefallen haben sollen, zu gestalten [...]. Der Kranke soll nicht zur Ähnlichkeit mit uns, sondern zur Befreiung und Vollendung seines eigenen Wesens erzogen werden« (Freud, 1919a, S. 190).

Ich glaube, niemand wird Freud in diesem zentralen und respektablen Anliegen die Zustimmung verweigern. Aber gerade weil wir diesem Anliegen uneingeschränkt zustimmen, muss uns die Frage interessieren, was eigentlich geschieht, genauer: was für eine diskursive und Beziehungssituation eintritt, wenn das autonome Selbst des Patienten zum Inhalt des Begehrens eines Anderen, also des Analytikers gemacht wird, wenn also – in Freuds eigenen, den immanenten Widerspruch freilegenden Worten – der Patient »zur Befreiung und Vollendung seines Wesens erzogen werden« soll.

Die uns heute vorliegenden Ergebnisse der kritischen Reflexion wissenschaftlicher und sozialer Praxis erlauben es uns im Gegensatz zu Freuds Zeiten nicht mehr, Erforschen und Helfen als tendenzlose Unternehmungen anzusehen. Es gehört heute zum festen Bestand aufgeklärten Wissens, dass wir Aktivitäten wie die des Forschens stets zurückzubeziehen haben auf ein »erkenntnisleitendes Interesse«, das nicht nur Richtung und Situation des Forschens, sondern genau genommen auch dessen Gegenstand erst konstituiert (Habermas, 1973). Zu ähnlichen Schlussfolgerungen gelangen wir, wenn wir den Begriff des Helfens ausbuchstabieren. Was Helfen in Psychotherapie und Psychoanalyse bedeuten kann, ist alles andere als eindeutig. Es bemisst sich nach impliziten Menschenbildern, Entwicklungszielen oder den großen Paradigmen des psychotherapeutischen Grundverständnisses. Für die einen ist es ein von ethisch-humanitären Motiven getragener Dienst am Menschen, für andere, Michel Foucault zum Beispiel, ein gesellschaftlicher Machtdiskurs, in dem es um Unterwerfung, Disziplinierung und Kontrolle geht. Theoretische Hintergrundmodelle (implizite Persönlichkeitstheorien, anthropologische Prämissen) werden, insofern sie die Subjektivität des Analytikers durchqueren und in die Beziehung eingehen, zum Bestandteil der Übertragung des Analytikers. Sie bilden nicht den dynamischen Kern dieser Übertragung, sondern liefern gewissermaßen das ideelle Material, das sich um diese Kernstruktur herum anlagert.

Konzeptionelle Beiträge zum Begehren und zur Übertragung des Analytikers

Schon in der älteren Psychoanalyse hat das Bild oder sagen wir besser die Fiktion des »unschuldigen« Analytikers, der sich lediglich für die Fantasien, Projektionen, Übertragungen des Patienten sozusagen willenlos zur Verfügung stellt und diese Selbstidealisierung mit dem professionellen Abstinenzgebot rechtfertigt, Unbehagen ausgelöst. Manche gingen dabei durchaus soweit, den Analytiker in der Rolle des aktiven Verführers zu sehen. So heißt es etwa bei Fritz Morgenthaler:

> »Wir können keinen Analysanden in die Analyse nehmen, ohne dass dieser versucht, uns zu verführen, und wir können keinen analytischen Prozess einleiten, wenn wir uns nicht eingestehen, dass wir ihn (den Analysanden) dazu verführen« (Morgenthaler, 1986, S. 25).

Oder noch deutlicher bei Joachim Grunert:

> »Das In-Bewegungsetzen eines emotionalen Prozesses im Analysanden gehört zu den Bedingungen der auf Veränderung abzielenden analytischen Arbeit. Dieses Vorgehen gelingt nicht ohne subtile Verführung, den mehr oder weniger bewussten Versuch, den anderen für sein Vorhaben zu gewinnen. [...] Verführung intendiert ein wechselseitiges geistiges und emotionales Engagement, das Chancen und Gefährdungen für beide Seiten bringt« (Grunert, 1989, S. 205).

Hier wird nun das Moment der Suggestion, das Freud noch auf den Patienten und dessen Übertragung abgeschoben hatte, unmissverständlich wieder in die Aktivität des Analytikers zurückgeholt. Allerdings gewinnt man bei den zitierten Autoren im Weiteren den Eindruck, dass die Tragweite dieses Eingeständnisses nicht wirklich erkannt und konsequent zu Ende gedacht wird. Kommentare wie die eben angeführten gleichen eher erratisch wirkenden Einblicken, die aber nicht zu einer kohärenten Theorie der analytischen Situation und des analytischen Prozesses ausgearbeitet werden. Denn der diagnostizierte Widerstreit von Tendenzlosigkeit und Verführung in Haltung und Verhalten des Analytikers wirft weitreichende Fragen auf. Woran sind wir nun? Was darf der Analytiker und was nicht? Könnte man sagen: Er darf zur Analyse verführen, ohne in der Analyse zu etwas Bestimmtem zu verführen? Aber lässt sich das eine von dem anderen immer säuberlich trennen? Wahrscheinlich nicht. Der Analytiker, der auf seine Neutralität oder sagen wir Unschuld pocht und gleichzeitig beiläufig oder augenzwinkernd zu erkennen gibt, dass er nun einmal nicht anders kann als hie und da zu verführen, wird zu einer schillernden Gestalt, von der man nicht mehr sagen kann, woran man bei ihr ist. Vielleicht ist das bis zu einem gewissen Grade unvermeidlich so. Ich will auch nicht behaupten, dass wir auf diesem Feld absolut übersichtliche Verhältnisse herstellen könnten. Aber wir müssen nicht alles in der Schwebe lassen. Wir können für etwas mehr Transparenz sorgen.

Ich werde im Nachfolgenden drei konzeptionelle Beiträge von Autoren vorstellen, die es sich zur Aufgabe gemacht haben, die objektivistische Sicht der analytischen Situation und speziell der Funktion des Analytikers zu durchdringen, ohne dabei in die seichten Gewässer eines Intersubjektivismus zu geraten, der das Begehren des Analytikers nur in dessen Gegenübertragung oder anderen unbewussten subjektiven Determinanten seines Verhaltens verorten kann. Es handelt sich dabei durchweg um Außenseiter der institutionalisierten Psychoanalyse, deren Erkenntnisse entweder allenfalls am Rande rezipiert oder als grundsätzlich abweichend und unvereinbar mit den Positionen des Mainstreams angesehen wurden bzw. werden.

Die analytische Situation als vom Begehren des Analytikers geleitete Konstruktion

Der erste konzeptionelle Rahmen, in dem basale Übertragung und Begehren des Analytikers verstanden werden können, stammt von Manfred Pohlen und Margarethe Bautz-Holzherr. Sie entwickeln ihn in ihrem gemeinsam verfassten Buch *Eine andere Aufklärung – Das Freudsche Subjekt in der Analyse* (1991), worin sie eine weit ausgreifende Neuinterpretation des analytischen Handelns vorschlagen. Die für die hier behandelte Thematik relevanten Ausführungen finden sich im Wesentlichen unter der Überschrift »Die Aufklärung der Suggestion: Von der Einflussnahme des Psychoanalytikers« (ebd., S. 281ff.), worauf ich mich in der nachfolgenden zusammenfassenden Wiedergabe stütze.

Pohlen und Bautz-Holzherr sind der Ansicht, dass man sich im tradierten szientistischen und objektivistischen psychoanalytischen Verständnis über die wahre Beschaffenheit der analytischen Situation immer schon getäuscht hat. Diese Täuschung besteht im Wesentlichen darin, dass man glaubt, man befinde sich in einer von therapeutischer Seite aus neutralen Untersuchungssituation, in der der Patient aus den seiner psychischen Konstitution inhärenten Motiven eine Übertragung entwickelt und auf diese Weise den Therapeuten in seine seelische Konfliktwelt hineinzuziehen versucht. Was die Autoren nun plausibel machen, ist dies: Dass die psychoanalytische Situation in all ihren Bestimmungsstücken von Freud genau zu diesem Zweck erschaffen wurde, nämlich um eine Übertragung auszulösen, die sich als Stoff der Analyse und zur Heilung des Patienten verwenden lässt. Demnach ist die analytische Situation eine aktive Konstruktion des Analytikers, die dem Zweck dient, eine Suggestion zu erzeugen, die das Unbewusste des Patienten auf den Analytiker zieht und es auf diesem Wege hörbar und verstehbar macht. Die analytische Situation dient, wenn man so will, der Wunscherfüllung des Analytikers, die natürlich im Dienste der Heilung des Patienten steht. In ihr drückt sich, genauer drückt der Analytiker, die Art seines Wollens und Begehrens aus, das er an den Patienten richtet. Freuds Vorstellung, der Patient möge eine vollständige Übertragungsneurose ausbilden, die dessen gesamte infantile Konfliktwelt wie in einem Brennglas auf die Person des Analytikers fokussiert, entspricht unter dieser Perspektive einer idealisierenden Übertragung des Analytikers, in der sich dessen Begehren bis zum äußersten Punkt emporschwingt. In der Tat ist es so, dass die in der Übertragung wirkende Suggestion vom Patienten qua Übertragung hergestellt wird. Der Analytiker suggeriert ihm von sich aus nichts, aber er will und sorgt dafür, dass es zu dieser in der Übertragung wirkenden Suggestion kommt. Er ist also keineswegs »raus aus der Geschichte«, sondern der eigentliche Drahtzieher im Hintergrund, dessen Begehren in den technischen Einrichtungen der analytischen Situation, des Settings und der analytischen Haltung verborgen bleibt und zugleich in verdinglichter Form sichtbar wird. Diesen Verdinglichungscharakter muss man, so Pohlen und Bautz-Holzherr, durchdringen und rückgängig machen, um zu verstehen, was im analytischen Prozess eigentlich geschieht.

Die Deutung der analytischen Situation, die Pohlen und Bautz-Holzherr vornehmen, läuft zunächst einmal darauf hinaus, das im analytischen Arrangement wirksame und bereits erwähnte »erkenntnisleitende Interesse« (Habermas) freizulegen. »Interesse« klingt nüchterner, rationaler als »Begehren«, kennzeichnet nichtsdestoweniger einen *appetitus*, der auf ein bestimmtes Ziel und eine mit diesem Ziel verbundene Befriedigung gerichtet ist. Und worin besteht das Interesse des Analytikers? Es besteht darin, einen Zugang zum Unbewussten des Analysanden zu finden und dem Analysanden ebenfalls zu einem solchen Zugang zu verhelfen. Der Erwerb dieses Wissens, das sowohl dem Heilen wie dem Forschen dient, ist für den Analytiker Ziel und Befriedigung seines Begehrens. Zur Realisierung dieses Zieles konstruiert er die analytische Situation einschließlich aller Regularien der Haltung und Technik in Übereinstimmung mit einem Bild des Analysanden als eines Subjektes, das sein Heil trotz aller Widerstände in der Bewusstwerdung von Unbewusstem findet. Und das wichtigste Mittel dieser Operation ist die Evozierung der Übertragung, die sich, da der Analytiker den Platz eines »unbewegten Bewegers« einnimmt, nur scheinbar von alleine einstellt. Entgegen der älteren Auffassung entspricht die von Freud erschaffene analytische Situation nicht der Beobachtungs- und Experimentalsituation der objektiven Wissenschaften. Sie entspricht aber ebenso wenig dem neueren Bild einer intersubjektiven Zusammenkunft, die dem Patienten »tendenzlos« die Freiheit bietet, sein Selbst in einen gemeinsamen Beziehungsprozess einzubringen, darin kennenzulernen und zu entwickeln. Die analytische Situation imponiert vielmehr als »Verführungsfalle«, die zuschnappt, sobald das Subjekt die Bedingungen der analytischen Prozedur akzeptiert hat. Es kann nun nicht mehr anders, als dem Begehren, das in diesen Bedingungen zirkuliert, zu entsprechen – oder sich diesem im Widerstand zu verweigern, was lediglich die Rückseite ein und derselben Medaille ist.

Jacques Lacan und das Wahrheitsbegehren des Analytikers

Jacques Lacan, zu dem ich nun komme, spricht ganz explizit von einem spezifischen Begehren des Analytikers, das sich nicht auf seiner persönlichen Geschichte entstammende Faktoren zurückführen lässt oder mit der Gegenübertragung gleichzusetzen ist. Sein Entwurf der analytischen Beziehungssituation steht im Kontext eines komplexen theoretischen Aufbaus, dessen komplette Darstellung hier zu weit führen würde. Ich beschränke mich auf das Nachzeichnen der für die vorliegende Thematik relevanten Grundzüge.

Wie an früherer Stelle bereits erwähnt, erscheint der Analytiker nach Lacans Auffassung in der Übertragung des Patienten als »Subjekt, dem Wissen unterstellt wird« (Lacan, 1987, S. 283; Widmer, 1990, S. 159ff.; Safouan, 1988, S. 88ff.). Der Patient empfindet ein Verlangen nach diesem Wissen, das sich im Sprechen des Analytikers kundtut und von dem der Patient sich Heilung verspricht. Bei diesem Wissen handelt es sich um das allgemeine Wissen über die Gesetzmäßigkeiten der psychischen Realität, das Unbewusste, die Ursachen des neurotischen Leidens, den Sinn der Träume und Symptome. Umgekehrt hegt der Analytiker aber auch ein Verlangen nach dem Wissen des Patienten, das heißt nach dessen Wissen um sich selbst, so wie es in Gedanken, Fantasien, Erinnerungen, Träumen des Patienten zum Ausdruck kommt. Das ist im Gegensatz zum allgemeinen Wissen, das dem Analytiker unterstellt ist, ein besonderes, persönliches Wissen, das überdies zum größeren Teil noch nicht um sich selbst weiß, also unbewusst ist. In diesem Verlangen nach dem so verstandenen verborgenen Wissen des Patienten – seinem Unbewussten – besteht die elementare Übertragung des Psychoanalytikers:

> »Bei jedem Analytiker, der eine Behandlung beginnt, ist Übertragung im Spiel. Ob er mit Hypnose, mit Druck der Hand auf die Stirne oder mit der Grundregel arbeitet, ist unter diesem Gesichtspunkt zweitrangig. Die angewandte Methode drückt die Art und Weise der Übertragung des Analytikers zum Analysanten aus, dient als Mittel, um Verborgenes, Unbewusstes, hörbar zu machen« (Widmer, 1990, S. 159).

Folglich haben wir es vom Beginn jeder analytischen Behandlung an mit einer Situation zu tun, in der sich zwei basale Übertragungen überkreuzen. In beiden Übertragungen erscheint der jeweils andere als Ort der Wahrheit, zu der beide, Analytiker und Analysand, einen Zugang finden wollen. Der Analysand sucht im Analytiker eine Wahrheit über sich selbst, die genau genommen nur er selbst dem Analytiker in Form seines persönlichen »Materials« geben kann, um sie dann vom Analytiker gewissermaßen zurückerstattet zu bekommen. Gleichzeitig möchte er vom Analytiker aber auch in seiner Person geliebt und anerkannt werden, was, wie wir gleich genauer sehen werden, regelmäßig in Konflikt mit dem Wahrheitsverlangen gerät. Etwas Analoges gilt umgekehrt aber auch für den Analytiker. Um sein allgemeines Wissen der Bewahrheitung am Analysanden zu unterziehen, muss er sich ganz auf die individuellen Besonderheiten und Eigenheiten des Analysanden einlassen. Genau das kann aber dazu führen, dass er seine ihm Sicherheit gebende Verankerung im allgemeinen Wissen verliert oder aufgeben muss. Von beiden, Analytiker und Analysand, lässt sich demnach sagen, »dass sie einen Zugang zur Wahrheit finden wollen, der versperrt wird durch den Hang nach Sicherheit und Geliebtwerden-Wollen« (ebd., 1990, S. 160).

Entscheidend für unsere Betrachtung bleibt, dass der Analytiker in allem, was er tut, sein Begehren zum Ausdruck bringt, dem wie im Zauberschlaf ruhenden Wissen des Patienten ans Licht zu verhelfen, in die Sprache zu bringen und für einen Anderen hörbar zu machen. Lacan verdeutlicht die Art dieses Begehrens und der daraus hervorgehenden Übertragung an der Bedeutung und Problematik der analytischen Grundregel (ebd., 1990, S. 159ff.) Wir erinnern uns dazu kurz an Freuds Behandlung der Patientin Emmy v. N., bei der Freud noch von der Hypnosetechnik und einer Methode eindringlicher Befragung Gebrauch machte. Irgendwann hatte die Patientin genug davon und forderte Freud auf, »nicht immer [zu] fragen, woher das und jenes komme, sondern sie erzählen [zu] lassen, was sie [...][ihm] zu sagen habe« (Freud, 1895d, S. 99ff.). Wie man weiß, beinhaltet die später eingeführte Grundregel nichts anderes als die Aufforderung an den Patienten, alles auszusprechen, was ihm einfällt, ohne eine Zensur walten zu lassen. Freud hat Emmys Unbehagen zum Anlass einer grundlegenden technischen Veränderung genommen, aber mit der Zurücknahme seiner drängenden Aktivität war natürlich sein Begehren nicht verschwunden. Zweifellos liegt ein großer Unterschied darin, ob eine Person aus sich heraus frei und unzensiert spricht, oder ob sie von einem Anderen aufgefordert wird, dies zu tun. Die Grundregel ist eine solche Aufforderung, in der sich das Begehren des Analytikers ausdrückt, an die geheime Wahrheit, das heißt, an das Unbewusste des Patienten heranzukommen.

Diese Konstellation ergibt sich selbstverständlich auch dort, wo nicht explizit von der analytischen Grundregel Gebrauch gemacht wird. Jeder Psychoanalytiker oder Psychotherapeut vermittelt seinem Patienten auf direkten oder indirekten Kanälen, »worum es in der Therapie geht« und was er (der Patient) tun kann, um bestmöglich von der Behandlung zu profitieren. Dieses »worum es in der Therapie geht« ist eine versachlichte, objektivierte Formulierung für das Begehren des Psychoanalytikers, und der Patient, darin können wir sicher sein, wird sie als solche verstehen.

Der Nachteil der analytischen Grundregel wie aller anderen Vorgaben dieser Art besteht bekanntlich darin, dass der Patient sich anpasst, das heißt, seine Aktivität in der Analyse nach Maßgabe eines Über-Ich-Gebots oder eines falschen Selbst ausrichtet. Sein Bestreben ist nun, alles richtig zu machen, dem vernommenen Begehren des Analytikers zu entsprechen, um auf diese Weise Sicherheit und dessen Liebe zu gewinnen. Vielleicht verweigert er aber auch die Mitarbeit, um herauszufinden, ob er trotzdem geliebt wird, mit anderen Worten, ob es dem Analytiker um ihn als Person oder nur um ein Wissen (eine Wahrheit) geht. Wie auch immer: Was sich jetzt in den Vordergrund drängt, ist in Lacans Terminologie die Dimension des Imaginären. Das heißt, es geht jetzt primär darum, sich mit dem Anderen in Übereinstimmung zu bringen, Differenz, Getrenntheit und die damit verbundene Erfahrung des Mangels zu vermeiden. Es geht nicht mehr um Wahrheit, sondern um Sicherheit und Geliebtwerden. Dieser Verführung kann, worauf bereits hingewiesen wurde, natürlich auch der Analytiker verfallen. Im schlimmsten Fall verfängt sich der gesamte Prozess im Spiegelkabinett des Imaginären, was zur Folge hat, dass die Wahrheit nicht mehr »zu Wort kommt« und so das eigentliche Ziel der Analyse verfehlt wird. Dass diese Sackgasse im Allgemeinen vermieden wird, liegt Lacan zufolge an der Eigendynamik der Sprache und des Sprechens, der Eigenwilligkeit des Spiels der Signifikanten, das sich nicht vollkommen unter Kontrolle bringen lässt. So passiert es dem Patienten immer wieder, dass er etwas sagt, was er bewusst gar nicht sagen wollte, dass ihm Fehlleistungen unterlaufen, dass mit anderen Worten gerade an den Bruchstellen des Diskurses sich Unbewusstes hörbar ereignet.

Exkurs: Die erotischen Grundlagen des Erkennens und Verstehens

Demjenigen, der mit den neueren Richtungen der Psychoanalyse vertraut ist, mag es befremdlich erscheinen, wenn bei Lacan davon die Rede ist, dass sich das Begehren sowohl des Analysanden wie auch des Analytikers auf ein Wissen bzw. den Zugang zu einem Wissen richte. Das klingt nach dem alten und von vielen als überholt angesehenen Paradigma, wonach die Analyse durch die Bewusstmachung von Unbewusstem (sprich: die Transformation von unbewusstem in bewusstes Wissen) heile. Ist es nicht nach allen neueren Erkenntnissen so, dass der Patient beim Analytiker weniger einen Zugang zu heilsamem Wissen als vielmehr eine heilsame emotionale Beziehungs- oder Seinserfahrung sucht; und dass es umgekehrt dem auf der Höhe der Zeit befindlichen Analytiker darum geht, dem Patienten weniger zu einer Einsicht als zu besseren emotionalen Erfahrungen zu verhelfen, als sie ihm in seinem bisherigen Leben zuteil geworden sind? Lässt der Paradigmenwechsel, der hier stattgefunden hat, Lacans Ansichten nicht von vornherein als veraltet erscheinen? Obgleich die Komplexität solcher Fragen vor dem Hintergrund der neuen behandlungstechnischen Modelle beträchtlich zugenommen hat, glaube ich nicht, dass sich im Kern der Sache etwas verändert hat. Der Anschein des Überholten bei Lacan verschwindet sofort, wenn wir uns klarmachen, dass es wohl keine einzige therapeutische Schule oder Methode gibt, die ohne ein Verstehen des Patienten auskommt. Jede psychotherapeutische Behandlungsform, ob sie nun mit Deutungen operiert, neue emotionale Erfahrungen vermittelt, kognitiv umstrukturiert oder Verhalten trainiert, ist darauf angewiesen, einen Zugang zur Persönlichkeit des Patienten und dessen Leiden zu gewinnen. Dieser Zugang muss nicht unbedingt bis in die Tiefen des Unbewussten hinabreichen, er mag sich auf ein Wissen über Konditionierungen und neuronale Verschaltungen beschränken. Aber ohne einen solchen Zugang geht es nicht. Und die elementare Form dieses Zugangs ist das Verstehen. Ausgehend von Lacans Formulierungen vertrete ich daher die Ansicht, dass das basale Begehren des Psychoanalytikers darin besteht, den Patienten in seiner personalen Realität und Wahrheit zu verstehen. Das Verstehen-Wollen ist die allgemeinste Form seines Begehrens und der daran sich bildenden Übertragung. Die Ausgestaltungen, Einfärbungen und Schattierungen dieser Form ergeben sich aus den unterschiedlichen theoretischen (ätiologischen, psychodynamischen, anthropologischen) Hintergrundmodellen, die in dieses Verstehen-Wollen als Ausdruck der basalen Übertragung eingehen.

Wenn hier gesagt wird, das Begehren des Analytikers sei gleichbedeutend mit einem Verstehen-Wollen, so bedeutet dies nicht, dass das Ziel seiner analytischen Aktivitäten primär darin liege, auch den Patienten zum Verstehen (seiner selbst) zu bringen. Dieser Effekt kann und darf natürlich eintreten, und er wird im Regelfall auch eintreten. Das primäre Wollen des an Lacan orientierten Analytikers richtet sich in dieser Hinsicht aber nicht darauf, dass der Analysand etwas versteht, sondern dass bisher Unbewusstes in die Sprache kommt und in Gegenwart eines Anderen, an den sich dieses Sprechen richtet, ausgesprochen wird. So ist die Deutung nicht in erster Linie dazu da, Einsicht und Verständnis zu erzeugen, sondern beim Analysanden etwas in Bewegung zu setzen, also etwa das freie Assoziieren zu fördern (dazu Fink, 2013, S. 115ff.). Die hinter dieser Auffassung liegende Idee von Transformation oder Heilung besagt, dass durch das In-die-Sprache-Kommen die Struktur des Unbewussten, die ja selbst eine sprachliche ist, verändert wird.

Worum nun handelt es sich beim Verstehen? Seit den richtungsweisenden Untersuchungen, die Wilhelm Dilthey dieser Frage gewidmet hat, gehen wir davon aus, dass dem Verstehen eine passagere Identifikation mit dem Anderen, dem Fremdpsychischen zugrunde liegt. Wie ist eine solche Identifikation möglich? Offenbar durch eine in ihren tieferen Mechanismen rätselhaft bleibende intuitive Angleichung an das innere Erleben des Anderen. Verstehen beruht demnach immer auf einem »Sich-in-Übereinstimmung-Bringen«, einem kurzzeitigen »Werden-Zu«. Damit ist aber nichts anderes gemeint, als dass an der Basis des Verstehens die passagere Vereinigung getrennter Wesenheiten liegt, oder jedenfalls das Streben nach einer solchen Vereinigung. Das Verstehen zeigt sich so in seiner erotischen Qualität, es zeigt sich als von Eros inspirierte Aktivität, die Freud in enger Anlehnung an Platon darauf gerichtet sieht, »zu vereinigen und zu binden« (Freud, 1923b, S. 274). Schon in Platons *Symposion* gelangt die Seele unter der Führung des Eros in einer von der Sinnlichkeit zur Idee aufsteigenden Bewegung zur Erkenntnis, wir könnten auch sagen zum Verstehen des Schönen.

Der enge Zusammenhang von Erkenntnisvorgang und erotischer (sexueller, libidinöser) Vereinigung erhellt bekanntlich aus der biblischen Paradiesszene, wo es nach dem Akt des Sündenfalls von Adam und Eva heißt: »[U]nd sie erkannten, dass sie nackt waren« (Genesis 3,7), was heißt, dass sie sich in der Differenz von Mann und Frau erkannten. Der Sündenfall steht als Metapher für den Verlust primordialer Einheit, für die Erfahrung der Zerschneidung und Trennung. Gleichzeitig repräsentiert er das Geburtsmoment des Begehrens, das aus der Situation der Getrenntheit und dem Schmerz über die Getrenntheit entspringt. Das vom libidinösen Begehren getragene und mit ihm im Grunde identische wechselseitige »Erkennen« ermöglicht nun eine neue Vereinigung, in der das Zeichen der einmal eingetragenen Differenz, mit anderen Worten des Mangels jedoch nicht mehr zu löschen ist.

Die einmal eingeschriebene Differenz ist nun auch der Grund dafür, weshalb das Begehren des Analytikers, den Analysanden vollständig zu verstehen – und das heißt, sich vollständig mit ihm zu vereinen – , sein Ziel nicht erreicht. Das Scheitern dieses Verlangens hat seine eigentliche Ursache aber nicht in Widerständen des Patienten, in Störungen der Kommunikation oder der prinzipiellen Unerkennbarkeit der psychischen Realität. Das Scheitern hängt vielmehr mit der Beschaffenheit des Mediums zusammen, in dem sich Verstehen ereignet, und das ist die Sprache als Ausdruck der symbolischen Ordnung. Die Sprache als differenzielles Zeichensystem repräsentiert und schafft Differenz. Sie schafft Differenz zum Unmittelbaren, Sichtbaren, zum »Körper der Mutter«. Hinzu kommt, dass der Sinn eines Textes, sei es der gesprochenen Sprache oder der Schrift, nie eindeutig feststellbar ist. Immer existiert, abhängig vom beweglichen differenziellen Kontext, ein Mehr, ein Überschuss, ein »Aufschub« (Derrida) an Bedeutung, der sich jeder definitorischen Fixierung entzieht. Diese Unschärfe überträgt sich natürlich auf die sprachliche Verständigung zwischen Subjekten und auf das Verstehen, das sich innerhalb dieser Verständigung vollzieht. Wenn ein Patient sagt »Ich bin traurig«, dann wissen wir zum einen in etwa, was er meint, weil wir die Bedeutung des Wortes »traurig« im allgemeinen Sprachgebrauch kennen. Zum anderen können wir uns einfühlen, also auf Wegen, die etwas schwerer zu verfolgen sind, jene Identifizierung mit seinem emotionalen Zustand herstellen, die als gleichsinnige Resonanz in uns zum Ausdruck kommt. Wir fühlen uns kurzzeitig ebenfalls traurig und wissen dadurch, oder glauben zu wissen, wie er sich fühlt. Dennoch gilt: Weder im einen noch im anderen Fall können wir uns sicher sein, den Patienten in seiner Traurigkeit »vollkommen« verstanden zu haben. Vielleicht ist seine Traurigkeit heute doch von einer etwas anderen Art, als sie es Tage zuvor war; vielleicht spricht er von einer affektiven Nuance der Traurigkeit, die wir gerade nicht erfassen; vielleicht steht seine Traurigkeit in einem Kontext von Assoziationen, Bildern, Fantasien, die ihr eine Qualität oder einen Sinn verleihen, der uns gerade entgeht. Und indem wir diesen Bedeutungsaufschub durch besseres, genaueres Verstehen einholen, entsteht ein neuer Aufschub. Kurzum: Die Identität in der Identifikation ist nie eine absolute. Der Versuch des idealen, das heißt des vollkommenen Verstehens misslingt, und er misslingt aus inhärenten Gründen auch dann, wenn wir ihn über viele Jahre fortsetzen.

Ist es mehr als trivial, wenn man feststellt, dass das analytische Verstehen kein vollkommenes sein kann, dass die angestrebte Vereinigung notwendig verfehlt wird? Ist dies mehr als trivial, wenn man zusätzlich bedenkt, dass ein Verstehen, das gerade »gut genug« (Winnicott) ist, sowohl im Alltag wie in der Analyse ausreicht, um miteinander zurechtzukommen? Welcher Wert solchen Überlegungen dennoch beigemessen wird, zeigt sich im Falle narzisstischer Persönlichkeiten, die es nicht gut vertragen, das heißt, mit Kränkung und Wut reagieren, wenn sie nicht perfekt verstanden werden. Der Andere soll vollendeter Spiegel sein. Narzisstische Persönlichkeiten, deren psychisches Leben im Imaginären verfangen ist, stehen mit der symbolischen Ordnung auf Kriegsfuß, was nicht gleichbedeutend ist mit der Unfähigkeit zur Symbolbildung. Das differente, nicht-identische Gefüge der Sprache erzeugt ein aversives Bewusstsein der Getrenntheit und des Mangels, das dort hervorbricht, wo dem Analytiker aus welchen Gründen auch immer das perfekte Verstehen misslingt. Heinz Kohut hat in seinen selbstpsychologischen Beiträgen das analytische Verständnis dafür geschärft, dass solche Unterbrechungen des empathischen Kontaktes – richtig verstanden und genutzt – die Chance dafür bieten, Differenz und Andersheit ertragen zu lernen und so einen Ausweg aus der Spiegelwelt des Imaginären zu finden.

Aber auch dem Patienten, dessen Narzissmus kein pathologisches Ausmaß angenommen hat, bleibt die Desillusionierung nicht erspart. Er wird entdecken müssen, dass das »Subjekt, dem Wissen unterstellt ist«, eine hochgradig idealisierte Figur des eigenen Unbewussten darstellt. Man muss nicht davon ausgehen, dass der Analytiker gar nichts wüsste. Aber selbst das ihm zurechenbare professionelle Wissen wäre nutzlos und nichtig (»leer«), wenn der Patient ihm nicht mit seinem unbewussten Wissen um sich selbst in die Verkörperung helfen würde.

Auf welche Desillusionierungen hat sich auf der anderen Seite der Analytiker einzustellen – Desillusionierungen, die ihm und seiner Arbeit nicht zum Schaden gereichen, sondern verhindern, dass sein Begehren in einen imaginären Anspruch abgleitet? Der Analytiker, der sich tief und authentisch auf die Individualität des Analysanden, die Besonderheit und Einzigartigkeit seiner Persönlichkeit einlässt, wird die Erfahrung machen, dass er seine Verwurzelung im mitgebrachten professionellen Wissen immer mehr verliert, dass dieses Wissen zeitweilig oder stetig an Bedeutung verliert, im Hintergrund verschwindet. Daraus ergibt sich als paradoxe Folgerung, dass sich ein gelingender analytischer Prozess dadurch auszeichnet, dass beim Analytiker nicht das Wissen, sondern das Nichtwissen zunimmt. Einhergehend mit der Bereitschaft, Nichtwissen und Ungewissheit zu ertragen (»negative capability« bei Wilfred Bion), wächst die Fähigkeit, zu staunen und sich überraschen zu lassen. Wir vermuten heute zu Recht, dass die genannten Faktoren mehr zum Erfolg einer Analyse beitragen als brillante Deutungen, die immer bereits vorhandenes Wissen affirmieren.

Es überrascht, wie schwach unter Psychoanalytikern und Psychotherapeuten die Sensibilität für die narzisstische Dimension des Verstehens entwickelt ist, also für die Gefahren, die von der dem Verstehen inhärenten Tendenz zur Identifizierung und Verschmelzung mit dem Anderen ausgehen. Wir haben festgestellt, dass dem Verstehen eine erotische Bewegung innewohnt, die auf Überwindung der Gegensätze und zur Vereinigung mit dem Anderen drängt. Aber wie in jeder Liebesbegegnung kann es geschehen, dass die Suche nach Vereinigung zu einem Manöver wird, den Anderen zu unterwerfen, in Besitz zu nehmen und die Differenz zwischen den Subjekten auf diese Weise auszulöschen. Das analytische Verstehen-Wollen jagt der Psyche des Patienten hinterher wie Pan der Nymphe. Bekanntlich bekommt er sie nicht. Er bekommt die Flöte, auf der er spielt, und deren melancholischer Klang das immer schon verlorene Objekt vergegenwärtigt (vgl. dazu Hillman, 1972). So als habe auch er eine deutliche Ahnung von diesen Dingen, äußert sich Winnicott in betonter Bescheidenheit zur Reichweite der analytischen Deutung: »Ich bin immer überzeugt gewesen, dass eine wichtige Funktion der Deutung darin besteht, die *Grenzen* des Verständnisses des Analytikers aufzuzeigen« (Winnicott, 1984 [1962], S. 248). Winnicott bringt damit zum Ausdruck, dass die Deutung mehr Nichtwissen als Wissen enthüllen sollte, was einer bemerkenswerten und sicher gezielt vorgenommenen Akzentverschiebung im Vergleich zur althergebrachten Auffassung gleichkommt.

Wir bleiben dabei, dem Verstehen eine erotische, nach Vereinigung strebende Qualität zuzuerkennen, in der sich das spezifische Begehren des Analytikers seinem Analysanden gegenüber manifestiert. Was die zuletzt erörterten Risiken dieser Bestrebung angeht, sollten wir nicht in eine Haltung puristischer oder furchtsamer Strenge verfallen. Die Grenzen verlaufen fließend. Zur erotisch-sexuellen Begegnung gehört das phallische Eindringen, wie es mithilfe der erkennenden und den Analysanden zum Erkennen führenden Deutung vollzogen wird, ebenso die Bereitschaft, sich hinzugeben, überwältigen und in Besitz nehmen zu lassen (Lesmeister, 1993). Es gilt zu verhindern, diese Momente, die der Vereinigung am nächsten kommen, in einem Habitus erstarren zu lassen. Das Ziel der Vereinigung wird nicht suspendiert, aber gebrochen. Es entsteht eine Beziehungssituation, die Leo Stone treffend als Zustand »intimer Trennung« charakterisiert (Stone, 1973 [1961], S. 104). Die Brechung in der symbolischen Ordnung der Sprache bewirkt, dass die Bewegung des Begehrens aufrechterhalten bleibt und in einen potenziell unendlichen Dialog mündet. Sie bewirkt im Weiteren, dass in den Spalten und Zwischenräumen, in die das symbolisch gebundene Verstehen nicht vordringt, eine Realität des realen Anderen auftaucht, die, wie Lacan meint, nicht erkannt (das heißt verstanden), sondern nur anerkannt werden kann (Lacan, 1997, S. 48).

Wir haben bisher das Begehren des Analytikers mit einer basalen Übertragung verknüpft, was naheliegend oder vielleicht sogar zwingend ist. Im herkömmlichen Verständnis transportiert die Übertragung ein Objekt-Bild, eine Imago, auf die sich die diesbezüglichen Wunschregungen richten. Nun hieß es im Vorausgegangenen, das Begehren des Analytikers zeige sich wesentlich als ein Verstehen-Wollen, als ein Wunsch, einen erkennenden Zugang zur inneren Welt des Analysanden zu finden und sich mit dieser zu verbinden. Und es hieß weiter, dieses Verstehen- und Erkennen-Wollen leite sich aus erotischen Wurzeln her. Wenn wir an der unlöslichen Verknüpfung von Begehren und Übertragung festhalten, sind wir folglich aufgefordert, näher und konkret zu bestimmen, welche Imago beim Verstehen-Wollen auf den Anderen übertragen wird.

Eine Antwort kann hier nur versuchsweise und in Form einer hypothetischen Annahme gegeben werden. Die Annahme lautet: Die basale Übertragung beim Verstehen- und Erkennen-Wollen beinhaltet die Imago eines Subjektes, das erkannt werden will. Man macht eine Psychoanalyse, um sich erkennen zu lassen. Mit dieser Annahme wird zunächst einmal nicht so sehr der Widerstand, sondern die Bereitschaft des Analysanden, seine Selbstoffenbarungs- und Hingabebereitschaft betont. Dies, wie bereits angedeutet, im Gegensatz zur Sichtweise Freuds, der dem Analysanden primär eine Unlust vermeidende Widerständigkeit, ein Nicht-erkannt-werden-Wollen unterstellt, welches dieser nur aufgrund des Leidensdrucks und der kindlich anhänglichen Gefühle für den Analytiker zu überwinden bereit ist. Die Rede von der Hingabebereitschaft zeigt an, dass wir uns im bereits gekennzeichneten Bezugsfeld einer erotischen Begegnung wiederfinden, in dem unter der hier eingenommenen Perspektive dem Analysanden eine weiblich konnotierte, also passiv-rezeptive Rolle zufällt. Dies ändert natürlich nichts an der von ihm geforderten Aktivität im analytischen Prozess; dies gehört jedoch auf eine andere Betrachtungsebene. Wir sprechen hier vom Muster eines Vereinigungsgeschehens, das sich in beiderseitigen Übertragungsrealitäten des analytischen Paares abbildet.

Woher stammt die Imago des Subjektes, das sich erkennen lassen will? Sie stammt von dort, wo sich das Bild des nach Selbsterkenntnis suchenden Subjektes befindet. Wir kennen von früher Zeit an die namhaften Zeugnisse dieses Erkenntniswillens, der in die Tiefen der eigenen Persönlichkeit vordringt, und der sich bemerkenswerterweise nicht damit begnügt, in aller Abgeschiedenheit geheime Einsichten über sich selbst zusammenzutragen, sondern sich mit diesen Einsichten an ein öffentliches und lesendes Publikum wendet, um – gewissermaßen im Nachvollzug des eigenen Tuns – auch von Anderen erkannt zu werden. Die Reihe wird im zweiten nachchristlichen Jahrhundert von Marc Aurels *Selbstbetrachtungen* eröffnet, es folgen im vierten Jahrhundert Augustins *Bekenntnisse*, das älteste Dokument einer introspektiv erarbeiteten persönlichen Selbstanalyse. Dann aber steht da im Aufgang der Neuzeit und das heißt unter dem Zeichen der Geburt der autonomen Ich-Persönlichkeit ein Werk, das in inhaltlicher und stilistischer Hinsicht Maßstäbe setzt für die zunehmende Lust der Individuen an reflexiver Selbstverständigung und Selbstoffenbarung. Die 1580 erschienen *Essais* des französischen Edelmannes Michel de Montaigne interessieren uns hier allerdings nur insoweit, als ihr Verfasser in beispielloser Offenheit ein Begehren preisgibt, das uns zur leitenden Fragestellung dieses Abschnitts zurückführt. In den vorangestellten orientierenden Worten »An den Leser« heißt es:

> »Ich will, daß man mich darin [dem Buch; Anm. d. A.] in meiner schlichten, natürlichen und gewöhnlichen Art sehe, ohne Gesuchtheit und Geziertheit: denn ich bin es, den ich darstelle. Meine Fehler wird man hier finden, so wie sie sind, und mein unbefangenes Wesen, soweit es nur die öffentliche Schicklichkeit erlaubt hat. Und hätte ich mich unter jenen Völkern befunden, von denen man sagt, dass sie noch unter der sanften Freiheit der ersten Naturgesetze leben, so versichere ich dir, daß ich mich darin sehr gern ganz und gar abgebildet hätte, und splitternackt [...]« (Montaigne, 1953, S. 51).

An späterer Stelle (ebd., S. 243) folgt in vollendeter Prägnanz das zusammenfassende Bekenntnis: »Ich bin begierig, mich erkennen zu lassen, in welchem Maße, ist gleichgültig, wenn es nur wirklich geschieht.«

Dürfte sich der Psychoanalytiker nicht glücklich schätzen über jeden Analysanden, der jene Begabung mitbringt, die Montaigne geradezu leidenschaftlich für sich in Anspruch nimmt: »begierig« sein, sich erkennen zu lassen? Kurzum: Wir sehen uns mit Montaigne in der Auffassung bestätigt, dass das Objekt des Verstehens und Erkennens eben ein libidinöses ist, und dass es dieses Bild eines nach Erkanntwerden sich sehnenden Subjektes ist, das der Analytiker in seinem Begehren überträgt.

Das Begehren des Analytikers und die Autonomie des Patienten bei Otto Rank

Vor einer Reihe von Jahren haben J. Sandler und A. U. Dreher eine viel beachtete Monografie vorgelegt, die sich in gründlicher Weise dem Problem der Ziele in der psychoanalytischen Behandlung widmet. Im Haupttitel ihres Buches *Was wollen die Psychoanalytiker?* (Sandler & Dreher, 1999) führen die Autoren explizit den Begriff des Willens bzw. des Wollens ein und rekurrieren damit auf ein Konzept, das in der psychoanalytischen Theorie nie eine wirkliche Heimstatt gefunden hat. Um den Begriff des Willens haben die meisten Psychoanalytiker stets einen großen Bogen gemacht. Die Gründe dafür sind vermutlich vielfältig und bedürfen einer eigenen Untersuchung. Hier sei nur so viel gesagt, dass die psychoanalytische Theoriebildung den Willensbegriff in dem des Triebes oder Wunsches hat aufgehen lassen, was aber, wie sich leicht zeigen lässt, einem Untergang des Begriffs gleichkommt. Zum anderen dürfte die mit dem Willensbegriff eng assoziierte philosophische Problematik des »freien Willens« Psychoanalytiker überwiegend entweder abgeschreckt oder zu der Ansicht verleitet haben, ein Konzept des freien Wollens sei angesichts der augenscheinlich nachgewiesenen unbewussten Determiniertheit der Triebvorgänge und Wunschregungen hoffnungslos überholt. Als Folge dieses unbedachten und voreiligen Beiseiteschiebens sind Beiträge zur psychologischen Problematik des Willens in der neueren psychoanalytischen Literatur kaum auffindbar. Eine wohltuende Ausnahme bildet das von H. Petzold und J. Sieper herausgegebene Sammelwerk *Der Wille in der Psychotherapie* (Petzold & Sieper, 2004).

Man kann demnach sagen, dass Sandler und Dreher mit ihrer Rede vom Wollen der Psychoanalytiker – gewollt oder ungewollt – in den Kernbereich eines alten umgangenen und daher ungelösten Problems vorstoßen. Gleichzeitig gibt die programmatische Formulierung wie nebenbei zu erkennen, dass die Psychoanalytiker offenbar immer »etwas wollen«, womit sozusagen schon in der Überschrift das traditionelle Postulat der Voraussetzungslosigkeit des analytischen Tuns grundsätzlich infrage gestellt und ein zweiter komplexer Problemkreis eröffnet ist. Darauf aufmerksam geworden, stellt man beim Lesen des Buches dann aber mit Erstaunen fest, dass sich die Autoren mit keinem der beiden Problemkreise ausführlicher befassen. Zwar wird das Spektrum analytischer Zielsetzungen, so wie diese sich in der historischen Abfolge psychoanalytischer Paradigmen und Modellbildungen herausentwickelt haben, in breiter Ausführlichkeit abgehandelt. Kritische Überlegungen zu den im Titel des Werkes implizit aufgeworfenen Fragen finden sich hingegen an keiner Stelle. Weder wird danach gefragt, was es bedeutet, dass der Analytiker stets etwas will, unabhängig davon, was er im Einzelfall will; noch wird danach gefragt, welche Bedeutung dem Begriff des Willens im theoretischen Selbstverständnis der Psychoanalyse eigentlich zukommt. Diese Auslassungen führen erneut vor Augen, dass sowohl im Hinblick auf den Willensbegriff wie auch auf das Phänomen einer permanent und unvermeidlich »wollenden« Aktivität des Analytikers kaum theoretische Neugier und Sensibilität bestehen.

Einer der wenigen, der mit solcher Neugier und Sensibilität ausgestattet war, ist Otto Rank, der hochbegabte und einst treue Gefolgsmann Freuds, der sich Mitte der Zwanzigerjahre vom Meister lossagte und mit seinem Werk, das einen Schatz höchst origineller, aber vom damaligen psychoanalytischen Mainstream abweichender Ideen birgt, in äußersten Verruf geriet (Liebermann, 1997). Spätestens seit der Trennung von Freud kreist Ranks Denken zentral um den Begriff des Willens. Er hat dazu eine genetische (entwicklungspsychologische) und dynamische Theorie des Willens entwickelt, deren gebührende Darstellung hier keinen Platz fände und auch nicht finden muss. Zum grundlegenden Verständnis sei nur so viel gesagt, dass Rank den Willen deutlich absetzt von Freuds Begriff des Triebes oder unbewussten Wunsches. Es handelt sich beim Willen für Rank um ein Bewusstseinsphänomen, eine Art Ich-Energie, die in allen bewusst vollzogenen »Taten« des Ichs (Absichten, Entscheidungen, Handlungen) wirksam ist. Ranks Wille ist also gerade kein blinder Trieb wie etwa bei Schopenhauer, sondern im Gegenteil die Kraft, mit deren Hilfe das Subjekt die unbewusst determinierten Triebregungen beeinflussen, gestalten und in freie, eigenverantwortliche Akte transformieren kann.

Was im vorliegenden Kontext interessiert, ist natürlich nun die Anwendung dieser Willenstheorie auf die analytische Situation und vor allem auf die Rolle, die der Analytiker darin spielt. Dazu kann allgemein gesagt werden, dass sich die analytische Beziehung für Rank als Willenskampf darstellt, als Duell zweier Willen, die mit vergleichbarer Stärke aufeinander treffen und durchaus nicht immer dasselbe wollen:

> »Was in der analytischen Übertragungsbeziehung ihrer Natur nach spontan wirkt, und richtig verstanden und gehandhabt auch therapeutisch dauernd wirkt, ist dasselbe, was in jeder Beziehung zwischen zwei Menschen wirksam ist und deren Verhältnis bedingt: nämlich der Wille. Es stoßen zwei Willen aufeinander, von denen sich entweder der eine dem anderen unterwirft oder die beide miteinander und gegeneinander um die Herrschaft ringen […]« (Rank, 2006, S. 278).

Weit davon entfernt, den Analytiker an einem tendenzlosen Nullpunkt zu verorten, gleichsam als »unbewegten Beweger« (die Gottheit bei Aristoteles) zu idolisieren, geht Rank ganz selbstverständlich davon aus, dass der Analytiker vom Analysanden etwas will, sich wollend auf diesen zu bewegt. Art und Richtung dieses Wollens macht Rank, ähnlich wie wir dies bei Lacan kennengelernt haben, an der Aufforderung fest, die in der analytischen Grundregel enthalten ist: Alles zu sagen. Aber auch ohne diese Spezifikation gilt: Das Mindeste, was der Analytiker will, ist, dass der Analysand in irgendeiner Weise am analytischen Prozess teilnimmt, denn andernfalls brauchte man sich zu einer derart ungewöhnlichen Veranstaltung nicht zu treffen. Auf der anderen Seite handelt es sich beim Analysanden nun auch um ein willensfähiges Subjekt, allerdings um ein neurotisch beeinträchtigtes. Und die Neurose besteht nach Rank wesentlich darin, dass der freie, schöpferische Wille gehemmt ist, ja, dass dieser Wille gefürchtet wird, weil er mit Individuation und das heißt mit Vereinzelung, Verantwortung und vor allem auch mit Schuldgefühlen einhergeht. Die von Rank begründete »Willenstherapie« zielt daher vornehmlich darauf ab, »dass der Neurotiker überhaupt Wollen lernt« (ebd., S. 280). Der Analysand hat nun die Wahl – auch dies haben wir bereits bei der Besprechung der Lacan'schen Konzepte kennengelernt –, sich aufgrund seiner Wünsche nach Sicherheit und Geliebtwerden dem Willen des Analytikers zu unterwerfen. Er bleibt dann in seiner Neurose gefangen, im schlimmsten Fall bis zum Ende der Analyse. Er kann aber auch in willensmäßige Opposition zum Willen des Analytikers treten und dasjenige zum Ausdruck bringen, was Rank den »Gegenwillen« nennt. Darin offenbart sich für Rank, wenn auch in vorläufiger, verkappter, lediglich antithetischer Gestalt, der individuelle Eigenwille des Analysanden. Weil dies so ist, fällt dem Analytiker die behandlungstechnische Aufgabe zu, den Gegenwillen zu fördern, zu unterstützen, herauszufordern und sich auf symmetrischem Niveau mit ihm auseinanderzusetzen. An diesem Punkt macht sich Ranks wiederholte und nachhaltige Kritik an Freuds technischen Konzepten fest. Weil Freud, so Rank, von einer ideologischen (dogmatischen) Sicht geleitet war, die dem Analysanden letztlich Kapitulation und Unterwerfung abverlangte, habe er in dessen Gegenwillen nur Widerstand erkennen und entsprechend bekämpfen können. In einer nach Ranks Vorstellung geführten Analyse sollte es aber darauf ankommen, dem Analysanden durch die Bekundungen des Gegenwillens zur Befreiung des Eigenwillens als Ausdruck seiner schöpferischen Persönlichkeit zu verhelfen.

Es ist Ranks Scharfblick nicht entgangen, dass sich der Willenskampf, der die analytisch-therapeutische Beziehung strukturiert, nicht so leicht und harmonisch auflösen lässt, wie die Vorstellung von der finalen Befreiung des schöpferischen Eigenwillens des Analysanden suggerieren mag. Denn wenn es der Wille des Analytikers ist, dass der Analysand zum Eigenwillen findet, folgt der Analysand, wenn er dieses Ziel anstrebt und erreicht, ja immer noch und in gewisser Weise erst recht dem Willen des Analytikers, also einem fremden Willen, der, so sehr er auch von allen persönlichen Erwartungen und Forderungen absieht und sich den Willens- und Individuationsbewegungen des Analysanden anpasst, gerade von einem nicht absehen kann: zu wollen, dass der Analysand zu sich selbst findet. Wir stoßen hier auf eine paradoxe Verschränkung nach dem bekannten Muster, das Paul Watzlawick in seiner Kommunikationslehre als »paradoxe Handlungsaufforderung« beschrieben hat. Sie lautet, bezogen auf unseren thematischen Kontext: »Ich will, dass du deinem eigenen Willen folgst!« Paradoxe Handlungsaufforderungen zeichnen sich dadurch aus, dass man gegen sie verstößt, indem man sie befolgt, und gleichzeitig befolgt, indem man gegen sie verstößt. Innerhalb des pragmatisch-kommunikativen Rahmens, den sie aufspannen, gibt es keine Lösung, kein Entkommen. Auf der Ebene des Autonomie-Abhängigkeitskonfliktes, um den es hier ja geht, lässt sich das Dilemma in der Frage fassen: Wie ist es im Kontext einer von Abhängigkeit gekennzeichneten Beziehung möglich, wahrhaft autonom zu werden, ohne auch darin noch dem Willen (Gesetz oder Gebot) des Anderen zu unterstehen?

Rank hat vollkommen klar erkannt, dass sich der Willenskampf, der seinen Prämissen zufolge die analytische Beziehung wie jede andere zwischenmenschliche Beziehung grundlegend auszeichnet, in der Endphase einer analytischen Beziehung zuspitzt, gewissermaßen auf eine finale Entscheidung hindrängt. Vergegenwärtigen wir uns dazu noch einmal den denkbar unglücklichsten, aber eben nicht seltenen Fall, der eintritt, wenn der »ideologisch« identifizierte Analytiker – und dafür hält Rank die meisten Freudianer – auf seinem Willen (seinen Theorien, Deutungen, behandlungstechnischen Konzepten), den er als solchen gar nicht erkennt und reflektiert, besteht und diesen gegen den Widerstand des Analysanden durchzusetzen trachtet. Der Analysand unterwirft sich entweder oder er opponiert unter Einsatz seines Gegenwillens. Im ersten Fall endet die Analyse mit einem Scheinerfolg, der vielleicht nur den Analytiker zufriedenstellt, vielleicht aber auch den Analysanden an der Bewusstseinsoberfläche, unter der sich ein sedimentärer Sockel von Hass und Groll aufbaut. Im zweiten Fall kommt es zu unfruchtbaren Kämpfen, die den analytischen Prozess in Sackgassen treiben und stagnieren lassen. Der Analysand gelangt nicht über seinen Gegenwillen hinaus, und der Analytiker wird ihn, weil er Recht behalten will, zusätzlich daran hindern. Nicht selten handelt es sich um eine Mischung aus beidem, einen Wechsel aus Unterwerfung und Rebellion. Erschütternde Zeugnisse für solche sadomasochistischen Verwicklungen, die jedem Praktiker bekannt sind und die oft genug als unvermeidbare Begleiterscheinung der Widerstandsanalyse rationalisiert werden, finden sich in den Stundenprotokollen, die M. Pohlen und M. Bautz-Holzherr in ihrem Buch *Psychoanalyse – Das Ende einer Deutungsmacht* veröffentlicht haben (Pohlen & Bautz-Holzherr, 1995, S. 115ff.).

Aber auch dort, wo der Analytiker, wie Rank fordert, von jedem Besserwissen Abstand nimmt, sich den individuellen Erfordernissen des Analysanden flexibel anpasst, sich von diesem in unterschiedlichsten Rollenzuschreibungen bereitwillig »verwenden« lässt, wo er mit einer Haltung und Methode arbeitet, die dem Kontextualismus der modernen intersubjektivitätstheoretischen Psychoanalyse entspricht, auch dort entgeht der Analysand nicht einem die genannten analytischen Tugenden nicht nur einschließenden, sondern diese überhaupt erst hervorbringenden Willen des Analytikers, der ja genau das will: dem Analysanden zur Befreiung seines autonomen Selbstwillens zu verhelfen. Was also kann dieser noch tun, um sich von dem letzten Willenszugriff des Analytikers zu befreien? Ist denn dieser letzte Willenszugriff nicht besonders heimtückisch, gerade weil er nicht so plump und leicht erkennbar wie der krude Machtwille des ideologisch imprägnierten Analytikers daherkommt, sondern sich eher subtil einschleicht, unter Vorspiegelung der falschen Tatsachen von Offenheit und Absichtslosigkeit seine Herrschaft über den Analysanden errichtet?

Es ist beeindruckend, mit welcher Entschiedenheit sich Rank an dieser Stelle für eine Position ausspricht, die dem Analytiker einen außerordentlich hohen Einsatz abverlangt. Dazu führt er aus:

> »Auf die simpelste Formel gebracht, läßt sich die Endphase der Analyse […] als ein aufs äußerste gesteigerter Lebenskampf zwischen zwei Individuen darstellen, von denen einer sterben muß, damit der andere leben kann. Bevor wir in eine psychologische Erläuterung dieser aus der Erfahrung abgeleiteten Formel eingehen, sei gleich hier vorweggenommen, was die Aufgabe des Therapeuten in diesem Kampf um Leben oder Tod sein muß und wo die Gefahren seines Scheiterns an dieser Aufgabe liegen. Es kann kein Zweifel sein, daß in diesem Zweikampf der Patient Sieger bleiben muß, wenn er sich geheilt, d. h. lebensfähig fühlen soll und die Gefahr des Therapeuten liegt darin, daß er instinktiverweise selbst Sieger bleiben, d. h. leben und nicht getötet werden will. Er mag seine Selbstbehauptungstendenz noch so sehr intellektuell verkleiden und therapeutisch rechtfertigen können, er wird ihr verfallen, wenn er sie nicht erkennt und im Interesse der Therapie auf ihre Durchsetzung verzichten kann. Dies kann ihm aber nur durch seine intellektuelle und emotionelle Überlegenheit – nicht nur über den Patienten, sondern über die Situation selbst – gelingen, was aber gleichbedeutend ist mit einer Überlegenheit über das Leben selbst, wie sie nicht viele Menschen und noch weniger Therapeuten besitzen« (Rank, 2006, S. 491ff.).

Zum besseren Verständnis dessen, was sich Rank hier eigentlich vorstellt, muss man sich vor Augen führen, dass es seiner Ansicht nach in der Endphase der Analyse zu einer Art Rollentausch zwischen Analytiker und Analysand kommt:

> »Es tritt somit in der Endphase eine komplette Rollenvertauschung ein, indem der Patient die bisher dem Analytiker zugeschriebene schöpferische Funktion zu übernehmen hat, während der Analytiker zum Symbol des destruktiven neurotischen Ich wird, das zerstört werden muß« (ebd., S. 492).

Rank geht offensichtlich davon aus, dass der Analytiker für den zum Eigenwillen erwachten Analysanden zum Ende hin immer mehr zu einer hemmenden, festhaltenden Kraft wird, und zwar dadurch, dass er seine therapeutisch-schöpferischen Selbsterhaltungsbestrebungen nicht aufgeben will. Diese Dynamik der Umkehrung vollzieht sich einerseits auf der Übertragungsebene, schließt aber das reale Verhalten des Analytikers mit ein. In jedem Falle muss dieser sich »töten« lassen, was nur bedeuten kann, dass er es zulassen muss, dass die Willensäußerungen des Analysanden, von welcher Art diese auch sind, den Sieg über die seinigen davontragen, wozu aber auch gehört, den eigenen Willen mehr und mehr zurückzunehmen, sozusagen freiwillig zu begrenzen. Die von Rank eingeführte frühe Terminsetzung zur Beendigung der Analyse – eine technische Neuerung, die ihm heftige Kritik eingebracht hat – dient augenscheinlich auch diesem Zweck, dem natürlichen Willensdrang des Analytikers, die Analyse unendlich fortzusetzen, eine vorausbestimmte Grenze zu setzen.

Ranks Willenstheorie, so wie ich sie in ihren Umrissen für das Feld der analytisch-therapeutischen Beziehung dargestellt habe, begreift den Analytiker als aktiv wollendes Subjekt, das auch dort, wo es sich die Kardinaltugenden der Tendenzlosigkeit und Abstinenz zu eigen macht, dem Horizont seines umfassenden Wollens nicht entkommt. So scheint sich auch auf diesem Gebiet Nietzsches Wort zu bewahrheiten, wonach »der Mensch eher das Nichts will, als nicht zu wollen« (Nietzsche, 1982b, S. 900). Damit setzt er sich von vornherein in ein willensmäßig-begehrendes Verhältnis zum Analysanden und erzeugt auf diesem Weg eine spezifische Übertragung auf ihn. Im Unterscheid zum Begehren bei Lacan, das sich auf ein anderes Subjekt bezieht, treffen wir bei Rank auf eine Begehrensform, die gewissermaßen primär auf sich selbst gerichtet ist. Ranks Wille ist der Wille, der sich selbst will. Er ist der Wille der Selbsterhaltung, des Selbstausdrucks, der Selbstaktualisierung und Selbsterhöhung im Sinne der Erweiterung und Vollendung der eigenen Persönlichkeit zu einer schöpferischen. Darin macht sich der Einfluss Nietzsches bemerkbar, den Rank als seinen wichtigsten geistigen Mentor anführt. Da diese Wesensbestimmung natürlich nicht nur für den Analytiker, sondern ebenso für den Analysanden wie für jeden anderen Menschen gilt, stellt sich die therapeutische Beziehung zwangsläufig als ein Aufeinandertreffen zwischen Willenssubjekten dar, die sich primär selbst wollen. Die Folge ist jener von Rank klar und kompromisslos benannte »Kampf auf Leben und Tod«, aus dem nur einer als Sieger hervorgehen kann. Eine Möglichkeit des symmetrischen Ausgleichs scheint in Ranks Beziehungsmodell nicht angelegt. Und da es in der Therapie um das Heil und die Gesundung des Patienten geht, ist von vornherein entschieden, wer am Ende das Feld als Verlierer zu räumen und das heißt sich »töten« zu lassen hat.

Begehren und wechselseitige Anerkennung: Ausgleich oder Illusion?

Eine nächste Assoziation stellt sich ein. Ranks Rede vom »Kampf um Leben und Tod« zwischen den Willenssubjekten findet eine gleichlautende Entsprechung an prominenter Stelle in G. W. F. Hegels *Phänomenologie des Geistes*, genau dort, wo Hegel jenes Drama im Selbst oder Selbstbewusstsein beschreibt, das als Dialektik von »Herr« und »Knecht« in die neuere Geistesgeschichte eingegangen ist (Hegel, 1988 [1807] S. 120ff.). Etwas vereinfacht lässt sich das Szenario so charakterisieren, dass ein mächtiger Teil des Selbst (Herr), der sich in seiner Selbsterhaltung aber als abhängig und angewiesen versteht, im Kampf liegt mit einem machtlosen und abhängigen Teil des Selbst (Knecht), der nach Befreiung und Autonomie strebt. Beide Antipoden sehen sich voneinander in ihrer Existenz bedroht, brauchen einander aber auch, um vom jeweils Anderen im eigenen Bestreben anerkannt zu werden. Es ist also der Kampf zweier Kontrahenten, die in ihrer Suche nach wechselseitiger Anerkennung aneinander gefesselt sind. In Hegels *Phänomenologie* bleibt in gewisser Weise offen, ob die Versöhnung in der wechselseitigen Anerkennung gelingt oder ob sich die entzweienden Tendenzen durchsetzen und der »Kampf auf Leben und Tod« mit der Vernichtung des Einen oder Anderen endet.

Hegels Entwurf kann sowohl auf intrasubjektiver wie intersubjektiver Ebene gelesen werden. Die bekannteste intersubjektive Deutung ist wohl die sozialökonomische von Karl Marx, der in Hegels Schema den Klassenkampf zwischen freiem kapitalistischem Unternehmertum und abhängiger Arbeiterschaft abgebildet sieht. In neuerer Zeit hat sich die sozialwissenschaftliche und psychologische Forschung des Hegel'schen Modells bedient und auf die Genese und Konstitution des menschlichen Selbst angewandt (Honneth, 1994). Das Selbst ist seiner Entstehung und Erhaltung nach von Interaktionspartnern, von mehr oder weniger bedeutsamen sozialen Anderen, abhängig, die bis in tiefste Substrukturen hinein ihre Spuren in der Subjektivität des Einzelnen hinterlassen. Gleichzeitig beansprucht dieses Selbst für sich Autonomie, ja, es zeigt und verwirklicht sich erst als individuelles autonomes Selbst. Wie ist diese Spannung zu überbrücken? Gibt es etwas, was zwischen der Bedingtheit und der Unbedingtheit des Selbstseins vermitteln kann? Wie bereits gesagt, sprechen wir hier von einem Grundkonflikt, der sich sowohl im Innern jedes Individuums wie zwischen den Individuen rekonstruieren lässt. Vertreter der intersubjektivitätstheoretischen Psychoanalyse schlagen als Lösung für dieses Dilemma das wechselseitige Anerkennungsverhältnis vor, das Hegel – etwas versöhnlicher als in der späteren *Phänomenologie* –

bereits in den Jenaer Frühschriften skizziert (dazu Altmeyer, 2000, S. 152ff.; Honneth, 1994, S. 54ff.). Das Paradigma der wechselseitigen Anerkennung postuliert die Möglichkeit eines zwar spannungsreichen, aber im Wesentlichen doch gelingenden Ausgleichs zwischen den konfligierenden Strebungen von Autonomie und Abhängigkeit, Gleichheit und Verschiedenheit, Verbundenheit und Getrenntheit zwischen Subjekten, also die grundsätzliche Kompatibilität eines »self-with-others« und eines »self-versus-others« – um es in der Sprache der psychoanalytischen Säuglingsforschung auszudrücken. Hegel erläutert das Anerkennungsverhältnis am Beispiel der Liebe, die für ihn ein »Sich-Erkennen-im-Anderen« impliziert. Der Liebende sieht sein Begehren im Begehren des Anderen gespiegelt, sodass Liebe dann entsteht, »wenn das Sich-im-Anderen-Wissen von beiden geteilt und anerkannt wird« (Altmeyer, 2000, S. 155). Vereinfacht ausgedrückt, basiert das Anerkennungsverhältnis auf der Erfahrung einer Übereinstimmung im beiderseitigen Begehren. Das Kind kann Autonomie einfordern und wagen, wenn es sich mit seinem diesbezüglichen Begehren im gleichsinnigen Begehren der Eltern wiederfindet. Auf der Basis der basalen Anerkennung, die es aus dieser Erfahrung bezieht, ist es dann auch möglich, das Differente, Nichtidentische intersubjektiv zu verhandeln, ohne dass es zu einem Kampf auf Leben und Tod kommen muss. Übertragen auf den hier interessierenden Fall der psychoanalytisch-psychotherapeutischen Beziehung würde dies bedeuten, dass sich der Analysand mit seinem Willen nach Selbstbehauptung und Selbstaktualisierung im Willen des Analytikers, der ja genau dies – Selbstbehauptung und Selbstaktualisierung – für den Analysanden will, wiederfindet und infolgedessen nicht nur seinen, sondern auch den Willen des Analytikers anerkennen kann, ohne sich von diesem im Eigenwillen beschränkt zu sehen. Das Anerkennungsverhältnis würde demnach einen Weg weisen, der die aussichtslos erscheinende paradoxale Verstrickung auflöst und aus dem Entweder-oder-Dilemma des Willenskampfes herausführt. Der Analysand müsste den Analytiker nicht länger »töten«, um sich von ihm zu befreien.

Das Anerkennungsmodell unterstellt eine primäre Bejahung zwischen den Subjekten, eine sozial bindende Übereinstimmung in vitalen Interessen und Strebungen anstelle des primär antagonistischen, feindlichen Kampfes um individuelle Selbsterhaltung, der die auf Hobbes zurückgehenden sozialethischen Entwürfe kennzeichnet. Vergessen darf man dabei allerdings nicht, dass sich die wechselseitige Anerkennung im Allgemeinen nicht von alleine einstellt, sondern dass auch um diese, wie Hegels *Phänomenologie* zeigt, gekämpft werden muss, und zwar mit allerhöchstem Einsatz, demjenigen des »ganzen« Selbst nämlich, um dessen Anerkennung es ja geht. Und dieser Kampf um Anerkennung birgt wie der um Selbsterhaltung durchaus »tödliche« Risiken, die sich mittels oberflächlicher Befriedungs- und Versöhnungsfiguren nicht zum Verschwinden bringen lassen. Wenn man also sagen kann, dass Rank in einer einseitigen Betonung der Willensantagonismen die Chancen intersubjektiver Bejahung und Anerkennung übersieht, wäre es doch mehr als voreilig, sein Bild für unzutreffend oder überholt zu halten. Ähnlich wie Lacan dies später tun wird, akzentuiert Rank die Realität einer basalen Unversöhntheit im Subjekt, die sich zwangsläufig im Verhältnis zwischen den Subjekten widerspiegelt. Was die Praxis der Analyse betrifft, hätte dies zur Folge, dass der Analytiker zum Ende hin in der Tat eine Destruktion über sich ergehen lassen muss, für die sich unterschiedliche Begriffe finden lassen. Man könnte von der Auflösung der Übertragung sprechen, wenn dies nicht allzu harmlosen und illusionären Vorstellungen Vorschub leisten würde. Die unumgängliche Depotenzierung des Analytikers verschwindet heute am Ende einer Analyse häufig in einer Überbetonung der Abschieds- und Trauerthematik, die den Analysanden ein letztes Mal in die Rolle des Abhängigen, Bedürftigen zwingt und dem Analytiker die angenehme Position des großen bedeutsamen Anderen sichert, mit der er mühelos »überleben« kann. Wer einen Verlust erleidet, ist immer der Schwächere. Diese Weichenstellung, die dem Analytiker zur Abwehr eigener Entmachtungsgefühle verhilft, raubt dem Analysanden im schlimmsten Fall die letzte Chance, dem Herrschaftsanspruch eines omnipotenten Objektes dauerhaft zu entkommen.

Das Begehren des Analytikers und die Intersubjektivität der analytischen Situation

Die im Vorausgegangenen vorgestellten und diskutierten Konzeptualisierungen exemplifizieren die grundlegende Idee, deren Begründung und Ausarbeitung die vorliegende Studie gewidmet ist. Diese Idee besagt, dass die psychoanalytische Situation – das Gleiche gilt für jede Form von Psychotherapie – von Beginn an nicht nur aufseiten des Patienten, sondern ebenso aufseiten des Analytikers von einer Übertragung strukturiert ist, die Ausdruck dessen ist, was der Analytiker vom Analysanden will oder begehrt. Dieses Wollen oder Begehren kann, wie wir gesehen haben, auf ganz unterschiedliche Formeln gebracht werden: Die analytische Situation als Konstruktion des Analytikers zum Zwecke der Hörbarmachung von Unbewusstem, das Begehren des Analytikers nach der Wahrheit des Analysanden oder der Wille des Analytikers als eines Akteurs des analytischen Selbstbehauptungskampfes. Es mag weitere Konkretisierungen dieses Grundgedankens geben, die hier nicht berücksichtigt werden müssen. Obgleich entsprechende Klarstellungen an früherer Stelle bereits erfolgt sind, sei noch einmal hervorgehoben, dass das hier gemeinte Begehren oder Wollen weder auf die von der Übertragung des Analysanden abhängige Gegenübertragung zu reduzieren ist noch in den unbewussten persönlichen Wünschen, Motivationen und sonstigen Strebungen des Analytikers aufgeht. Ebenso wenig lässt es sich mit den Manifestationen eines psychoanalytischen Über-Ichs erklären, das aus Identifizierungen mit theoretischen Überzeugungen, Zielen und anderweitigen Standards einer psychoanalytischen Lehre oder Schulrichtung entstanden ist. Auch wenn gar kein Über-Ich dieser Art existierte, gäbe es dieses Begehren. Das Begehren, um das es sich hier handelt, ist von all den genannten Faktoren unabhängig. Es ist umgekehrt die Basis, auf der all diese Faktoren überhaupt erst wirksam werden, weshalb wir es auch als basal bezeichnen. Und es ist insoweit objektiv, als es notwendig an den spezifischen Ort des Analytikers in der analytischen Situation und die Funktion der analytischen Tätigkeit gekoppelt ist. In keinem Fall steht es dem Analytiker frei, ein solches Begehren zu haben oder nicht. Er hat es, sobald er an seinem Platz den analytischen Diskurs eröffnet.

Aus alle dem folgt, dass sich Psychoanalytiker und Psychotherapeuten bis in die elementarsten Grundlagen ihrer Arbeit klar darüber sein sollten, dass sie vom Patienten etwas wollen oder begehren. Der Patient reagiert auf dieses Wollen, so wie er schon in seiner Frühzeit auf das Wollen der primären Bezugspersonen reagiert hat. Dies wiederum bedeutet nichts anderes, als dass im Begehren des Analytikers der Beitrag zu sehen ist, den dieser zur basalen Intersubjektivität der analytisch-therapeutischen Situation leistet. Obgleich der psychoanalytische Intersubjektivismus eine paradigmatische Wende im Verständnis der psychoanalytischen Situation herbeigeführt hat und sich in dieser Hinsicht unschätzbarer Verdienste rühmen darf – Verdienste, die an dieser Stelle nicht eigens hervorgehoben zu werden brauchen –, scheint es doch so, als sei ihm die hier verhandelte objektive Dimension der Intersubjektivität, die auch als strukturale zu bezeichnen wäre, unzugänglich geblieben. Mögliche Gründe hierfür liegen in einer verkürzten Interpretation der Begriffe von Subjektivität und Objektivität – eine Verwirrung, zu der ein gewisser Subjektivitätsdogmatismus zeitgenössischer Intersubjektivitätstheoretiker nicht unwesentlich beigetragen hat und die nur vereinzelt weitsichtigere Korrekturen gefunden hat (Britton, 2001c, S. 61ff.; Cavell, 2006, S. 178ff.). Es gibt objektive Begehrungen als strukturale Bestandteile einer Situation, die nicht ausschließlich von den variablen subjektiven Merkmalen der beteiligten Akteure definiert werden. Beim analytischen Arrangement handelt es sich um eine solche Situation, und beim analytischen Verstehen-Wollen um eine solche Begehrung, die objektiv deswegen ist, weil sie der Situation und dem in ihr tätig werdenden Analytiker-Subjekt notwendig zukommt. Unter Rückgriff auf den Sprachgebrauch der analytischen Psychologie C.G. Jungs halte ich es für vertretbar, Situationen der beschriebenen Art als archetypische zu bezeichnen. Sie bilden ein je spezifisches strukturales und dynamisches Gefüge, das den agierenden Subjekten und ihrer Intersubjektivität Bedingungen vorgibt, die nicht beliebig veränderbar sind, ohne dadurch die charakteristische Bedeutung und Funktion dieser Situation zu zerstören.

Unter Berücksichtigung der vorgenommenen Fundierung des Intersubjektivitätskonzeptes in einer strukturalen Betrachtungsweise lässt sich feststellen, dass der moderne psychoanalytische Intersubjektivismus nicht lediglich eine weitere theoretische Perspektive darstellt, unter der man die psychoanalytische Situation betrachten kann. Vielmehr stellt er die Perspektive dar, die den Blick darauf frei gibt, was in der psychoanalytischen Situation immer schon geschehen ist, auch wenn dieses Geschehen unerkannt blieb oder anders gedeutet wurde. Man übertreibt kaum, wenn man behauptet, dass dem Intersubjektivismus die Bedeutung zukommt, alle früheren Modelle auf eine in ihnen angelegte Selbsttäuschung hin transparent zu machen. Der intersubjektive Zugang deckt diesen Sachverhalt auf und zeigt gleichzeitig, dass die Selbsttäuschung nicht nur eine historisch notwendige war, sondern darüber hinaus die Bedingung für die wissenschaftliche und therapeutische Legitimität der Modelle und Verfahren darstellte, die ihr erlegen sind.

Ein weiterer kritischer Gesichtspunkt ist hinzuzufügen. Überall dort, wo das aktive, auf den Patienten gerichtete Begehren oder Wollen des Analytikers verleugnet, verkannt oder nicht reflektiert wird, ist damit zu rechnen, dass dieses Wollen, das in jedem Falle wirkt, zu einem blinden wird und die Machtausstattung, die dem Analytiker aufgrund seiner autoritativen Stellung sowie der Asymmetrie der analytisch-therapeutischen Situation zukommt, zusätzlich verstärkt. Genauer gesagt, verstärkt die Unbewusstheit in diesem Punkt nicht nur die Machtausstattung, sondern die Neigung zur realen Machtausübung. Man kann es daher nicht als Zufall ansehen, dass die schlimmsten Auswüchse solcher Machtausübung in der analytischen Praxis aufseiten des Analytikers regelmäßig einhergehen mit einer weitreichenden Ahnungslosigkeit bezüglich des eigenen Begehrens, einer Verblendung bezüglich der eigenen drängenden Willensaktivität, die projektiv dem Patienten zugeschrieben und an diesem analytisch abgehandelt wird. Man darf geradezu davon ausgehen, dass der Patient umso widerständiger erscheint, je nachhaltiger der Analytiker sein Begehren negiert. Aber auch unter solchen Auswüchse, die innerhalb der Fachwelt immer schon für zu wenig Empörung gesorgt haben, stoßen wir auf etablierte und professionell sanktionierte Vorkehrungen und Strategien, die dem Analytiker dabei helfen, sein basales Begehren vor sich selbst zu verbergen. Als vorherrschende Erscheinungsform solcher »Willensvergessenheit« soll nun der Mythos der Voraussetzungslosigkeit nochmals näher in Augenschein genommen werden.

Das Phantasma der Voraussetzungslosigkeit als Maskierung des Begehrens

Der Leser, der sich an die bereits an früherer Stelle aufgenommene Diskussion um das Problem der Voraussetzungs- oder Tendenzlosigkeit der Analyse erinnert, sieht sich vor die Frage gestellt, wie denn das als unvermeidlich angenommene Wollen und Begehren des Analytikers zu vereinbaren sei mit den aus guten Gründen erhobenen Forderungen nach Neutralität, Abstinenz, gleichschwebender Aufmerksamkeit und ähnlichen Parametern, denen der Analytiker in Haltung und Technik entsprechen sollte.

Mit dieser Problemstellung betreten wir ein Feld offener Fragen und ebenso zahlreicher Scheinlösungen, die für diese Fragen in Umlauf gebracht worden sind. Natürlich haben sich seit Freuds Zeiten die Ansichten darüber, mit wie viel Neutralität und Tendenzlosigkeit beim Analytiker realistisch überhaupt gerechnet werden kann, erheblich verändert. Die moderne psychoanalytische Forschung hält sich eine Menge darauf zugute, den Einfluss der vorwiegend unbewussten Subjektivität des Analytikers auf den analytischen Prozess und die Beziehung zum Analysanden nachgewiesen und anerkannt zu haben. Gemeint sind damit nicht nur die affektiven und triebhaften Spuren unbewusster Komplexkonfigurationen des Analytikers, sondern ebenso die spezifischen Akzentuierungen der Wahrnehmung und kognitiv-mentalen Verarbeitung, die sich aus impliziten Persönlichkeitstheorien, anthropologischen Prämissen und anderen normativ wirksamen Überzeugungs- und Glaubenssystemen ergeben. Gleichwohl wird an der Vorstellung festgehalten, dass sich der Analytiker bei seiner Arbeit von der Gesamtwirkung seiner »subjektiven Gleichung« ausreichend distanzieren könne, um sich frei und offen zu halten für die innere Welt des Patienten, zu der ihm geschulte Empathie und Intuition Zugang gewähren. Nicht alle Analytiker nehmen in dieser Hinsicht allerdings einen so extremen Standpunkt ein wie Wilfred Bion, dessen berühmtes Diktum »no memory, no desire, no understanding« einen sozusagen unformatierten Zustand meditativer Leere postuliert, in der die psychische Realität des Patienten gewissermaßen unverfälscht aufscheinen kann (Bion, 1988, S. 22ff.). Ältere Autoren begnügen sich zuweilen mit der Empfehlung, im professionellen Kontakt mit dem Patienten alles Wissen und Gelernte möglichst zu vergessen. Wenn man jedoch bedenkt, dass es ja gerade die Ausläufer von Unbewusstem sind, denen der Analytiker von innen her ausgesetzt ist, fragt man sich, wie Vergessen gegen Unbewusstes helfen sollte. Die wahrscheinlichste Lösung des fraglichen Dilemmas wird wohl darin liegen, ein kontinuierliches Fließen, Oszillieren und Pulsieren anzunehmen, bei dem der Analytiker einmal mehr »bei sich« und einmal mehr »außer sich« ist, also einen Wechsel zwischen empathisch-intuitiver Offenheit und Identifizierung mit dem Anderen und der Rückkehr zu selbstzentrierten Verarbeitungs- und Transformationsvorgängen einschließlich der daraus hervorgehenden Interventionen.

Sind wir damit einen Schritt weiter in der Klärung des Verhältnisses von basalem Begehren des Analytikers und der zu Recht geforderten technischen Neutralität? Überhaupt nicht. Das ist schon deswegen nicht der Fall, weil die Frage des basalen Begehrens und Wollens auf einer anderen Ebene ansetzt als die der Haltungsmerkmale. Um es auf eine kurze Formel zu bringen: Wenn das Begehren des Analytikers darin besteht, dass der Patient sich in sämtlichen Aspekten seines Selbst offenbaren möge, dann steht die Neutralität seiner Haltung und praktischen Methodik nicht im Gegensatz zu diesem Begehren, sondern ist Folge und notwendiger Ausdruck, also die passende Realisierungsform dieses Begehrens. Der Analytiker wird dann alles Erforderliche tun, um dem Patienten einen von Fremdeinflüssen möglichst frei gehaltenen Raum zur Verfügung zu stellen, in dem dieser sein Selbst zur Darstellung bringen, transformieren, neue Möglichkeiten seines Selbstsein-Könnens entwerfen und erproben kann. Unter dem Blickwinkel des basalen Begehrens verliert die Neutralitätsforderung also nicht an Gültigkeit. Es wird vielmehr deutlich, dass Neutralität, Abstinenz und gleichschwebende Aufmerksamkeit spezifische Weisen des Zugangs sind, die der Analytiker zur Wahrheit des Patienten sucht. Der Wunsch, zu erkennen und zu verstehen, ist darin aber grundlegender als die Wahl der Haltung oder Technik, von der man annimmt, dass sie ein solches Verstehen am besten gewährleistet.

Auch der fähigste Bion-Schüler ist kein in sich selbst versunkener Yogi oder Zen-Meister, sondern ein Subjekt, das sich ganz im Gegensatz zur spirituellen Praxis an ein Gegenüber wendet. Die »interesselose« Haltung der Leerheit und

Willensverneinung wird im intersubjektiven Kontext zum Instrument eines Begehrens, das darauf aus ist, die innere Welt eines anderen Selbst perfekt in sich zu repräsentieren. Bions Superlative der Absichts- und Voraussetzungslosigkeit drohen in besonderem Maße den Blick auf das Begehren des Analytikers zu versperren. Der extreme Objektivismus der von Bion proklamierten Haltung bildet das Pendant zum extremen Subjektivismus zahlreicher Intersubjektivisten. Beide Positionen übersehen die »objektive Subjektivität« des Analytikers, die sich im strukturalen Moment seines Begehrens manifestiert.

Der entscheidende Punkt für den Analytiker ist nun eben der, die Selbstwerdung des Analysanden (seine Individuation, die »Vollendung seines Wesens« nach Freud) als Inhalt und Ziel des eigenen Begehrens zu erkennen und vor diesem Hintergrund in seiner Bedeutung einschließlich seiner Problematik zu reflektieren. Allein diese Leistung entscheidet darüber, ob sich der analytische Prozess in einer positivistisch zu nennenden Täuschung verfängt oder sich als geeignet erweist, die schwierige Dialektik von Selbstsein in der Gegenwart eines Anderen, der eben dies von mir und für mich begehrt, aufzunehmen und zu transformieren. Das positivistische Selbstmissverständnis tritt also dort ein, wo der Analytiker der Tatsache nicht Rechnung trägt, dass der Wille zur Selbstwerdung nicht nur als autochthoner Drang dem Unbewussten des Patienten entsteigt, sondern dass dieser Wille das vom Analytiker für den Patienten Gewollte ist. Lange vor Einsetzen spezieller Übertragungs- und Gegenübertragungskonfigurationen steht das analytische Unterfangen bereits im Kontext einer intersubjektiven Dynamik, die zu den an früherer Stelle bereits diskutierten Komplikationen und Fehlentwicklungen Anlass gibt. Viel eher als in den direktiven Therapieverfahren ist im nicht-direktiven und auf scheinbarer Absichtslosigkeit beruhenden analytischen Prozedere die Gefahr gegeben, die Absichtslosigkeit buchstäblich zu nehmen und das dahinter wirksame Begehren zu verkennen, zu verleugnen oder zu rationalisieren. Wie auch immer – der Psychoanalytiker steht schnell unter dem berechtigten Verdacht, Suggestion mit der Autonomie und der freien Selbstentfaltung zu betreiben. Und es ist besonders schwer, sich gegen diese Suggestion zu wehren, weil sie ja das Ureigene des Selbst meint, die »Befreiung und Vollendung des eigenen Wesens« in Freuds bereits mehrfach zitierten Worten. Das Grundproblem dabei ist natürlich, ob man »ein Selbst sein« oder »alles richtig machen« und dafür geliebt werden will. Jedoch: Wer möchte nicht von seinem Analytiker geliebt werden, und zwar gerade dafür, ein Selbst zu sein? Weder für den Patienten noch für den Analytiker gibt es die geringste Möglichkeit, diesem Konflikt zu entgehen. Beide müssen ihn auf sich nehmen und – so gut es geht – verwinden.

Das Begehren des Analytikers und der Rückzugsraum des Patienten

Es war in unterschiedlichen Zusammenhängen davon die Rede, dass dort, wo man ein dem analytisch-therapeutischen Arrangement inhärentes Begehren des Analytikers postuliert, die Tatsache eines konträren Wollens aufseiten des Patienten – den Gegenwillen in der Terminologie Otto Ranks – annehmen muss, jedenfalls eine reaktive Tendenz, die sich dem therapeutischen Wollen entzieht, sich diesem gegenüber verschließt. Gemeinhin spricht man in diesem Fall von Abwehr und Widerstand. Es hat sich im Zuge einer vertieften Kenntnis der Psychodynamik und Übertragungsfiguren bei Patienten mit frühen Beeinträchtigungen der Selbstentwicklung jedoch gezeigt, dass diese Abwehr die Funktion eines überlebensnotwendigen Selbstschutzes erfüllt, und dass eine hochgradige Sensibilität für alle Bestrebungen besteht, die diesen Selbstschutz gefährden und zu durchbrechen drohen. Die Hauptlinie der Abwehr und Bewältigung solcher Bedrohungen besteht dabei in Formen des inneren Rückzugs, der unterschiedlich weit reichen kann und sich in der Hauptsache narzisstischer, schizoider und neuerdings sogenannter autistoider Mechanismen bedient.

In jüngerer Zeit haben Vertreter unterschiedlicher psychoanalytischer Richtungen den Besonderheiten, die sich aus der Behandlung von Patienten mit pathologischen Rückzugszuständen des Selbst ergeben, verstärkt Rechnung getragen. Neue theoretische Konzepte zu einem erweiterten Verständnis der Dynamik des inneren Rückzugs und darauf aufbauende behandlungstechnische Modelle wurden vorgelegt. Ich verweise an dieser Stelle lediglich auf das bereits ältere, aber wegweisende Buch *Orte des seelischen Rückzugs* von John Steiner (1999), auf Frances Tustins Beiträge zur klinischen Phänomenologie und Behandlung autistoider Rückzugszustände (Tustin, 2005) sowie im deutschen Sprachraum auf die von Bernd Nissen unter dem Titel *Autistische Phänomene in psychoanalytischen Behandlungen* (2006) herausgegebene Monografie, die über den Stand diesbezüglicher Forschung und Diskussion gut informiert.

Vor dem Hintergrund der hier erörterten Thematik stellt sich mit besonderer Dringlichkeit die Frage, was es für den Patienten mit fragilem oder nicht vorhandenem Selbstschutz und folglich hochgradig gefährdetem Selbst zu bedeuten hat, wenn er sich dem unentrinnbaren Begehren des Psychoanalytikers und Psychotherapeuten ausgesetzt sieht. Wohlgemerkt: Wir interessieren uns hier überhaupt nicht für den Fall eines intrusiven Behandlungsstils, für ein therapeutisches Fehlverhalten also, das auch bereits einen mit stabilerer Selbststruktur versehenen Patienten in innere Bedrängnis versetzen würde. Der herausfordernde Sachverhalt ist der, dass auch die völlig angemessene Haltung einer nicht-invasiven empathischen Präsenz für einen Menschen mit unsicherem oder fehlendem Selbstgefühl zur Bedrohung werden kann, und zwar dadurch, dass er das in dieser Haltung wirksame Wollen spürt und als bemächtigenden Zugriff auf sein Selbst erlebt. Wir haben an früherer Stelle bereits erkannt, dass dieses Wollen im Wesentlichen ein Begehren nach der Wahrheit des Anderen ist, das sich vornehmlich als Verstehen-Wollen realisiert. Nun lehrt uns die klinische Erfahrung, dass es nicht wenige Patienten gibt, die sich vehement dagegen wehren, verstanden zu werden, die sich fürchten vor dem, was ihnen nach allgemeiner therapeutischer Überzeugung am meisten helfen könnte. Ich spreche hier nicht von denen, die aus unbewussten Motiven wie Neid, Schuld- oder Wertlosigkeitsgefühlen diese Abwehr aufrichten. Wir richten den Blick ausschließlich auf die, die während der Frühzeit ihrer psychischen Entwicklung vorwiegend äußerst intrusive Objekterfahrungen gemacht haben; die den Anderen nur als denjenigen kennen gelernt haben, der in ihre noch weitgehend schutzlose seelische Welt einbricht und sich ihres noch unentwickelten Selbst bemächtigt, indem er sich selbst und sein eigenes Wollen an dessen Stelle setzt. Solche Menschen lernen recht früh, ihr authentisches Selbst oder das, was davon übrig geblieben ist, gegen Vereinnahmung, Enteignung oder gar Auslöschung behelfsmäßig zu sichern. Wie schon erwähnt, erfolgt diese Sicherung meist in Form eines extremen seelischen Rückzugs, verbunden mit der Aufrichtung einer realitätszugewandten funktionalen Außenschicht der Persönlichkeit – dem von Winnicott so bezeichneten falschen Selbst –, die jedoch vom vitalen Zentrum des primären Selbstkernes abgeschnitten bleibt.

Das behandlungstechnische Dilemma, das aus der gekennzeichneten inneren Konstellation resultiert, zeigt sich nun darin, dass der Patient das wohlmeinende Verstehen des Analytikers unbewusst als erneuten Angriff auf seine psychische Integrität erlebt, als Versuch eines mächtigen Objektes, in seine innerste Persönlichkeitssphäre einzudringen und diese zu »kolonisieren«. Es ist in vielen dieser Fälle gerade nicht so, wie wir das häufig erzählt bekommen: dass nämlich das unsichere Selbst sich in der haltenden und spiegelnden Geste des Anderen seiner selbst versichern könne. Es ist umgekehrt häufig so, dass das unsichere Selbst im spiegelnden Verstehen des Anderen verschwindet; dass der Akt des Verstehens die schlecht befestigten Selbstgrenzen auflöst und eine bedrohliche Identitätsdiffusion herbeiführt. Die Gefahr, dass etwas Derartiges geschieht, ist unter den gegebenen Voraussetzungen besonders groß, weil ja gerade das gelungene Verstehen die Gefahr mit sich führt, die affektiven und mentalen Äußerungsformen des nuklearen Selbst sozusagen empathisch zu verschlucken.

Über dieses Dilemma hat unter den Psychoanalytikern der nachfreudianischen Epoche keiner tiefer nachgedacht und eindringlicher geschrieben als Winnicott. In einer seiner weniger bekannten Arbeiten mit dem sperrigen Titel »Die Frage des Mitteilens und des Nicht-Mitteilens führt zu einer Untersuchung gewisser Gegensätze« (1984, S. 234–253) führt er dazu aus, dass man die Angst, die viele Menschen vor der Psychoanalyse hegen, anerkennen und respektieren müsse. Gerade im Falle eines tiefen Verstehens fühle der Patient sich gefunden und zwar dort, wo er unter allen Umständen verborgen und mit sich selbst allein bleiben wollte. Tritt eine pathologisch erhöhte Selbstlabilität hinzu, dann fürchtet der Patient in diesem Gefundenwerden, auch wenn es mit höchster Feinfühligkeit von statten geht, die erneute Selbstauslöschung. Da wir in der Psychoanalyse auf das Verstehen gleichwohl nicht verzichten können, steht der Analytiker vor der Frage: Wie kann man verstehen, ohne zu finden?

Die beschriebenen Schwierigkeiten spitzen sich zu, wenn das Verstehen, wie das bei einer aufdeckenden und interpretierenden therapeutischen Technik der Fall ist, mit einem Benennen einhergeht. Die Verbalisierung des Verstehens verstärkt beim Patienten mit zurückgezogenem Selbst das Gefühl, bis in die geheimsten inneren Winkel hinein identifiziert und dem Wissen eines omnipotenten Objektes restlos ausgeliefert zu sein. Ich spreche hier nicht eigens von den Gefühlen der Scham, die mit diesem Erleben einhergehen. Die Menschen, von denen hier gesprochen wird, haben in ihrer Kindheit nicht selten die Erfahrung gemacht, über lange Zeiträume gnadenlosen Zuschreibungen, Kommentaren und Urteilen ausgesetzt zu sein. Gesehen- und Benanntwerden führen nicht zur Annäherung an tiefere emotionale Schichten des Selbst, sondern wirken wie ein Schockgefrieren, das als erste Notfallreaktion weitere Anpassungsmechanismen des falschen Selbst in Gang setzt.

Die Abwehr der Bedrohung des Selbst durch Verstehen, Verbalisierung und Interpretation kann Formen annehmen, die sich in einer außerordentlich fügsamen und manchmal schwer zu durchschauenden therapeutischen Kooperation des Patienten auf der Ebene des falschen Selbst bemerkbar machen. Auf dieser Ebene kann es durchaus zu respektablen Fortschritten in der psychischen Funktionsfähigkeit des Patienten kommen, ohne dass die basale Störung im Selbst je berührt und in der therapeutischen Beziehung aktualisiert würde.

An dieser Stelle taucht die Frage auf, ob sich der in seiner Selbstempfindung unsichere Patient mehr durch das Verstandenwerden an sich oder durch das im Verstehen des Analytikers zirkulierende Begehren bedroht fühlt. Beides ist denkbar. Wir haben gehört, dass Verstehen auf kurzzeitiger Identifizierung mit dem Anderen beruht. Der Patient, um den es hier als Typus geht, fürchtet also nicht nur, dass sich ein anderes Selbst mit dem seinigen in der Weise in eins setzt, dass die Substanz des eigenen Selbst gewissermaßen abfließt und im Selbst des Anderen aufgeht. Es handelt sich hier um das dramatische und existenziell vernichtende Geschehen einer Selbst-Enteignung, das J.-P. Sartre zufolge – auf ihn geht die Metapher des Abfließens zurück – dem Subjekt widerfährt, wenn es sich im stets mächtigeren Blick des Anderen gesehen sieht (Sartre, 2001, S. 457ff.). Zu gleichen Anteilen kann sich die Angst des Patienten auf das im Verstehen auf ihn zuströmende Begehren des Anderen, heißt des Analytikers beziehen. Wir haben ja ebenfalls gelernt, das Verstehen als erotische Aktivität, als letztlich aus libidinösen Quellen stammend zu begreifen. Dies würde bedeuten, dass der Patient, der das Verstehen und Verstandenwerden fürchtet, im Letzten die Liebe und das Geliebtwerden fürchtet. Und dazu hat er meist auch allen Grund, weil die Liebe, die er in der Frühzeit kennengelernt hat, meist eine solche der Bemächtigung und Einverleibung war. Nur: Wie kann das Begehren in der Liebe überhaupt ein grundsätzlich anderes sein? Die Vermutung liegt nahe, dass Wilfred Bion, der ja sein »no memory, no desire« an manchen Stellen um ein »no understanding« ergänzt hat, an die Möglichkeit eines Verstehens ohne Begehren (»desire«) glaubte, und dass ihm die dem Analytiker als Haltung empfohlene Leerheit als bestmögliche Voraussetzung erschien, ein Verstehen zu realisieren, das frei ist von einem libidinösen Drängen. Ob die aus dem Begehren herrührende innere Spannung und Intentionalität des Verstehens aufgehoben werden können, erscheint mir allerdings fraglich.

Die Problematik des Zusammenstoßes zwischen primärer Übertragung des Analytikers, seinem Verstehen-Wollen, und den psychischen Selbsterhaltungsbedürfnissen des Patienten reicht jedoch noch tiefer. Ihre ganze Tragweite zeigt sich dort, wo wir, Winnicott folgend, davon ausgehen müssen, dass nicht nur Patienten mit der geschilderten Selbstpathologie, sondern schlechthin jeder Mensch über einen innersten Kernbereich des Selbst verfügt, in dem er nur mit subjektiven Objekten kommuniziert, und der vor jedem Zugriff von außerhalb, eben auch jedem therapeutischen Zugriff, geschützt werden muss. Dieses *incommunicado*, das für Winnicott das sakrosankte Zentrum der Person ausmacht, bewirkt, »dass jedes Individuum ein Isolierter ist, in ständiger Nicht-Kommunikation, ständig unbekannt, tatsächlich ungefunden« (Winnicott, 1984 [1962], S. 245). Das Dilemma des Verstehens ohne zu finden dehnt sich damit auf das gesamte Feld der Psychoanalyse und Psychotherapie aus. Man kann folglich sagen: Das Begehren des Analytikers, soweit dieses sich in seinem Verstehen-Wollen manifestiert, kommt nie vollständig an sein Ziel. Im »innersten Kern« bleibt der Patient dem Begehren des Analytikers gegenüber unzugänglich und verschlossen. Dieser muss das Bedürfnis des Patienten nach Verborgenheit und Nicht-Kommunikation anerkennen. Der Patient als der Andere ist nicht unbegrenzt erreichbar und bewahrt gerade darin seine Andersheit.

Der Schuldige Mensch und der Tragische Mensch

Ein anthropologischer Dualismus im gegenwärtigen psychoanalytischen Diskurs

Es sind in der Vergangenheit immer wieder Versuche unternommen worden, die theoretischen Modelle und methodischen Herangehensweisen, mit deren Hilfe wir psychopathologische Phänomene verstehen und auf deren Basis wir psychoanalytische oder psychotherapeutische Behandlungen durchführen, auf ihre inhärenten anthropologischen Prämissen hin transparent zu machen. Bei diesen Versuchen richtet sich das Interesse darauf, eine Grundform der existenziellen Verfasstheit des Subjekts, eine spezifische Weise des In-der-Welt-Seins, die dem jeweiligen Verstehens- oder therapeutischen Handlungsmodell zugrunde liegt, zu identifizieren und in ihren vielfältigen Auswirkungen zu beschreiben – Auswirkungen, die nicht nur in differierenden behandlungstechnischen Ansätzen bestehen, sondern sich in identitätsstiftenden Begründungen und mehr oder weniger ideologischen Bekenntnissen innerhalb der jeweiligen psychoanalytischen Schulrichtungen Ausdruck verschaffen. So haben in jüngerer Zeit J. Frommer und W. Tress vorgeschlagen, die in der gegenwärtigen psychoanalytischen Praxis gängigen und konkurrierenden Theorie- und Technikmodelle auf den Widerstreit zweier psychologisch-anthropologischer Paradigmen von »Primärer Liebe« und »Primär traumatisierender Welterfahrung« zurückzuführen (Frommer & Tress, 1998). Ausgehend von Formulierungen Michael Balints wurde in ähnlicher Weise einer »Ein-Personen-Psychologie«, die dem »monadisch« verfassten Subjektverständnis zugerechnet werden kann, das anthropologische Konzept einer auf durchgehender Intersubjektivität beruhenden »Zwei-Personen-Psychologie« gegenübergestellt. Mit einem weiteren Systematisierungsversuch dieser Art werden sich die folgenden Untersuchungen befassen. Er stammt von Heinz Kohut und ist als paradigmatische Unterscheidung zwischen dem Schuldigen Menschen und dem Tragischen Menschen in die psychoanalytische Diskussion eingegangen.

Auch hierbei handelt es sich um zwei typologische Perspektiven, die jeweils einerseits einen normalpsychologischen Status beschreiben und andererseits in der klinischen Anwendung einen konzeptionellen Rahmen für psychopathologische Theoriebildung und daraus abgeleitete Behandlungsformen bereitstellen.

In meinen nun folgenden Ausführungen wird es zunächst darum gehen, sich Klarheit über die Bedeutung und die Implikationen der von Kohut eingeführten Positionen des Schuldigen Menschen und des Tragischen Menschen zu verschaffen. Ein nächster Schritt wird darin bestehen, die komplexen Verschränkungen aufzuzeigen, in denen die fraglichen Konzepte zueinander stehen, wobei Inkonsistenzen und Grenzen des Kohut'schen Verständnisses hervortreten werden. Dabei wird ein kritischer Blick auf den Gebrauch zu werfen sein, der im Kontext gegenwärtiger psychoanalytischer Praxis und Ausbildung von Annahmen gemacht wird, die Kohuts Konzepten zugrunde liegen oder aus ihnen folgen. Angestrebt wird dabei nicht eine Bestandsaufnahme und vertiefte Exegese des selbstpsychologischen Denkens. Ich nehme Kohuts Ideen vielmehr als Ausgangspunkt, um in der Hauptsache einige Überlegungen darüber anzustellen, welchen Stellenwert die Schuldproblematik im zeitgenössischen psychoanalytischen Diskurs einnimmt. Die These, von der ich mich dabei leiten lasse, besagt, dass innerhalb dieses Diskurses – ähnlich wie im Falle der Sexualität – eine Verflüchtigung der Schuldproblematik zu verzeichnen ist. Hierbei handelt es sich allerdings nur um ein scheinbares Verschwinden, das im Zusammenhang mit signifikanten Verschiebungen im soziokulturellen Leben und Bewusstsein der zurückliegenden Jahrzehnte steht.

Der Schuldige Mensch und der Tragische Mensch bei Heinz Kohut

Kohuts Aussagen über die seiner Ansicht nach grundlegend differierenden Psychologien des Schuldigen Menschen und des Tragischen Menschen finden sich über Teile seines Werkes verstreut. Eine gute summarische Darstellung bietet *Die Heilung des Selbst*, darin besonders in dem Kapitel: »Braucht die Psychoanalyse eine Psychologie des Selbst?« Es heißt dort:

> »Mir scheint, dass insgesamt gesehen das Wirken des Menschen als auf zwei Ziele gerichtet betrachtet werden sollte. Ich benenne diese, indem ich vom *Schuldigen Menschen* spreche, wenn die Ziele auf Triebbefriedigung gerichtet sind, und vom *Tragischen Menschen*, wenn die Ziele sich auf die Erfüllung des Selbst richten. Um

es kurz zu erläutern: Der Schuldige Mensch lebt innerhalb des Lustprinzips; er versucht, seine lustsuchenden Triebe zu befriedigen [...]. Die Tatsache, dass der Mensch nicht nur wegen des Drucks seiner Umgebung, sondern vor allem infolge innerer Konflikte oft unfähig ist, seine Ziele auf diesem Gebiet zu erreichen, veranlasste mich, ihn als *Schuldigen Menschen* zu bezeichnen, wenn er in diesem Zusammenhang gesehen wird. Das Konzept von der Psyche als einem mentalen Apparat und die Theorien, die sich um das strukturelle Modell der Psyche gruppieren (der Überich-Konflikt infolge inzestuöser Wünsche ist ein klassisches Beispiel), bilden die Grundlage für die Formulierungen, um die Strebungen des Menschen in dieser Richtung zu beschreiben und zu erklären. Der *Tragische Mensch* dagegen sucht das Muster seines Kern-Selbst auszudrücken; seine Bemühungen liegen jenseits des Lustprinzips. Hier veranlasste mich die unleugbare Tatsache, dass die Niederlagen des Menschen häufiger sind als seine Erfolge, diesen Aspekt des Menschen negativ als Tragischen Menschen zu bezeichnen statt als ›sich selbst ausdrückenden‹ oder ›kreativen Menschen‹. Die Psychologie des Selbst [...] bildet die theoretischen Grundlagen für die Formulierungen, die dazu benutzt werden können, die Strebungen des Menschen in diese zweite Richtung zu beschreiben und zu erklären« (Kohut, 1991, S. 120f.).

An anderer Stelle führt Kohut ergänzend aus, dass die beiden grundlegenden Systeme, das »Lust suchende« und das »Selbst suchende« voneinander unabhängig sind, aber in Wechselwirkung zueinander stehen, wobei diese mehr einander ergänzend oder mehr konflikthaft beschaffen sein kann. Wichtig für unsere Zwecke sind nun folgende Erweiterungen, die Kohut in »Bemerkungen zur Bildung des Selbst« vornimmt:

»Das Selbst sucht, ob im Sektor seiner Ambitionen oder im Sektor seiner Ideale, nicht Lust durch Stimulation und Spannungsentladung – es strebt nach Erfüllung durch Verwirklichung seiner fundamentalen Komponenten, mit anderen Worten, durch die Verwirklichung seiner nuklearen Ambitionen und Ideale. Seine Erfüllung bringt nicht *Lust*, wie es die Befriedigung eines Triebes tut, sondern Triumph oder *warme Freude*. Und seine Blockierung löst nicht das Signal der *Angst* aus [...], sondern die Vorahnung von *Verzweiflung* (z. B. von Scham und leerer Depression, d. h. von vorausgeahnter Verzweiflung über die Vernichtung des Selbst und die schließliche Vereitelung seiner Bestrebungen). Der Tragische Mensch fürchtet nicht den Tod als eine symbolische Bestrafung (Kastration) für verbotene Lustziele (wie es der Schuldige Mensch tut) – er fürchtet den verfrühten Tod, d. h. er fürchtet einen Tod, der die Verwirklichung der Ziele seines nuklearen Selbst verhindern würde [...]« (Kohut, 1985b, S. 271f.).

Schauen wir uns zunächst die Bestimmungen etwas näher an, die Kohut dem Schuldigen Menschen verleiht. Dieser ist, wie wir gehört haben, von triebbestimmter Lustsuche geleitet und scheitert in seinen auf Triebbefriedigung gerichteten Strebungen an inneren Konflikten, womit die Trieb-Abwehrkonflikte, also die intersystemischen Konflikte zwischen Es, Ich und Über-Ich gemeint sind. Aber was genau rechtfertigt es, den so disponierten psychologischen Typus als *schuldigen* zu bezeichnen? Man muss dazu auf Freuds Ansicht über die zentrale Bedeutung des Schuldgefühls zurückgehen, die er in seiner späten Schrift »Das Unbehagen in der Kultur« darlegt (Freud, 1930a). Freud ist der Auffassung, dass der zivilisierte Mensch nicht das gesamte Quantum seiner biologisch generierten Triebenergie – dies betrifft die libidinösen wie aggressiven Triebrichtungen – in sozial und kulturell nützliche bzw. verträgliche Strebungen und Aktivitäten umzuwandeln vermag. Die Möglichkeiten der Sublimierung, der Umlenkung in zielgehemmte Strebungen und andere Spielarten der Kompensation sind begrenzt. Es bleibt ein unbefriedigter Rest, der zumindest unbewusst das Gefühl permanenter Triebversagung aufrechterhält. Obgleich Freud nun darauf besteht, dass es ausschließlich die aggressiven Triebüberschüsse sind, die das Schuldgefühl hervorrufen, tragen doch auch die sexuellen Wunschregungen zu diesem Schuldgefühl insofern bei, als deren Versagung zusätzliche Aggression erzeugt, die wiederum die schuldhafte Reaktion des Über-Ichs verstärkt. Dieses permanent und meist untergründig wirksame Schuldgefühl ist Freud zufolge die Ursache für das »Unbehagen in der Kultur«. Auf Kohuts Charakteristik bezogen, bedeutet dies, dass der neurotisch strukturierte Typus, und diesem entspricht der Schuldige Mensch, sich seiner psychologischen Beschaffenheit entsprechend notwendig und grundsätzlich schuldig fühlen muss. Hinzukommen kann natürlich, dass dieses unvermeidliche Basis-Schuldgefühl durch eine besonders stark ausgeprägte und unbewältigte ödipale Triebdynamik, durch ein extrem strenges Über-Ich oder geringe Sublimierungsleistungen zusätzlich aufgeladen werden kann.

Wechseln wir zu Kohuts Beschreibung des Tragischen Menschen, so stellen wir fest, dass in dessen psychologischer Funktionsweise das Schulderleben keine Rolle zu spielen scheint. Der Tragische Mensch zielt nicht auf Lust durch Triebbefriedigung, es geht ihm vielmehr um die Aktualisierung seines Kern-Selbst. Die Dynamik der Selbstaktualisierung folgt einer ganz anderen Logik als die Triebentwicklung, nämlich derjenigen, die Kohut in seinen Arbeiten zur Genese und Entwicklung des normalen und pathologischen Narzissmus aufs Ausführlichste beschrieben hat. Das Scheitern der narzisstischen oder Selbstentwicklung mündet in die unterschiedlichen Formen narzisstischer Pathologie.

Die mit diesem Scheitern verbundenen negativen Leitaffekte sind Verzweiflung, Leere und Scham. Es bleibt die Frage, wie Kohut nun eigentlich dazu kommt, das psychologische Format des »Selbst-suchenden« Subjekts als tragisches zu bezeichnen. Eine vorläufige Antwort findet sich in seinen eigenen Worten, nämlich dort, wo er feststellt, »dass die Niederlagen des Menschen häufiger sind als seine Erfolge«. Man kann dies für ein nicht unbedingt an der Realität geprüftes pessimistisches, persönliches Urteil halten. Ein anderer Aspekt erscheint mir jedoch wichtiger. Das Scheitern des Tragischen Menschen liegt nicht in einem schuldhaften Vergehen und einer darauffolgenden Sanktion begründet, es wird vielmehr als Niederlage verstanden, als ein Misslingen, das sich einstellt angesichts der Übermacht *defizitärer Verhältnisse* äußerer oder innerer Art. Dass diese Deutung – und es ist eine solche – nicht zu weit hergeholt ist, bestätigt Kohuts Hinweis dort, wo er im ersten der angeführten Zitate vom »Druck der Umgebung« im Gegensatz zur hemmenden Wirkung innerer Konflikte spricht. Der Tragische Mensch scheitert in Kohuts Verständnis nicht an konflikthaften Triebverhältnissen, nicht an einer »Trieb-Tat« oder deren Abwehr, er scheitert vielmehr an unzureichenden Ressourcen, daran, dass er psychologisch zu schwach oder zu schlecht ausgerüstet ist angesichts widerstrebender Lebensumstände. Der Eindruck verdichtet sich, dass »tragisch« für Kohut tatsächlich im Gegensatz zu »schuldig« steht und demzufolge die Bedeutung »nicht schuldig« oder »weniger schuldig« transportiert. Mit anderen Worten: Die narzisstischen Strebungen zerbrechen an Bedingungen, die das Subjekt nicht selbst, jedenfalls nicht primär selbst zu verantworten hat, an denen es keine »Schuld« trägt, und dies weder im Sinne einer *causa* (Verursachung) noch einer *culpa* (moralischen Schuldhaftigkeit). Eine Formulierung von Johannes Cremerius aufgreifend, könnte man sagen: Das Problem des Tragischen Menschen besteht nicht so sehr in dem, was das Ich gemacht hat, sondern in dem, was es erlitten hat. Kohut nennt als Beispiel den frühzeitigen, die Selbstaktualisierung abbrechenden Tod als kontingenten und vom Subjekt nicht kontrollierbaren Faktor. Dieser wird nicht als Strafe (Kastration) erlebt, sondern als tragisches Verhängnis. Aber das ist sicherlich nicht alles. Zum so verstandenen Verhängnis gehören vorzugsweise alle Formen und Folgen eines frühen psychologischen Umweltversagens, ganz gleich in welchen Termini moderner psychoanalytischer Theorie dieses Versagen gefasst wird. Es dreht sich dabei allerdings nicht nur um den Mangel. Der Tragische Mensch leidet nicht nur darunter, dass ihm etwas fehlt, was er für die Kohärenz und gesunde Entfaltung seines Selbst brauchte oder gebraucht hätte. Er leidet auch darunter, dass er etwas hat, was er nicht braucht, aber nicht loswerden kann: Mehr oder weniger maligne Introjekte, Elemente von falschem oder fremdem Selbst, die ihm eingepflanzt worden sind. Wie auch immer, die Schicksalssignatur des Tragischen Menschen wird von den schlechten oder jedenfalls nicht ausreichend guten Realobjekten vorgezeichnet und im Weiteren bestimmt von dem, was er mangels geeigneter selbststruktureller Ausstattung im späteren Leben als deren Surrogate immer wieder antreffen wird. Der Tragische Mensch ist im Wesentlichen der Mensch im Geworfen-Sein, der sich die Ausgangsbedingungen seines Daseins, die biologischen wie die sozialen, nicht ausgesucht hat; der infolge seiner anfänglichen Hilflosigkeit und Vulnerabilität ausgelieferte Mensch, der traumatisierte Mensch, der ohnmächtige Mensch oder der Mensch als Opfer. Seine dominierenden Affektdispositionen sind nicht Schuld und Angst, vielmehr Scham und Verzweiflung angesichts des stigmatisierenden Mangels, der Beschädigung, der nichtverschuldeten Niederlage. Insgesamt gewinnt man den Eindruck, dass Kohut beim Schuldigen Menschen den »locus of control« deutlich ins Innere des Subjekts verlegt, so als sei das schuldige Subjekt trotz aller Triebbestimmtheit mehr Herr seiner selbst als das tragische und demzufolge entschiedener als dieses oder überhaupt erst für seine Probleme in die Verantwortung zu rufen. Auf der anderen Seite sieht es beim in der Selbstartikulation behinderten Subjekt fast so aus, als werde ihm als Entschädigung für seine tragische Verfasstheit ein eigentümliches Glück der Unschuld und Konfliktlosigkeit zuerkannt. Man ahnt hier schon, dass Kohuts Dualismus auf eine purifizierende Erhöhung des Narzissmus und eine moralisch konnotierte Belastung des Triebhaften hinausläuft, und dass trotz der partiell zutreffenden psychologischen Akzentuierung am Gesamtbild etwas schief ist. Es ist eine Schiefe, die – sicher nicht ausschließlich Kohuts Begrifflichkeit geschuldet – in zahlreiche moderne psychoanalytische Theorie- und Praxiskonzepte Eingang gefunden und dort zu spezifischen Sichtverengungen geführt hat. Zwar räumt Kohut ein, dass sich die Seinsweisen des Tragischen und Schuldigen miteinander verbinden, dass sie im selben Subjekt nebeneinander oder besser ineinander vorkommen. Aber infolge eines verkürzten Verständnisses des Tragischen sieht er nicht, dass im Tragischen die Dimension des Schuldigen bereits enthalten ist. Die möglicherweise aus Gründen der Abgrenzung zu Freuds Neurosenmodell vorgenommene Polarisierung verstellt ihm im Besonderen den Blick für die schuldhaften Aspekte der Selbstentwicklung (Individuation). Ein wesentliches Anliegen der nachfolgenden Erörterungen wird daher zum einen sein, dem Schuldphänomen im Horizont dessen nachzugehen, was Kohut für das schuld- und konfliktlos Tragische ansieht, und zum anderen das der Individuation inhärente Schulderleben einer näheren Betrachtung zu unterziehen.

Kulturtheoretische Aspekte: Das Verschwinden der Schuldproblematik

Es handelt sich um keine allzu vereinfachende Reduktion, die in der zeitgenössischen Psychoanalyse verbreiteten Theorie- und Praxismodelle danach zu unterscheiden, inwieweit sie eher dem anthropologischen Profil des Schuldigen Menschen oder dem des Tragischen Menschen entsprechen. So stehen auf der einen Seite diejenigen Ansätze, die mehr oder weniger dem Freud'schen Erbe verpflichtet bleiben, die also das Subjekt primär als triebbestimmtes und begehrendes, vom Lustprinzip reguliertes und in innerer Konflikthaftigkeit verortetes auffassen – und dies durchaus nicht nur im engeren Bereich der neurotischen Psychopathologie, sondern bis tief in die primordialen Schichten des seelischen Geschehens und der seelischen Entwicklung hinein. Maßgeblich initiiert durch die Selbstpsychologie Heinz Kohuts finden sich auf der Gegenseite heute diejenigen psychoanalytischen Strömungen versammelt, in denen die Überzeugung vorherrscht, dass die Pathologien des Selbst oder allgemeiner die sogenannten Strukturpathologien eine spezifische Gruppe von Störungen darstellen, die ein spezifisches theoretisches Verständnis und ebenso spezifische therapeutische Herangehensweisen erfordern. Die den psychoanalytischen Diskurs der zurückliegenden Jahrzehnte durchziehende Kontroverse um das Verhältnis von »Konflikt versus Defizit« lässt sich unter Einrechnung gewisser Unschärfen abbilden auf die Dualität von Schuldigem Menschen und Tragischem Menschen im Sinne Kohuts. Es geht dabei in kulturtheoretischer und anthropologischer Sicht um die Frage, ob wir das Subjekt, wie Freud es uns gelehrt hat, als ein aus seinem Begehren handelndes, für sein Begehren verantwortliches, sich sein Unglück selbst zubereitendes und damit eben auch schuldiges auffassen oder ob wir das Subjekt in erster Linie als beschädigtes interpretieren und seine Leiden als unvermeidliche Folgen einer Deformierung oder grundsätzlichen Überforderung, deren Ursachen nicht in der Verfügungsmacht des Subjektes liegen und für die es nicht oder nur sehr begrenzt verantwortlich gemacht werden kann.

Man könnte an dieser Stelle einwenden, dass die aufgeworfene Frage verhältnismäßig leicht zu beantworten sei, auf empirischem Weg nämlich und mithilfe epidemiologischer Methoden. Genau das ist es, was seit geraumer Zeit auch geschieht und was sich wiederfindet in der weithin als unbestreitbar geltenden Behauptung, der zufolge in den vergangenen Jahrzehnten die Häufigkeit sogenannter klassischer Neurosen (Hysterie, Zwangsneurose) signifikant zurückgegangen sei, während die Prävalenz der Selbstpathologien und strukturellen Störungen (narzisstische und andere Persönlichkeitsstörungen) ebenso signifikant zugenommen habe. Aber so einfach ist es mit der Sache nicht. Was sich in Wahrheit verändert hat, ist das Mengenverhältnis entsprechender Diagnosen, die ihrerseits Ausdruck veränderter Wahrnehmungsweisen und Deutungspräferenzen sind. Auch ohne über beweiskräftiges statistisches Material zu verfügen, kann heute jeder erfahrene klinische Praktiker die Tendenz bezeugen, in Fällen schwerer Psychopathologie der strukturbezogenen Erklärung den Vorzug vor der neurosenpsychologischen zu geben. Es hat geradezu den Anschein, als sei die Diagnose einer schweren Neurose von vornherein ein grundsätzlicher Irrtum und immer ein Hinweis darauf, dass man die Bedeutung des zugrundeliegenden ichstrukturellen Defizits vernachlässigt hat. Übersehen wird dabei, dass psychoanalytische Traditionalisten wie Leon Wurmser durchaus in der Lage sind, schwere psychopathologische Syndrome mithilfe neurosenpsychologischer Mittel zufriedenstellend zu erklären (Wurmser, 1987). Doch nicht genug damit. Auch in Fällen mittelgradiger oder leichter Störungsbilder ist man schnell dabei, einen mutmaßlichen strukturellen oder Frühstörungsanteil zu identifizieren und für den eigentlichen Krankheitswert verantwortlich zu machen. Es ist nicht zuletzt der kritische Blick auf die inflationäre Ausweitung des Traumabegriffs einschließlich der daraus abgeleiteten therapeutischen Konzepte, der überzeugend demonstriert, dass es sich bei der Frage »Konflikt oder Defizit?« (»Neurose oder Strukturstörung?«) mitnichten um eine empirisch entscheidbare Angelegenheit, sondern um ein Verhältnis konkurrierender Paradigmen handelt, um grundlegend differierende Sichtweisen auf Genese und Verfasstheit des menschlichen Subjektes. Und es kann keinen Zweifel daran geben, dass das Ergebnis dieses Wettstreits gegenwärtig eindeutig zugunsten des Defizit-Modells ausfällt. Der Tragische Mensch, der Mensch, der nicht selbst schuldig geworden ist, sondern dem das Schicksal etwas schuldig geblieben ist, scheint allenthalben den Vorzug zu genießen.

Man darf sich nun nicht vorstellen, die in Umrissen skizzierte Tendenzwende vom Schuldigen Menschen zum Tragischen Menschen habe seinen Ursprung auf dem Feld der psychoanalytischen Profession genommen. Dem ist nicht so. Die paradigmatische Verschiebung innerhalb der psychoanalytischen Theorienbildung stellt vielmehr bereits einen Reflex auf bestimmte soziokulturelle Transformationen dar, die sich etwa seit den Siebzigerjahren in den hochentwickelten Industrienationen der westlichen Welt vollzogen haben. Eine Bestandsaufnahme der grundlegenden Veränderung in den psychologischen Themen und Problemstellungen, die für die neue Ära charakteristisch wurden, liefert das 1979 im amerikanischen Original erschienene Buch von Christopher Lasch *Das Zeitalter des Narzissmus* (Lasch, 1995). Lasch diagnostiziert darin die fortschreitende

Fokussierung der individuellen und allgemein gesellschaftlichen Aufmerksamkeit auf das Selbst. Nach der in den Nachkriegsjahrzehnten zu beobachtenden schleichenden Erosion und Diskreditierung der patriarchalen Werte- und Ordnungssysteme richtet sich das Interesse der Menschen in erster Linie nicht mehr darauf, sich als Subjekt im gesellschaftlichen Normengefüge optimal zu situieren. Es richtet sich nun darauf, ein individuelles Selbst zu sein, dieses eigene Selbst zu »finden«, es auszudrücken und allseitig zu verwirklichen. Lasch erkennt die zunehmende kollektive Dominanz der narzisstischen Motivierungen und Ambitionen im individuellen und gesellschaftlichen Raum. Sein Buch durchzieht ein kulturpessimistischer Unterton, der auf den Verlust des Gemeinsinns, den Verfall sozialer Bindungen und das zunehmende Desinteresse am öffentlichen Leben abhebt. Von weitaus größerer Bedeutung für unseren aktuellen Diskussionszusammenhang ist jedoch die 1998 unter dem Titel *Das erschöpfte Selbst* erschienene Studie des französischen Kultursoziologen Alain Ehrenberg (2008). Ehrenberg teilt die von Lasch vertretene Einschätzung bezüglich der ubiquitären Vorherrschaft narzisstischer, das heißt um das Selbst kreisender Bestrebungen – eine Vorherrschaft, die sich seit Laschs Zeiten weiter ausgedehnt hat. Über Laschs Ideen hinausgehend, bezieht sich Ehrenberg jedoch explizit auf die Psychoanalyse und die dort geführte Debatte über das Verhältnis von »Selbstpathologie versus Neurose« oder »Strukturdefizit versus Konflikt«. Seine Thesen lassen sich wie folgt zusammenfassen. Die vormals bestehende vertikale Ausrichtung des Subjekts, das heißt die innere Orientierung an kollektiv verbindlichen Normen- und Sanktionssystemen, ist in sich zusammengebrochen oder soweit geschwächt, dass sie keine Maßgabe zur individuellen Selbst- und Lebensgestaltung mehr abzugeben vermag. Das Problem der Menschen besteht nicht mehr darin, dass triebhafte Wunschregungen auf den Einspruch eines verbietenden oder zumindest begrenzenden Über-Ichs treffen, weshalb die Individuen überwiegend auch nicht mehr an Konflikten leiden und demzufolge weniger »klassische« neurotische Symptome entwickeln. Folglich hat sich auch das notorische Schuldgefühl als Quelle eines Unbehagens in der Kultur erledigt. Der Verfall vertikaler Autorität und normativer Vorgaben hat die Menschen auf sich selbst zurückgeworfen. Es ist ihnen nun aufgetragen, das vormals regelhaft Vorgegebene selbstbestimmt aus sich heraus zu generieren, mit anderen Worten ein autonomes, eigenverantwortliches Selbst zu sein. Diese Notwendigkeit entspringt jedoch nicht nur individuellen Wunschvorstellungen und Zielen, sie ist zwischenzeitlich zu einem kollektiven Ideal geworden, von dem aus das Selbstsein als Forderung und Auftrag an den Einzelnen ergeht. Genau damit ist nun die Aufgabe benannt, mit der die Mehrheit der Menschen nach Ehrenbergs Überzeugung überfordert ist. Sie scheitern am

Ideal, sich als autonomes Selbst zu begreifen und zu verwirklichen. Sie strengen sich an, aber sie schaffen es nicht, weshalb sie in einen Zustand der Selbsterschöpfung geraten und sich chronisch unzulänglich, minderwertig fühlen. Sie fühlen sich in ihrem Scheitern nicht schuldig, sondern beschämt. Der daraus resultierende klinische Endzustand ist das Bild einer narzisstischen Depression, woraus Ehrenberg die Erklärung für die seit den Achtzigerjahren des verstrichenen Jahrhunderts eminent gestiegene Rate an depressiven Erkrankungen in den USA und in Westeuropa ableitet.

Die Annahmen, die Ehrenbergs Zeitdiagnose zugrunde liegen, befinden sich in weitgehender Übereinstimmung mit Kohuts psychologischer Typisierung des Schuldigen Menschen und des Tragischen Menschen. Wie Kohut betont Ehrenberg das Scheitern an inneren und/oder äußeren Ressourcen als Quelle eines narzisstischen Leidens, das bei Ehrenberg als Erschöpfungssyndrom, als chronischer Mangel- und Schwächezustand des Selbst in Erscheinung tritt. Der am narzisstischen Ideal, dem anspruchsvollen Postulat der Selbstaktualisierung, ausgerichtete Mensch versagt entweder aufgrund des Fehlens ausreichender persönlicher Veranlagung und Fähigkeiten oder er versagt infolge äußerer, das heißt materieller, sozioökonomischer oder anderer Bedingungen, die der verlangten Selbstaktualisierung nicht förderlich sind. Wie auch immer: von Trieb-Abwehr-Konflikten und Schulderleben keine Spur. Es hat einen symptomatischen Aussagewert, wenn Ehrenberg seinem neusten Buch, das seine kulturtheoretischen Überlegungen zum Problem der Selbstpathologien weiterführt, in gezielter Abgrenzung zu Freuds »Das Unbehagen in der Kultur«, aber sicher auch im Sinne einer zeitgemäßen Aktualisierung des Freud'schen Werkes, den Titel *Das Unbehagen in der Gesellschaft* verleiht (Ehrenberg, 2012).

Versuch einer Synthese: Tragische Schuld und tragisches Subjekt

Wie bereits festgestellt, erscheint Kohuts Begriff des Tragischen in wesentlicher Hinsicht »defizitär«. Es fehlt ihm genau die Dimension, die ihm von alters her bis in moderne Zeiten zugehört, nämlich die Dimension der Schuld und im Weiteren auch die des Konfliktes.

An älteren und neueren Versuchen, den Wesensgehalt des Tragischen zu bestimmen, mangelt es nicht (Szondi, 1961). Zahlreiche Autoren sind sich darin einig, dass man mit diesem Versuch am weitesten kommt, wenn man sich dorthin zurückwendet, wo der Begriff des Tragischen seine erste und entscheidende

Fassung erhalten hat. Tut man dies, so verliert der Begriff die passivische Eindimensionalität, die ihm in Kohuts Sprachgebrauch anhaftet Für Aristoteles ist das Tragische das, was Mitleid (Jammer) und Furcht (Schrecken) hervorruft (Aristoteles, 1982; Schadewaldt, 1991, S. 9ff.). Mitleid wegen des übergroßen Unglücks, das einen herausragenden Menschen trifft, Schrecken wegen der im Geschehen sich manifestierenden übermenschlichen Wirkungsmacht. Das unvermeidliche Umschlagen von Glück in Unglück bei einem Menschen, der von guten Absichten geleitet ist, beruht allerdings nicht nur auf Vorherbestimmung, dem Verhängnis, das in Form einer Götterentscheidung, eines Orakelspruchs oder eines transgenerational wirksamen Fluches über ihm waltet. Was hinzukommen muss, ist der *tragische Fehler*, den der Held begeht. Dieser ist meist Folge einer Verblendung, eines Nichtwissens, eines eigensinnigen Festhaltens am einmal eingeschlagenen Weg, einer von einer gewissen Starrheit oder Hybris gekennzeichneten Haltung, die die Griechen mit dem Wort *ate* bezeichneten. So entspringt etwa Antigones unbeirrbares Beharren auf der Absicht, gegen das königliche Verbot zu verstoßen und ihren toten Bruder zu bestatten, eben ihrer *ate*, was ihr vom Chor in der Tragödie des Sophokles auch zum Vorwurf gemacht wird. Die *ate* ist es auch, die den Helden Aias zwingt, nach der erlittenen Schmach und Beschämung trotz flehentlicher Bitten seiner Gattin und Kinder am Vorsatz der Selbsttötung festzuhalten. Man darf demnach sagen, dass in diesem Zug der *ate* die Bedingung für das liegt, was den Anteil der persönlichen Schuld am tragischen Schicksal des Subjektes ausmacht. Die *ate* bewirkt, dass der Betroffene das Verhängnisvolle, das vorherbestimmt ist, auch tatsächlich tut. Daraus ergibt sich im klassischen Verständnis das paradox oder auch dialektisch zu nennende Phänomen der *tragischen Schuld*, mit der ein *Schuldlos-schuldig-Sein* gemeint ist. Die tragische Schuld bildet eine Art Mitte zwischen vollkommener Unschuld und vollkommener Schuld. Man könnte auch sagen: Die in der Vorherbestimmtheit liegende Unschuld und die in der handelnden Ausführung liegende Schuld durchdringen und brechen sich wechselseitig. Noch einmal anders ausgedrückt: Das Tragische muss, damit es diesen Namen verdient, sowohl das Moment der Determinierung wie das der Freiheit enthalten.

In enger Anlehnung an das von den Griechen begründete und von Aristoteles in der *Poetik* ausgearbeitete Verständnis des Tragischen untersucht Sören Kierkegaard in *Entweder – Oder* den eigentümlichen Doppelcharakter der tragischen Schuld (Kierkegaard, 2003 [1843] S. 165ff.). Kierkegaard stellt in seiner außerordentlich modern anmutenden Analyse zunächst den beschriebenen Doppelcharakter als konstitutives Moment der tragischen Schuld heraus. Er argumentiert folgendermaßen: Wenn die Handlungsweise des Subjektes vollständig durch die Umstände, etwa die einer schweren und schädigenden Kindheit determiniert wäre, müssten wir dem Subjekt völlige Schuldlosigkeit zuerkennen. Sein Schicksal wäre unglücklich, ein reines »Leiden« (in Kierkegaards Terminologie), aber nicht tragisch zu nennen. Gleichwohl muss die tragische Schuld einen schuldlosen Aspekt enthalten, und dieser läge in der Einbindung des Selbst in übergreifende soziale und historische Zusammenhänge, seine Abhängigkeit von Gegebenheiten und einer Geschichte, über die es nicht verfügt. Der Gegenpol ist zu beschreiben durch eine Situation, in der das Subjekt völlig autonom ist, losgelöst von determinierenden Bindungen und sozusagen der Schöpfer seiner selbst. Unter diesen Voraussetzungen wäre es als unendlich schuldiges (wer sonst sollte schuldig sein?), aber ebenso wenig wie im gegenteiligen Fall als tragisches zu qualifizieren. Es wäre umfassend seiner selbst bewusst, reflektiert und verantwortlich. Aber genau so, wie zur tragischen Schuld ein schuldloser Aspekt gehört, muss es in ihr natürlich ein gewisses Maß an tatsächlicher Schuld geben. Die tragische oder schuldlose Schuld, so Kierkegaard, entsteht eben nur aus der Zusammenführung und dialektischen Durchdringung beider Pole. Wobei nach Ansicht des Philosophen in der griechischen Tragödie der Anteil des »Leidens«, also des Unverschuldeten größer und deutlicher ist, die Seite der autonomen »Handlung«, also die der Schuldhaftigkeit im engeren Sinne, eher dunkel bleibt. Darin liegt Kierkegaard zufolge der Grund, weshalb in der Tragödie die Trauer über das unverschuldete Leiden des Helden im Vordergrund steht und so tief ist.

Auf die Intention der vorliegenden Studie bezogen, ist festzustellen, dass der Begriff der tragischen Schuld ein geeignetes psychologisches Konzept dafür abgeben könnte, die von Kohut herausgestellte tragische Dimension der Selbstentwicklung um die der Schuldhaftigkeit zu bereichern. Der Tragische Mensch scheitert nicht nur an Umständen, an fehlenden Ressourcen oder einer nicht förderlichen Umwelt. Er scheitert zudem an einer noch näher zu bestimmenden Schuldhaftigkeit, die mit den Strebungen der Selbstartikulation verbunden ist und die auf das Vorliegen eines inneren Konfliktes verweist, wenn auch nicht unbedingt auf einen »ödipalen«. Es entsteht insgesamt ein komplexeres Bild, das dem entspricht, was J. W. v. Goethe in folgende Worte gefasst hat: »Ihr führt ins Leben uns hinein,/Ihr lasst den Armen schuldig werden,/dann überlasst ihr ihn der Pein […]« (Goethe, 1998a [1795/96], S. 216). Der »Arme« – das ist der Mensch in einem undurchschaubaren und unverfügbaren Schicksalszusammenhang, der Mensch in der Geworfenheit. Vor diesem Hintergrund entwickelt der Mensch in seinen Bestrebungen der Selbstaktualisierung jedoch Impulse und Handlungsweisen, die schuldbelastet sind. Das eigentlich Tragische besteht darin, dass der »Arme« – Kohuts Tragischer Mensch – auch noch schuldig wird, und dies gegebenenfalls durchaus im Sinne einer »Trieb-Tat«. Was uns am Tragischen berührt, das Ausweglose, nicht Auflösbare, Aporetische, hängt mit dieser spezifischen existenziellen Verschränkung zusammen.

Ich möchte, bevor ich zur psychoanalytischen Praxis übergehe, die unterschiedlichen Deutungskonsequenzen, die im Begriff der tragischen Schuld enthalten sind, noch einmal am Mythos illustrieren und diskutieren. Aus für die Psychoanalyse naheliegenden Gründen halte ich mich dabei an den Ödipus-Mythos.

Dreimal ist Laios, der einen Frevel begangen hat, durch das delphische Orakel gewarnt worden, einen Sohn zu zeugen, da er von diesem getötet werde. Er tut es mit seiner Gattin Iokaste dennoch, »im Wahnsinn«, wie es bei Aischylos heißt (Kerényi, 1966, S. 77f.). Um der Prophezeiung zu entrinnen, wird das Kind mit durchschnittenen Fersen ausgesetzt. Der mit dem Mord beauftragte Hirte empfindet jedoch Mitleid und bringt den Knaben an den Königshof von Korinth, wo er aufwächst, ohne seine wahren Eltern zu kennen. Nachdem ihm ebenfalls vom delphischen Orakel seine fatale Bestimmung geweissagt wurde, verlässt er Korinth. Auf dem Weg nach Theben erschlägt er den alten Mann, seinen Vater, der ihm mit dem Wagen den Weg verstellt. Im Anschluss überwältigt er als erfolgreicher Rätsellöser die Sphinx, wonach er als Retter der Stadt in Theben einzieht und seine Mutter heiratet.

Aus dem Blickwinkel des Tragischen Menschen im Sinne der Kohut'schen Bestimmungen und dessen, was in seiner Nachfolge daraus gemacht wurde, legt die mit Tötungsabsicht betriebene Aussetzung des Kindes den Grundstein für eine typische »Frühstörungskarriere«. Ödipus ist von diesem Zeitpunkt an ein schwer traumatisierter Mensch. Unter einer vielleicht gut kompensierten »prothetischen« Ichstruktur, die er durch die Erziehung in Korinth erworben hat, ruht tief im Unbewussten ein Wissen um sein Nicht-gewollt-Sein. Über der primären Verwundung, um die er so wenig wie um seine wahren Eltern weiß, hat sich eine Persönlichkeitsstruktur aufgebaut, die, liest man die alten Erzählungen mit den Augen des klinisch geschulten Interpreten, von hoher affektiver Erregbarkeit und mangelnder Impulskontrolle zeugt. Ödipus wird als jähzorniger, schnell aufbrausender und unbeherrschter Charakter beschrieben. Belege für seine geradezu chronische Wut liefern seine Auftritte in Sophokles' letzter Tragödie *Ödipus auf Kolonos*. Man wundert sich daher nicht, dass er den alten Mann, der ihm den Weg versperrt, aus Zorn gleich umbringt, übrigens mit ihm auch die gesamte begleitende Dienerschaft. Das hätte er auch dann getan, wenn dieser Mann nicht sein Vater gewesen wäre. Ebenso wenig verwunderlich ist es, dass ihn ein tief unbewusster regressiver Sog in die Arme der Mutter zieht (Iokaste soll es gewesen sein, die auf die Idee der Aussetzung gekommen ist). Hätte er nicht von jeder anderen um eine Generation älteren Frau ebenso verführt werden können? Bleibt noch seine intellektuelle Hauptleistung: die erlösende Antwort auf das Rätsel der Sphinx. Man hat später hinsichtlich dieser Leistung immer wieder Bedenken angemeldet und vorgebracht, die Lösung sei doch »kinderleicht« zu finden gewesen. Gehört also zu Ödipus' Persönlichkeitsmerkmalen am Ende auch eine maßlose Selbstüberschätzung, ein pathologisches Größenselbst, das über einem Abgrund von Unwert und Nichtigkeit errichtet ist, und dessen Einflüsterungen er verfällt?

Interessant ist in diesem Zusammenhang schließlich noch, das Ödipus so endet wie er das Leben begonnen hat: als Verstoßener und Ausgesetzter. Von seinen Söhnen im Stich gelassen und seiner Tochter Antigone treu geführt zieht der blinde Greis heimatlos durch die Lande. In Kolonos bei Athen zum Sterben angekommen offenbart er, wie bereits angemerkt, das ganze Ausmaß seiner Wut auf ein Schicksal, das einem Menschen solch unermessliche Leiden auferlegt wie ihm. Im Hinblick auf seine eigene Verantwortung plädiert er zum Entsetzen des die kollektive Mehrheitsmeinung repräsentierenden Chores kompromisslos auf »nicht schuldig«. Was als verhärteter Groll, Verstocktheit und manische Schuldabwehr eines vom Leben gezeichneten alten Mannes erscheinen mag, hält Jacques Lacan in seiner diesbezüglichen Deutung – und hielt vielleicht auch der alte Sophokles – für die eigentliche Größe des am Ende seines Weges angekommenen Helden (Lacan, 1996, S. 396ff.). Die Verhältnisse sind von Beginn an überwältigend ungerecht. Und wenn das so ist, wenn die Dinge so eingerichtet sind, dass einem übel mitgespielt wird und man sich dann auch noch schuldig dafür fühlen soll, dann ist es das Beste, *nicht zu sein*, so wie es der Legende nach der weise Silen dem König Midas verkündet hat. Das Nichts, das Nichtsein ist einem solchen Leben vorzuziehen, weshalb sich der alte Ödipus nach nichts anderem als dem Tod sehnt. Die Deutung, die der über achtzigjährige Sophokles dem Protagonisten seiner letzten Tragödie verliehen hat, erinnert an Kierkegaards Hinweis, wonach die schuldlose Schuld bei den Griechen näher am Pol der Schuldlosigkeit als an dem der Schuld liegt. Im *Ödipus auf Kolonos* geht diese Verschiebung am Ende allerdings so weit, dass man sich mit Kierkegaard fragen könnte, ob *dieser* Ödipus überhaupt noch eine tragische Figur ist.

Dies schließt an meine Frage an: Was bleibt vom im eigentlichen Sinne tragischen Gehalt der Ödipus-Erzählung, wenn wir das Schicksal des Subjektes als einfache und in kausalgenetischer Mechanik sich vollziehende Entwicklung, als Ausbuchstabierung einer Determinierung interpretieren, die vom primären Trauma des Lebensanfangs ihren Ausgang nimmt, der Situation des in Ohnmacht und Abhängigkeit gefangenen Kindes, über dem eine Todesdrohung liegt? Es ist richtig, Ödipus wurde ausgesetzt. Und dieses Ausgesetztwerden erscheint uns zu Recht als äußerste Untat, als Ausdruck des kompletten Versagens einer kindgemäßen Umwelt, als verheerender Angriff auf die Entwicklungschancen des Selbst und dessen Zukunft. Zweifellos ist Ausgesetztheit eine wesentliche Bedingung des Tragischen und dessen existenzieller Aussagekraft (Schadewaldt, 1991, S. 30; Hillman, 1975). Kann ohne radikale Ausgesetztheit etwas entstehen, was den Namen des Tragischen verdient? Sicher nicht. Und dennoch verleiht die Ausgesetztheit allein einem Schicksal noch nicht die tragische Note. Bricht man das Ödipus-Schicksal auf die Spätfolgen der frühkindlichen Traumatisierung herunter, dann bemerkt man sofort, dass die Idee des Tragischen, die diesem Schicksal seinen dunklen Glanz verleiht, in sich zusammenstürzt. Die Seelenqualen eines hilflosen Babys sind grausam und erbarmungswürdig, aber eben nicht tragisch. Zur Tragik gehört ein Mindestmaß an Verantwortung und Schuldfähigkeit, Eigenschaften also, die im Subjekt nicht von Anfang an vorhanden sind, aber allmählich zumindest der Möglichkeit nach in ihm entstehen und dann, wenn sie vorhanden sind, das Subjekt in seiner Humanitas auszeichnen und ihm einen Status verleihen, hinter den es im Prinzip nicht mehr zurück kann. Um diese Auszeichnung geht es auch dem jüdischen Schriftsteller Abraham B. Jehoschua, wenn er mit Blick auf das hier infrage gestellte psychologische Deutungsschema schreibt:

> »[…] und ich meine, es wäre uns viel entgangen, wenn Dostojewski in *Schuld und Sühne* schließlich irgendeinen traumatischen psychologischen Schlüssel aus Raskolnikows Kindheit als Erklärung für seine Mordtat präsentiert oder Tolstoi das Trauma einer Misshandlung in Anna Kareninas Kindheit aufgedeckt hätte, um ihren Selbstmord plausibel zu machen« (Jehoschua, 2005, S. 1147).

Nun sind wir als Psychoanalytiker keine Dichter, und deshalb kann uns das Kindheitstrauma im Schicksal unserer Patienten in keiner Weise gleichgültig sein. Dennoch könnte es zutreffen, dass wir dabei etwas Entscheidendes übersehen, und dass selbst dort, wo die Übermacht der frühen Verhältnisse unabweisbar ist, jede Reduktion auf eine Geschichte des reinen Erleidens dem Subjekt die Würde der tragischen Schuld aberkennt.

Wie sieht es nun mit der Bestimmung der tragischen Schuld im Ödipus-Mythos aus, wenn wir in Freuds bekannten Deutungsrahmen hinüberwechseln? Hier ergeben sich zunächst Einwände und Fragen. Die Sache ist ja nicht unbedingt schlüssig. Ödipus verspürt keine inzestuös-vatermörderischen Wünsche und Impulse gegenüber seinen Eltern. Er kennt sie ja gar nicht. Darüber, dass er sich seinen Pflegeeltern gegenüber auffällig verhalten hätte, erfahren wir nichts. Nichtsdestoweniger ist Freuds Deutung damit nicht entkräftet. Er spricht von »Triebschicksalen«, also dem Walten eines biologisch determinierten Geschicks, dem der Einzelne nicht entgeht. Damit liegt er recht nahe beim griechischen Verständnis des Tragischen. Das Attribut »tragisch« galt nach griechischer Auffassung nicht der handelnden Person, sondern der Handlung als solcher, die von der Person getragen und vollzogen wird. Die Triebschicksale sind insoweit tragisch, als sie das Individuum auch gegen dessen bewusste Intention dazu bringen, etwas zu wünschen oder zu tun, was einer *Übertretung* gleichkommt. Problematisch an Freuds Interpretation ist sicher, dass er Ödipus' Unwissenheit mit Unbewusstheit und unbewussten Wunschregungen gleichsetzt. Trotzdem waltet über Ödipus ein Triebschicksal – der Fluch, der über dem Haus der Labdakiden liegt und der delphische Orakelspruch. Das Schuldhafte ist vom Vorherbestimmten nicht zu trennen. Das Subjekt ist nicht frei darin, die Wünsche zu artikulieren, die sich aus den Triebschicksalen ergeben. Und trotzdem sind es Wünsche, also Ausdrucksweisen seines subjektiven Begehrens. Dass die Griechen, die einen Begriff des freien Willens in der modernen Form noch nicht kannten (dazu Dihle, 1985), die tragische Schuld mit einem »Fehler« verknüpften, zeigt, dass sie das Schicksal des tragischen Subjektes gerade nicht in der Vorherbestimmtheit aufgehen lassen wollten. Antigone folgt ihrem Begehren und begeht den tragischen Fehler, gegen Kreons Gesetz zu verstoßen. Ödipus begeht in seinem Begehren Vatermord und Inzest, also Taten, die nicht rechtens sind und die eine herrschende Ordnung verletzen. Der tragische Fehler liegt folglich in der Bereitschaft zur oder im Akt der Übertretung, ganz gleich, ob diese wissentlich (Antigone) oder unwissentlich (Ödipus) begangen wird. Dass der Mensch eine Übertretung begehen kann, an der er schuldig wird, ist die Bedingung dessen, was in späteren Kontexten seine Freiheit genannt werden wird.

Leuchtet man etwas tiefer in den psychologischen Mechanismus der Übertretung hinein, so wird man darin immer die Aggression antreffen. Vermutlich ist nicht jede Aggression Übertretung, aber jede Übertretung beinhaltet Aggression. Es ist die Aggression des Angriffs auf eine bestehende (moralische, rechtliche, politische) Ordnung, der Akt der partiellen oder totalen Außerkraftsetzung oder Zerstörung dieser Ordnung. In der Überschreitung des expliziten oder impliziten Gesetzes, das diese Ordnung schützt, liegt der Ursprung des Schuldgefühls. Wir sehen demnach Freud in der Auffassung bestätigt, dass das Schuldgefühl stets aus der Aggression hervorgeht.

Die Schuldproblematik in der psychoanalytischen Praxis

Alle Schulrichtungen innerhalb der Psychoanalyse sind sich darin einig, dass frühe und schwere Entwicklungsstörungen des Selbst mit einem Übermaß an ungebundener oder nicht neutralisierter Aggression einhergehen (Kernberg, 1998). Je nach theoretischem Grundverständnis wird dieser Sachverhalt als präambivalenter Zustand gespaltener Trieb- und Affektrepräsentanzen (Objektbeziehungstheorie) oder als solcher einer mehr oder weniger ausgeprägten Triebentmischung (Triebtheorie) beschrieben. Auch Kohut macht darauf aufmerksam, dass frühe Beeinträchtigungen der Selbstobjektbeziehung mit der Folge mangelhafter Selbstkohärenz zu Desintegration und Chaotisierung des Trieblebens sowie zu forcierter Aufladung phasenspezifischer Konflikte mit Aggression vorwiegend in Form narzisstischer Wut führen. Dabei hängt es von den übrigen persönlichkeitsspezifischen Mustern und Verarbeitungsformen ab, ob sich die Aggression eher gegen das Selbst (masochistischer oder intrapunitiver Modus) oder gegen die Objekte (sadistischer oder extrapunitiver Modus) richtet. Parallel zu dieser allgemein als gesichert geltenden klinischen Beobachtung ist festzustellen, dass das Übermaß an ungebundener, nicht integrierter Aggression mit dem Fehlen von Schulderleben einhergeht. Das Fatale dieser inneren Konstellation liegt darin, dass gerade die am stärksten ausgeprägten Manifestationen von Wut, Hass und Aggression nicht mithilfe derjenigen psychischen Mechanismen gemildert und begrenzt werden können, die in der Sprache der kleinianischen Psychoanalyse unter dem Begriff der »depressiven Position« zusammengefasst werden. Die depressive Position umfasst im Wesentlichen die Fähigkeiten, das eigene Innere als Ursprung von Aggression anzuerkennen, Schuldgefühle aufgrund der durch eigene Aggression beschädigten oder zerstörten guten Objekte zu empfinden und Wiedergutmachungsbestrebungen zugunsten der guten Objekte zu entwickeln. Strukturpsychologisch kann man auch sagen, dass es in der beschriebenen Pathologie an einem von Merkmalen der depressiven Position geprägten reifen ödipalen Über-Ich fehlt (Britton, 2001b, S. 47ff.). In diagnostischer Hinsicht betrifft die umrissene Psychopathologie eine Vielzahl von Patienten, die seit geraumer Zeit in anwachsender Zahl die psychotherapeutischen und psychoanalytischen Praxen aufsuchen. Es handelt sich dabei vorwiegend um Patienten mit Borderline- oder anderen, insbesondere narzisstischen Persönlichkeitsstörungen sowie Patienten mit schizoider, antisozialer oder perverser Persönlichkeitsstruktur, des Weiteren um Menschen, die unter den Folgen gravierender Traumatisierung infolge Gewalterfahrung der einen oder anderen Art leiden.

Ich will an dieser Stelle auf ein klinisches Phänomen hinweisen, dass im Widerspruch zu den eben dargelegten Zusammenhängen zu stehen scheint. Es handelt sich um diejenigen Patienten, die ganz offensichtlich an einer schweren Störung ihrer Persönlichkeitsentwicklung leiden, aber genauso offensichtlich unter dem Einfluss maligner Schuldgefühle stehen, die Ursache schwerer Depressionen und anderer Einschränkungen ihrer Arbeits-, Genuss- und persönlichen Entfaltungsfähigkeit sind. Genaueres Hinsehen ergibt jedoch ein anderes Bild. Die pathogene Dynamik geht bei solchen Patienten in der Regel von einem archaischen und in seiner Wirkung bösartigen, repressiven Über-Ich aus, das die Beschaffenheit eines meist in frühen Entwicklungsabschnitten installierten Introjektes aufweist. Solche Schuldgefühle sind Ausdruck einer vehementen Über-Ich-Aggression und als Regulativ triebhafter oder narzisstischer Destruktivität gerade nicht geeignet. Selbstverständlich geht es bei diesen Patienten in therapeutischer Hinsicht darum, sie von der erstickenden Last pathologischer Schuldgefühle zu befreien und ihnen zur Ausbildung eines milderen, toleranteren Über-Ichs, des Über-Ichs der depressiven Position (ebd., S. 47ff.), zu verhelfen.

Für das behandlungstechnische Vorgehen beim hier interessierenden schuldunfähigen Patiententypus ergibt sich nun die grundlegende Schwierigkeit, dass bei der Begrenzung der Aggression, die der Patient in seinen zwischenmenschlichen Beziehungen wie in der Übertragung zum Analytiker in subtiler, maskierter oder unverdeckter Form ausagiert, nicht auf die regulative Kraft des Schuldgefühls oder, spezifischer formuliert, den emotionalen Reaktionskomplex der depressiven Position zurückgegriffen werden kann. Im heute weithin vorherrschenden Technikverständnis hat man sich in diesem Fall für einen therapeutischen Umweg entschieden. Er besteht darin, den psychologisch schuldunfähigen Patienten an erster Stelle als Tragischen Menschen im Sinne Kohuts zu begreifen, das heißt, bis auf Weiteres von der Schuldproblematik abzusehen, mithin sich vorrangig nicht mit dem zu befassen, was das Ich gemacht hat und aktuell macht, sondern was es erlitten hat und aktuell erleidet. Was zu diesem Vorgehen berechtigt, ist die beglaubigte Erfahrung, dass eine verfrühte analytische Fokussierung, das heißt Aufdeckung, Deutung und Durcharbeitung der Aggression, unter den gegebenen Voraussetzungen entweder auf entschiedene Abwehrmaßnahmen stößt, als Aggression des Analytikers erlebt wird, Gegenaggression auslöst oder von einem archaischen Über-Ich paranoid verarbeitet wird. Mit anderen Worten: Die Versuche, die Aggressions- und Schuldproblematik auf direktem Wege anzugehen, erweisen sich im günstigen Fall als ineffizient, im ungünstigen Fall evozieren sie eine Verschlechterung des Zustandsbildes und der therapeutischen Erfolgsaussichten. Was tut man stattdessen? Man deklariert die Aggression zu einer Art Ersatzbildung oder Plombe, zu einem

Mittel der Bewältigung früher Traumata, Mangelerfahrungen und damit einhergehender Bedrohungen des Selbst. Das Ganze ist von der Hoffnung getragen, über emotionale Nachreifungsprozesse ein nukleares gutes Objekt aufzubauen, dessen Vorhandensein Verarbeitungsformen der depressiven Position, darunter an zentraler Stelle die Fähigkeit zum Schulderleben, überhaupt erst ermöglicht.

Die Probleme, die mit der Vernachlässigung oder, etwas weniger kritisch formuliert, dem Aufschub der Bearbeitung der Trieb- und Schuldproblematik in der Analyse einhergehen, sind in den entsprechenden Kontroversen, insbesondere in denen zwischen Heinz Kohut und Otto Kernberg in den Siebzigerjahren, direkt ausgetragenen und umfänglich erörtert worden und brauchen hier nicht im Einzelnen wiedergegeben zu werden. Nur einen Aspekt möchte ich hervorheben. Der hier zur Diskussion gestellte analytische Ansatz, der dem frühgestörten Patienten die Konfrontation mit seiner Aggression erst zumuten will, wenn er strukturell gefestigt genug ist, um diese Wahrheit über sich selbst zu ertragen, erklärt dessen Destruktivität zu etwas Uneigentlichem, einem Surrogat, einer Prothese im Dienste des narzisstischen Überlebens. Das Eigentliche sind die dahinter liegenden Ängste, narzisstischen Verletzungen, Traumatisierungen. Bemerkenswert ist, dass wir so etwas von den libidinösen Regungen, der Liebe, eigentlich nie sagen. Aggression verwandelt sich unter dieser Deutung in ein reduzibles Phänomen: Man kann sie immer auf etwas anderes zurückführen. Wenn es keine narzisstische Kränkung gäbe, gäbe es auch die narzisstische Wut nicht. Kohut hält in diesem Zusammenhang eine Transformation narzisstischer Wut in reife und vom Ich kontrollierte Aggression innerhalb des narzisstischen Systems und als Resultat einer gelungenen narzisstischen Entwicklung für möglich. In »Überlegungen zum Narzissmus und zur narzisstischen Wut« schreibt er:

> »Die Umwandlung narzisstischer Wut wird jedoch nicht direkt erreicht – d.h. dadurch, dass man das Ich ermahnt, seine Kontrolle über die Wutimpulse zu verstärken –, sondern sie wird indirekt als Folge der Transformation des narzisstischen Nährbodens zustande gebracht, der die Wut speiste. Der archaische Exhibitionismus und die archaische Grandiosität des Analysanden müssen allmählich in zielgehemmte Selbstachtung und realistische Ambitionen umgewandelt werden, und sein Wunsch nach Verschmelzung mit einem archaisch-omnipotenten Selbstobjekt muss durch Einstellungen ersetzt werden, die unter Kontrolle des Ichs stehen, z.B. durch Begeisterung für sinnvolle Ideale und Hingabe an sie. Im Gefolge dieses Wandels wird die narzisstische Wut allmählich schwinden, und in reifer Weise abgestufte Aggressionen werden im Dienste eines starken und sicheren Selbst und rational geschätzter Werte eingesetzt […]« (Kohut, 1985a, S. 235f.).

Es fällt auf, dass in Kohuts Überlegungen zur Transformation narzisstischer Wut in reife integrierte Aggression das Schuldgefühl überhaupt keine Rolle spielt. Der Begriff kommt in der zitierten grundlegenden Schrift an keiner Stelle vor. Etwas ironisch zugespitzt könnte man sagen, dass es dafür offenbar auch keinen Grund gibt. Auf der Stufe narzisstischer Wut kann man noch kein Schuldgefühl besitzen, auf der Stufe reifer Aggression braucht man keines mehr zu haben. Kohut gibt allerdings zu bedenken, dass besagte Transformation nicht möglich ist ohne die Fähigkeit zur Einfühlung in den Anderen als ein vom eigenen Selbst unabhängiges Wesen. Wie sich Kohut im Falle aggressiv-destruktiver Affekte und Handlungen Empathie mit dem Opfer ohne begleitendes Schuldempfinden vorstellt, bleibt dabei rätselhaft. Psychoanalytiker, die Aggression und Sadismus als Manifestation des Todestriebs verstehen, denken so nicht. Sie sehen im Todestrieb eine Form irreduzibler Destruktivität, die jederzeit in jeder Zelle des Organismus wirksam ist. Narzisstische Kränkungen erzeugen Aggression nicht, sondern setzen sie frei. Dass aus einem solchen Modell andere behandlungstechnische Strategien als die beschriebenen folgen, versteht sich von selbst. Die Auffassung von der reduziblen Aggression stellt sich als psychologisches Derivat der alten theologischen Lehre von der *privatio boni* dar: Das Böse hat kein eigenes wesenhaftes Sein. Es würde verschwinden, wenn es mehr an Gutem gäbe.

Ich stelle die behandlungstechnisch bedeutsame Frage nach dem richtigen Zeitpunkt und Kontext des Aufgreifens der Aggressions- und Schuldproblematik zurück und wende mich dem eigentlichen Anliegen meiner Überlegungen zu. Die Problematik, von der ich dabei ausgehe, ist im Vorausgegangenen deutlich genug umrissen worden. Der tragisch verfasste Mensch im Sinne Kohuts leidet primär an dem, was ihm im Zustand der Hilflosigkeit und Ohnmacht zugefügt worden und ihm stets von Neuem zugefügt wird. Das therapeutische Dilemma besteht darin, dass aufgrund der Schwere und Tragweite dessen, was ihm zugefügt worden ist, die Schwere und Tragweite dessen, was er Anderen aktiv zufügt, ihm entweder nicht in voller Konsequenz zugerechnet werden kann oder als Ausgangspunkt therapeutischer Interventionen nicht in Betracht kommt. Meine These besagt nun, dass auch dort, wo der Patient zu schuldhaftem Erleben offensichtlich (noch) nicht befähigt ist, das Schuldphänomen als solches im analytischen Raum nicht verschwindet. Es verschwindet scheinbar, insofern es innerhalb dieses Raumes keinen Ort mehr findet, ortlos (atopisch) wird und sozusagen umherwandert. Ortlosigkeit besagt im Genaueren aber eigentlich nur, dass es mal an diesem, mal an jenem Ort auftaucht. Da der Patient selbst als Ort ausfällt, bleiben zwei andere bevorzugte Orte übrig, an denen es sich niederlassen kann: Der Analytiker und die bedeutsamen Personen der Kindheit des Patienten, vornehmlich seine Eltern.

Der schuldige Analytiker

Es hat in der über hundertjährigen Geschichte der Psychoanalyse vermutlich nie eine Zeit gegeben, die dem Analytiker ein solches Maß an potenziellem oder tatsächlichem Schuldgefühl aufgebürdet hat wie die gegenwärtige. Lässt sich das analytische Beziehungsarrangement zu Freuds Zeiten in kleinianischer Begrifflichkeit noch als paranoid-schizoid strukturiert beschreiben – der Patient als Gegner, Widersacher und Verfolger des Analytikers –, so erscheint der Analytiker heute auf die Einhaltung der depressiven Position verpflichtet, aus der heraus er den Patienten als Repräsentanten des guten Objektes wahrnimmt, das vor Beschädigung oder Zerstörung unbedingt zu schützen ist. Es ist heute geradezu undenkbar geworden und käme einer bedenklichen Anmaßung gleich, den Patienten für Misserfolge einer Therapie oder gar für deren Scheitern verantwortlich zu machen. Die zeitgemäßen Standards verlangen, dass der Analytiker die Schuld bei sich sucht: Vielleicht ist die Übertragung noch nicht richtig verstanden worden oder vielleicht blockiert ein hartnäckiger unbewusster Gegenübertragungswiderstand die erforderliche Haltung oder die weiterführende Intervention. Weit entfernt davon, den Platz des symbolischen Vaters einzunehmen, verstehen sich Analytiker heute bevorzugt als gute Mütter, die in tiefer Einfühlung den Kontakt mit dem Patienten halten und »träumerisch« erahnen, wie es um dessen »inneres Kind« bestellt ist und was diesem wirklich fehlt. Wenn es innerhalb dieser Konstellation zu einem Versagen kommt, dann kann die Verantwortung dafür nur auf einer Seite liegen, nämlich auf der des Mutter-Analytikers.

Ich will mit dieser sicher pointierten Situationsbeschreibung deutlich machen, wie der mütterlich identifizierte Analytiker sich geradezu dafür anbietet, die ortlosen Schuldgefühle des Patienten aufzunehmen, ähnlich wie es nach Bion einen Apparat geben muss, der die ungedachten Gedanken denkt. In der Tat liegt es nahe, hier auf die Konzepte von Container und Containment zurückzugreifen. Es fällt dabei nur auf, wie selten selbst bei Patienten mit schweren destruktiven Neigungen von einem Containment der latenten oder nicht gefühlten Schuldgefühle die Rede ist. Was sich stattdessen in den Vordergrund drängt, ist zum einen die Angst, durch Anwendung einer ungeeigneten Technik (konfrontative Interventionen, zu frühe Deutung der Aggression u. dergl.) den Patienten zu retraumatisieren, das heißt, ihm im Zustand relativer Hilflosigkeit und Abhängigkeit erneut Leid zuzufügen und sich dadurch schuldig zu machen; zum anderen die Angst, durch eigenes Verschulden den Patienten oder dessen Liebe und Anerkennung zu verlieren. Gesteigerte Schuldangst und Verlustangst als zentrale Angstmodi der depressiven Position bilden den Preis, den der Analytiker für eine Haltung zahlt, in der er mit dem guten mütterlichen Objekt überidentifiziert ist und den Patienten von den Zumutungen eines Schuldgefühls, das dieser augenscheinlich noch nicht fühlen und denken kann, freihält.

Hinzuzufügen bleibt hier noch, dass die depressive Schuldanfälligkeit des Analytikers, also die Angst, Fehler zu begehen, die dem Patienten Schaden zufügen könnten, häufig manisch abgewehrt wird. Dazu eignen sich – oft gerade bei den schwerstgestörten Patienten – überambitionierte Vorstellungen vom möglichen Therapieerfolg, die Suche nach angeblich effizienteren technischen Instrumenten und das Bestreben, den Patienten noch tiefer zu verstehen, sicherer zu halten und anderes mehr. Im extremen Fall gehen solche Bemühungen in therapeutische Größenideen und omnipotente Heilungsbestrebungen über.

Es gibt in seltenen Fällen eine Grenze, an der die beschriebene Situation kippt. Diese Grenze verläuft dort, wo die ausagierte Aggression des Patienten einen Ausprägungsgrad annimmt, die den »Vater des Gesetzes« in institutioneller Buchstäblichkeit, nämlich in Form des Strafgesetzes auf den Plan ruft. Der Autor supervidiert seit längerer Zeit analytische und psychotherapeutische Behandlungen, die im Rahmen des an der Berliner Charité initiierten Projektes »Kein Täter werden« durchgeführt werden. Die Patienten sind Männer mit manifest pädophilen Neigungen, die sich präventiv in Therapie begeben, um realen Übergriffen und daraus folgender Straffälligkeit vorzubeugen. Man kann sich vorstellen, von welch komplexer Problematik solche Behandlungen begleitet, man muss zutreffender sagen überschattet sind. Zum einen kann nie ausgeschlossen werden, dass die Behandlungsmotivation überwiegend darin besteht, sich von Schuldgefühlen und Strafangst zu entlasten, ohne die pädophilen Interessen wirklich aufgeben zu wollen. Zum anderen muss davon ausgegangen werden, dass die meisten dieser Patienten, auch wenn sie noch keinen realen Missbrauch begangen haben (wo genau fängt dieser im alltäglichen Umgang mit Kindern an?) Kinderpornografie konsumieren, also nicht legale Internetseiten besuchen. Das heißt, dass die in diesem Falle verantwortlichen Therapeutinnen mitsamt ihrem Supervisor unter der Gewährleistung der Schweigepflicht bereits an diesem Punkt gegebenenfalls Straftaten decken und sich in einen Schuldzusammenhang verstricken, indem sie zu Mitwissern werden. Aber die Probleme reichen weiter. Über den Behandlungen hängt das Damoklesschwert – es sind eigentlich gleich mehrere Damoklesschwerter – der Fragen: Tut er es oder tut er es nicht (gemeint: die Grenze zum realen Missbrauch überschreiten)? Wie können wir verhindern, dass er es tut? Was tue ich als Therapeut/Supervisor, wenn er es doch tut? Unter psychodynamischen und Übertragungsaspekten könnte man sagen, dass Behandler und Supervisor die nicht vorhandenen Schuldgefühle, desgleichen auch die Angst der durchweg strukturell gestörten Patienten übernehmen und mittragen. Das trifft so aber nicht ausschließlich zu. Entgegen unserem Lehrbuchwissen liegen bei einer bestimmten Gruppe dieser Patienten deutliche Hinweise auf abgespaltene oder massiv verleugnete Schuldgefühle vor. Das Vorhandensein eines abgewehrten Schuldbewusstseins zeigt sich zum Beispiel an Symptomen eines meist unbewussten Strafbedürfnisses, das in riskanten Handlungsweisen zum Ausdruck kommt, durch die der Betreffende sich offenkundig in Gefahr bringt, ertappt und überführt zu werden. Man denke an Theodor Reiks »Verbrecher aus Schuldgefühl«. Nebenbei stellt sich hier die Frage, ob wir selbstdestruktive Verhaltensweisen bei sogenannten Strukturpathologien nicht häufiger falsch zuordnen, wenn wir sie als narzisstisch-reparative oder auf ein malignes Introjekt verweisende Handlungen interpretieren, anstatt darin die Befriedigung unbewusster Strafbedürfnisse zu erkennen.

Wir stellen fest, dass sich dort, wo das Verhalten des Patienten eine bestimmte normative Grenze überschreitet und als justiziabel angesehen wird, die Szenerie in charakteristischer Weise verändert. Es stellt sich hier natürlich die Frage nach dem Grenzverlauf. Wieso ist die Schuld eines Patienten, der Missbrauchsabbildungen konsumiert oder missbräuchliche Handlungen begeht, »realer« als die eines Vaters, der seine Kinder auf psychischer Ebene sadistisch quält oder narzisstisch missbraucht? Wie auch immer: Mit der manifesten Rechtsverletzung, der nachgewiesenen Täterschaft und den damit verbundenen juristischen Maßnahmen hat das heimatlose Schuldphänomen nun mit einem Mal wieder einen festen Ort, auch wenn der Patient subjektiv kein Schuldgefühl verspürt, was, wie erwähnt, keineswegs immer eindeutig der Fall zu sein braucht. Was geschieht hier? In der Sprache Lacans würde man entweder sagen, dass das psychologische Phantasma des schuldlos Tragischen am Realen der Straftat zerschellt oder dass der symbolische Vater des Gesetzes schockartig in die imaginäre Welt der Mutter-Kind-Dyade einbricht. Immer entsteht eine Situation, die für den Therapeuten auf symbolischer Ebene schwer zu handhaben ist. Bezogen auf die von Ungewissheit geprägte Grauzone des beschriebenen präventiven Settings hätte der reale Übergriff, den es ja zu verhindern gilt, überdies die paradoxe Folge, dass er den Therapeuten vom übernommenen Schuldgefühl sozusagen erlösen würde – eine Konsequenz, die nicht zu wünschen, aber innerhalb des vorgegebenen Rahmens zu bedenken ist.

Die schuldigen Eltern

Das Problem der Verflüchtigung des Schuldphänomens, dessen vollständige Beseitigung indes nicht gelingt, zeigt sich an einem weiteren Gegenstand: dem der Ätiologie und Genese psychischer Störungen. Damit ist ein Szenario angesprochen, in dem die familiären Herkunftsbedingungen des Patienten stets eine herausragende Rolle spielen.

Ich habe im Verlaufe jahrzehntelanger Supervisionstätigkeit an Ausbildungsinstituten den Eindruck gewonnen, dass sich alle Schwächen und Ungereimtheiten eines bestimmten psychoanalytischen Mainstream-Denkens präzise in den Psychotherapieanträgen an die Krankenkassen und den Fallberichten der Ausbildungskandidaten abbilden. Man kann heute von Glück sprechen, wenn ein Kandidat noch in der Lage ist, die Psychodynamik eines Falles aus einem verinnerlichten Konfliktgeschehen zu entwickeln, ohne dabei auf das mutmaßliche reale Verhalten von Menschen zurückzugreifen, die er nie kennengelernt hat und deren Bild auf nichts anderem basiert als den Erinnerungen des Patienten. Diese Erinnerungen werden in konkordanter Identifizierung vielfach buchstäblich genommen, so als enthielten sie ein getreues Abbild einer in ferner Vergangenheit angesiedelten Realität. Die Konzepte der Regression, insbesondere der Ich-Regression, verschwinden in der Vergessenheit, weshalb jeder Archaismus, jeder Anschein von Spaltung oder Dissoziation sofort einer strukturellen Störung zugerechnet wird. Das für Freud zentral bedeutsame Konzept der Nachträglichkeit scheint einer Sphäre höherer Psycho-Mathematik anzugehören, die den wenigsten zugänglich ist oder gemacht worden ist.

Insgesamt lässt sich sagen, dass es dominierende entwicklungspsychologische und traumatheoretische Konzepte ermöglichen, die leidende Persönlichkeit in die Aura des Tragischen Menschen im verkürzten Verständnis Kohuts zu hüllen, wobei diese Einhüllung mit typischen und streckenweise bis ins Triviale reichenden Reduktionen einhergeht. Da es eine anfängliche Verursachung der Störung geben muss, und diese unmöglich im Innern des Patienten (z. B. seiner genetischen Ausstattung) liegen kann, muss sie im Außen gesucht werden. Deshalb beginnen die psychodynamischen Überlegungen der Psychotherapieanträge, die im Hinblick auf die Entwicklung des Patienten ganz in der Logik der *ananke*, der ehernen Schicksalsnotwendigkeit gehalten sind, bemerkenswerterweise mit einer Schuldzuweisung an Verantwortliche. Am Anfang stehen die *schlechten Eltern*, die Eltern, die in der einen oder anderen Hinsicht, meist in mehrfacher Hinsicht, versagt haben. Die Schuldzuweisung hat dabei die unausgesprochene und dabei unreflektierte Doppelbedeutung von Verursachung *(causa)* und

Verfehlung *(culpa)*. Das Fehlverhalten der Eltern fungiert im wissenschaftlich wertneutralen Sinne als kausaler Faktorenkomplex, als sozusagen erster Grund für die Störungen des Kindes, und es beschreibt gleichzeitig die Versäumnisse und Handlungsweisen, deren die Eltern sich im moralischen Sinne schuldig zu fühlen hätten wegen des dem Kinde zugefügten temporären oder dauerhaften Leidens.

Der naheliegende Einwand könnte nun lauten, dass die eben formulierten Annahmen doch durchaus ihre Berechtigung hätten. Ist es denn nicht tatsächlich so, dass Eltern erstens für die seelischen Schädigungen, die sie ihren Kindern zufügen, im ursächlichen Sinne verantwortlich sind, und dass sie zweitens Grund genug hätten, sich dafür auch im moralischen Sinne schuldig zu fühlen? Man kann dem nur zustimmen. Gleichwohl ändert die Zustimmung nichts an der Tatsache, dass der Mensch, dem im Stadium der Hilflosigkeit und Abhängigkeit Leid zugefügt worden ist, sehr schnell zu dem wird, der anderen Leid zufügt: »Ihr lasst den Armen schuldig werden«. Es geht gar nicht darum, Eltern von möglichem Versagen zu entlasten oder ein Baby mit Versagen zu belasten – beides wäre unrealistisch und daher unangemessen. Es geht im hier entwickelten Verständnis darum, den Menschen, der sich einer Analyse oder Psychotherapie unterzieht, als im Prinzip schuldfähiges Subjekt zu begreifen, als ein Subjekt, das ein Verhältnis herzustellen vermag zu seiner Geschichte, zu den Leiden und Taten seines Ichs, worin sich schuldlose und schuldhafte Aspekte unauflöslich durchdringen, ganz so, wie es für die Verfasstheit des tragischen Subjektes dargelegt worden ist. Um einen solchen Standpunkt einnehmen zu können, muss man ganz entschieden davon wegkommen, den Patienten als erwachsen gewordenes Kind anzusehen, auch wenn es an der Oberfläche häufig den Anschein hat, er sei ein solches. Die grundsätzliche analytische Haltung dem Patienten als mündigem Subjekt gegenüber darf keine Größe sein, die in Abhängigkeit von dessen Strukturniveau und Störungsbild variiert. Doch dazu später mehr.

Wir haben es heute vielfach mit einer Situation zu tun, in der die Verschiebung von Schuld und Schuldgefühl auf die Eltern nicht so sehr vom Patienten ausgeht, der sich von derlei Empfindungen und Verantwortlichkeiten entlasten will, sondern von Analytikern und Psychotherapeuten betrieben wird, und zwar eher indirekt durch die an den Patienten implizit herangetragenen entwicklungspsychologischen und pathogenetischen Erklärungs- und Deutungsmuster. Das, was sich davon in den oftmals zu Textbausteinen heruntergekommenen Simplifizierungen der Psychotherapieanträge niederschlägt, entspricht dann genau genommen einem Angriff auf die Elternfiguren, einer weitgehenden Auslöschung der Komplexität ihrer Persönlichkeiten, so als ob diese nur noch die Funktion zu erfüllen hätten, eine plausible Erklärung für die seelischen Verunstaltungen ihrer Nachkommen abzugeben. Nirgendwo wird das Erinnerungsbild lebendiger menschlicher Individuen nachhaltiger zerstört als in solchen Texten, die immerhin wissenschaftliches Format für sich beanspruchen. Die unbewusste Motivierung der Verfasser, die in ihrem Tun ja der legitimierenden Vorgabe offizieller Lehre folgen, läuft darauf hinaus, sich im unbewussten Wettstreit mit den realen Eltern als besseres therapeutisches Elternobjekt an deren Stelle zu setzen.

Wir haben herausgefunden, dass sich das vom Patienten abgetrennte Schuldphänomen im analytischen Raum auch insofern nicht zum Verschwinden bringen lässt, als es sofort als Schuld der Urheberschaft von Deformierung und Leiden des Kindes auf Elternebene auftaucht. Allerdings ergibt sich sofort, wie leicht zu erahnen ist, ein weiteres Problem. Denn innerhalb des umfassenden Paradigmas von Traumatisierung und Versagung kann die Schuld nicht dauerhaft und endgültig bei den schlechten Eltern untergebracht werden. Diese erweisen sich bei genauerer Untersuchung ihrerseits als traumatisierte Subjekte, deren pathogenes Fehlverhalten sich wiederum auf die überlebensnotwendige Identifizierung mit einem früheren Aggressor der eigenen Generationsreihe zurückführen lässt. Auf diese Weise werden fortlaufend Schuldige Menschen in Tragische Menschen umgewandelt. Die Schuld verflüchtigt sich, indem sie durch die Generationsfolgen diffundiert, den Überstieg ins Mythische vollzieht und schließlich in einen uranfänglichen Ereigniszusammenhang zurückkehrt, in dem wir das erste schlechte Elternpaar antreffen. Man kennt die Geschichte, die jetzt kommt. Es ist die Geschichte des Sündenfalls, des *unde malum* und der Theodizee in all ihren theologischen, philosophischen und psychologischen Deutungen, zu der auf tiefenpsychologischem Gebiet C.G. Jung eine bedeutsame beigetragen hat. Anstelle einer neuerlichen Nacherzählung greife ich hier auf eine Reminiszenz zurück. Adolf Guggenbühl-Craig, ein zum Urgestein der Analytischen Psychologie gehörender Schweizer Psychoanalytiker, ist vor vielen Jahren im Rahmen eines Vortrags einmal das Wagnis eingegangen zu sagen: »Wir sind alle die missbrauchten Kinder Gottes«. In einer Zeit, in der innerhalb der psychoanalytischen Gemeinschaften erstmals die zahlreichen Fälle sexueller und anderer Übergriffe durch Psychoanalytiker öffentlich diskutiert wurden, hat ihm dieser Satz überwiegend wütende Proteste eingebracht. Im vorliegenden Sachzusammenhang interessiert jedoch mehr, ob er unter »traumatologischen« Aspekten wirklich zutrifft. Denn immerhin ist das Unglück des Sündenfalls, so wie dieser im Buch Genesis geschildert wird, die Folge einer *Verführung*. Wir werden also gleich am Beginn unserer Geschichte mit dem psychoanalytisch komplexen Verhältnis von Trauma, Verführung und Schuld konfrontiert. War alles von langer Hand geplant und vorherbestimmt oder hätte Eva die Wahl gehabt, das Angebot der Schlange zurückzuweisen? Wie auch immer – die sogenannte Erbsünde ist nach offizieller und das heißt jüdisch-christlicher Lesart nicht Symptom einer posttraumatischen Belastungsstörung, sondern Signatur einer Verschuldung. Möglicherweise treffen wir auch hier auf das Phänomen der schuldlosen Schuld, das uns bereits bei den griechischen Tragikern begegnet ist.

Verweilen wir noch etwas beim Phänomen der Verführung, das ich für einen Schlüssel zum Verständnis der hier diskutierten Fragen halte. Nicht nur hat die Verführung ihren Platz im Ursprungsmythos der Menschwerdung, sie steht auch am Anfang der psychoanalytischen Theoriebildung und ist nach langen Jahren des Exils durch die Beiträge von Jean Laplanche in den psychoanalytischen Diskurs zurückgekehrt (Laplanche, 2011). Die intersubjektive Szene der Verführung ist psychologisch komplex und verschränkt zwei wesentliche Momente. Die Verführung gelingt, weil sie ein latent vorhandenes Begehren anspricht oder ein solches erst erzeugt. Sie gelingt also zum einen, weil sie auf ein Begehren und eine dazu gehörige Bereitschaft trifft; zum anderen, weil sie in unterschiedlichen Graden als übermächtig erlebt wird. Die Beziehung zwischen Verführer und Verführtem ist in gewisser Weise immer asymmetrisch. Man könnte so weit gehen und sagen, dass es dort, wo die Verführung zurückgewiesen werden kann, eigentlich keinen Sinn mehr macht, von Verführung zu sprechen. Das bedeutet nun, dass dem Verführten einerseits eine Verantwortung oder Schuld zufällt für die Folgen seines Begehrens, dass man ihn andererseits aber nicht in gleicher Weise verantwortlich machen kann für seine *Verführbarkeit*. Die Verführbarkeit teilt er mit allen übrigen menschlichen Subjekten. Sie gehört zum »Los der Menschen«. Die Verführbarkeit ihrerseits beruht auf der Erfahrung eines basalen existenziellen *Mangels*, der jedem Menschenwesen innewohnt. Der im eigentlichen Sinne Tragische Mensch ist also der aufgrund seines basalen Mangels verführbare Mensch. Die frühe strukturelle Schädigung ist deswegen so folgenschwer, weil sie den basalen Mangel vertieft und folglich die Verführbarkeit erhöht. Guggenbühls zitiertes Diktum von den »misshandelten Kinder Gottes« wäre daher zu ersetzen oder wenigstens zu ergänzen durch ein »Wir alle sind Gottes verführbare Kinder«.

Die Griechen hatten ein Wissen davon, dass der schuldhafte Anteil beim tragisch scheiternden Helden, sein tragischer Fehler, etwas mit einer Verführung zu tun hat, meist mit der Verführung zur Hybris, der Selbstüberschätzung. Auch Ödipus ist ein Verführter, ebenfalls verführt von einem Wesen mit Tierleib, der Sphinx. Sie stellt es mindestens genauso klug an wie die Schlange im Paradies. Der Untergang der Sphinx, des »Rätsels Lösung«, ist gleichzeitig ihr listiger Sieg. Sie lässt einen Ödipus zurück, der sich besonders schlau vorkommt:

Ödipus den Wissenden und Aufklärer. Sie lässt das Subjekt zurück, das sich über seinen grundlegenden Mangel hinwegtäuscht und deswegen geradewegs auf sein Verderben zusteuert.

Der Mangel, von dem hier die Rede ist, betrifft das Scheitern des Anspruchs auf letzte Erfüllung, sei es in der Liebe, den narzisstischen Idealen, der Produktivität oder Selbstverwirklichung; das Scheitern – von dem auch Kohut spricht – an kontingenten Verhältnissen, der Umwelt, die nicht gut genug ist, an den »Göttern«, auf deren unterster Hierarchieebene die Eltern der Frühzeit wandeln. Kaum treffender und ergreifender lässt sich die anthropologische Defizienz in Worte fassen als Georg Büchner es in *Dantons Tod* getan hat:

> »Ich habe es satt: wozu sollen wir Menschen miteinander kämpfen? Wir sollten uns nebeneinandersetzen und Ruhe haben. Es wurde ein Fehler gemacht, als wir geschaffen wurden; es fehlt uns etwas, ich habe keinen Namen dafür – aber wir werden es einander nicht aus den Eingeweiden herauswühlen, was sollten wir uns drum die Leiber aufbrechen […]« (Büchner, 1979, 2. Akt).

»Uns nicht die Leiber aufbrechen« will sagen: nicht gewaltsam in den Anderen eindringen mit der Hoffnung, dort zu finden, was den eigenen Mangel beheben könnte – um doch nur den Mangel im Anderen zu finden. Das »Es wurde ein Fehler gemacht« lässt seiner grammatikalischen Form nach bis zu einem gewissen Grade offen, *wer* genau den Fehler gemacht hat. Büchner will gerade niemanden anklagen und belasten. Unausgesprochen fällt dabei sein stärkster Verdacht nicht unbedingt auf den Menschen. Wie wir gesehen haben, bleibt jedoch zu bedenken, dass der primäre Mangel auf schwer entwirrbare Weise mit einem Schuldgefühl verwoben sein kann, ja möglicherweise überhaupt nur in Verbindung mit diesem zu denken ist. Wie auch immer es um die Auflösung dieses Rätsels, das einer Sphinx würdig wäre, bestellt ist: Die Verantwortung für die Folgen des Fehlers liegen beim menschlichen Subjekt selbst, auch wenn man das für irgendwie ungerecht halten mag. Zu dieser Verantwortung gehört eine Kultur der Schuldfähigkeit, die weder durch neurobiologischen Reduktionismus noch durch naive Trauma-Ätiologie oder durch Herabstufung des psychologischen Schuldbegriffs auf ein »nur« neurotisches Schuldgefühl zum Verschwinden gebracht werden kann und darf. Dies ist deswegen von Bedeutung, weil – ich zitiere noch einmal Abraham Jehoschua – »die Kraft der Schuld, so sie nicht zu neurotisch ist, den Menschen zu Verantwortungsbewusstsein, Kreativität, Solidarität und moralischem Feingefühl lenkt« (Jehoschuah, 2005, S. 1152).

Die »Schuld der Individuation«: Gibt es die noch?

Der Schuldkonflikt in der Selbstwerdung

Im Hinblick auf die psychologischen Bestimmungen, mit denen Kohut die Formate des Schuldigen Menschen und des Tragischen Menschen versieht, ist die Frage aufzuwerfen, wie er dazu kommt, das Schuldgefühl als spezifische emotionale Reaktionsform ausschließlich dem mit Trieb-Abwehr-Konflikten befassten Schuldigen Menschen zuzuordnen. Die Frage hat im vorausgegangenen Teil dieser Arbeit eine Beantwortung dahingehend gefunden, dass Kohut die Dimension der tragischen Schuld übersieht, die das triebhafte Handeln des tragisch situierten Menschen nach sich zieht. Es gibt aber noch einen weiteren und vielleicht sogar näherliegenden Aspekt der Schuldhaftigkeit des Subjektes, das, wie Kohut sagt, danach strebt, die Ambitionen seines Kern-Selbst auszudrücken, das also um Selbstentwicklung und Individuation ringt. Kohut betont zwar zu Recht, dass der Typus des Tragischen Menschen vorzugsweise mit Scham reagiert, wenn seine narzisstischen Bestrebungen scheitern und Gefühle der Minderwertigkeit, Unzulänglichkeit, der Leere und Depression hinterlassen. Ihm scheint jedoch zu entgehen, dass die narzisstischen Strebungen als solche und vor allem ihr Gelingen keineswegs nur Freude und andere Hochgefühle hervorrufen, sondern durchaus mit einer besonderen und oft verdeckt bleibenden Art des Schuldgefühls verbunden sein können. Die Ursprünge eines mit dem Impuls der Selbstwerdung einhergehenden Erlebens von Schuld waren auch zu Kohuts Zeiten keineswegs unbekannt, und man wundert sich, dass er in seinen Schriften keinerlei Bezug darauf nimmt.

Wenn wir uns vor Augen führen, dass »ein Selbst zu sein« immer heißt, dieses *eine*, besondere, von Anderen unterschiedene Selbst zu sein, ein Selbst in seiner Einmaligkeit und Unverwechselbarkeit, dann wird sofort klar, dass Individuation auf einem Trennungs- und Sonderungsgeschehen beruht, und dass man sich im Weiteren ein solches Geschehen kaum vorstellen kann ohne das dazu gehörige Phänomen der *Trennungsschuld*. Die »Schuld der Individuation« ist im wesentlichen Trennungsschuld. Das *principium individuationis* stand, gleich welche Fassung es in einer weit zurückreichenden philosophischen, theologischen und einer jüngeren psychologischen Tradition gefunden hat, stets unter dem Zeichen einer Negativität, die den Verlust der Zugehörigkeit zu einer umfassenden Ordnung mit dem aktiven Moment einer schuldhaften Übertretung zusammenbringt. Der Ausdruck, der beide Aspekte am besten vereint, ist der des Abfalls, weshalb er auch zur Kennzeichnung des Geschehens gewählt worden ist, dessen prominentestes Beispiel innerhalb des jüdisch-christlichen Bezugsrahmens der biblische Sündenfall bleibt.

Die Frage stellt sich ein, worin das schuldhafte Moment der Individuation, der Behauptung eines »Eigenwillens« gegenüber einem »Allgemeinwillen« (Schelling), denn genau besteht. Auf psychologischer Ebene bieten sich mehrere alternative Erklärungen an.

In einer weniger bekannten Arbeit mit dem Titel »Anpassung, Individuation, Kollektivität« aus dem Jahre 1916 vertritt C. G. Jung die These, dass der sich individuierende Mensch der sozialen Kollektivität (Gesellschaft) einen »Wert« entzieht, den er in Form einer besonderen der Sozietät dienenden Leistung zurückzuzahlen verpflichtet sei (Jung, 1981 [1916]; dazu auch Harre, 1987; Ollalla & Minguillón, o.J.). Der Leser gewinnt den Eindruck, als stünden Jungs Überlegungen noch ganz unter den unbewussten Nachwirkungen der dramatischen Trennung von Freud, die nur wenige Jahre zuvor stattgefunden und bei Jung neben allen anderen seelischen Erschütterungen offenbar tiefe Schuldgefühle hinterlassen hat. Der strenge, verurteilende Ton seiner Ausführungen lässt darauf schließen, er könnte sich nach seinem Abfall von der psychoanalytischen Bewegung Freuds nun selbst als »Abfall« gefühlt und unter dem ungeheurem inneren Druck gestanden haben, nun aus sich heraus einen neuen und für die Gemeinschaft nützlichen Wert in Form eines eigenständigen Werkes zu erschaffen, um der inneren Vernichtungsdrohung zu entgehen. So heißt es in der genannten Schrift:

> »Die Individuation entzieht den Menschen der persönlichen Einstimmigkeit und damit der Kollektivität. Das ist die Schuld, die der Individuierte der Welt hinterlässt und die er einzulösen sich bemühen muss. Er hat an Stelle seiner selbst ein Lösegeld zu zahlen, das heißt, er muss Werte hervorbringen, die seine Abwesenheit in der kollektivpersönlichen Atmosphäre äquivalent ersetzen. Ohne diese Wertproduktion ist die endgültige Individuation unsittlich, und noch mehr als das, nämlich selbstmörderisch […]. Nur in dem Maße, in dem er objektive Werte schafft, kann und darf er sich individuieren. Mit jedem Schritt höher in die Individuation wird neue Schuld geschaffen und neue Sühne nötig« (Jung, 1981 [1916], S. 483).

Die für heutige Ohren befremdliche moralische Unerbittlichkeit, die in den zitierten Worten mitschwingt, wird verständlich, wenn man sich vor Augen hält, dass sich Individuation für Jung als rein inneres Geschehen darstellt, in dessen Verlauf sich die Persönlichkeit von den Einflüssen des Unbewussten zu unterscheiden lernt. Etwas konkreter ausgedrückt, bedeutet dies, dass er seine unbewussten Identifizierungen, vor allem die mit archetypischen Figuren, durchschaut und auflöst, des Weiteren die Projektionen unbewusster seelischer Anteile zurücknimmt und integriert. Dazu braucht man eigentlich niemanden – außer einem Analytiker, der die entsprechenden Zusammenhänge deutet und verstehen lehrt! Die zwischenmenschlichen Beziehungen und die darin vorkommenden realen Anderen sind dabei mehr Material des inneren Prozesses als das Medium, in dem sich dieser vollzieht. Die Vertreter der Analytischen Psychologie C. G. Jungs sind heute von dieser extrem introvertierten Sicht der Individuation erheblich abgerückt und betonen den intersubjektiven Kontext, in dem eine Person ein Selbst wird, sei es in den Frühzeiten der psychischen Entwicklung oder in späteren Lebensphasen. Vor dem Hintergrund der introvertierten Perspektive wird aber begreiflich, warum Jung der Rückzug von der Kollektivität in gesteigertem Maße als schuldbeladen vorkommen muss, und weshalb er meint, das sich individuierende Subjekt habe nach Vollzug seines inneren Projekts eine Art Wiedergutmachung am Außen zu leisten. Das schon archaisch anmutende Schulderleben in Jungs frühem Beitrag hat etwas damit zu tun, dass er den äußeren, sozialen, intersubjektiven Anteil der Selbstwerdung zuerst vollkommen ausschließt, was die Trennungsschuld ins Maßlose steigert, um ihn im Nachhinein als Sühneleistung wieder einzubeziehen.

Aber auch wenn man von der introvertierten Einseitigkeit in Jungs psychologischem Denkstil einmal absieht, bleibt an seiner Beobachtung doch etwas grundsätzlich richtig. Jeder Mensch, der aus der Allgemeinheit, sei es die der Sozietät, der Familie, der »Mutter« oder der »Götter«, heraustritt und ein Selbst wird, entzieht dieser Sphäre einen Wert, er eignet sich etwas an, was ihm nicht gehört, aber doch irgendwie für ihn da ist. Es wird ihm nicht geschenkt, er muss es sich – manchmal gewaltsam – nehmen und damit einen Akt der Übertretung begehen, der notwendig und zugleich schuldhaft belastet ist. Beispielhaft steht dafür der Mythos von Prometheus, der sich im Namen der Menschen gegen die Götter auflehnt und ihnen das Feuer entwendet. Und ähnlich wie die durch den Sündenfall angeeignete Fähigkeit zur Unterscheidung von Gut und Böse ist das Feuer ein Mittel der Erleuchtung, des Wissens und der Bewusstwerdung. Die Aneignung wird als hybrider Übergriff verfolgt und bestraft, aber merkwürdigerweise nie von vornherein verhindert. In Anlehnung an Winnicotts paradoxe Formulierung von »gefundener« und »geschaffener« Realität könnte man sagen: Der Abfall ist verboten und gewollt in einem. Er ereignet sich in einem Übergangsraum notwendiger Schuld. In jedem Fall basiert er auf einer Spielart von Aggression (Raub, Ungehorsam, Vater- oder Brudermord), was in Jungs Rede vom Wertentzug allerdings komplett untergeht. Trennungsschuld ist nicht denkbar ohne Trennungsaggression.

Dass die unter Einsatz aggressiver Energien vollzogene Abtrennung von einem ursprünglichen Ganzen, einer noch unschuldigen Ununterschiedenheit, die

Notwendigkeit sowie das Bedürfnis nach Wiedergutmachung nach sich zieht, ist gleichwohl eine Vorstellung, die sich auch bei anderen Autoren, in deren psychologischem Denken Trennung und Trennungsschuld einen zentralen Platz einnehmen, wiederfindet. Bleibt man im Umkreis der frühen psychoanalytischen Bewegung, so sieht man sich auf Schicksal und Werk Otto Ranks verwiesen. Nachdem der gewissermaßen an Sohnes statt angenommene Rank sich über viele Jahre als Freuds eifrigster und loyalster Helfer erwiesen hatte, vollzog dieser Treueste der Treuen Mitte der Zwanzigerjahre den definitiven Abfall von Freud und dessen Kreis. Er verließ Wien, um in Amerika und Paris sein psychologisches Denken in einer immer unabhängigeren Richtung weiterzuentwickeln. Ähnlich wie Jung traf ihn eine von der Freud'schen Anhängerschaft ausgehende geradezu rufmörderische Verfemung, und mehr noch als dieser geriet er in das Dunkel einer Vergessenheit, aus der ihn speziell im deutschsprachigen Raum erst eine anwachsende Gruppe von Fürsprechern als Autoren und Herausgeber wieder hervorgeholt hat (Janus, 2010, 2015; Wirth, 2001).

Ranks Lebens- und Schaffensthematik kreist um die Komplexe schöpferische Produktion und Selbstkonstitution, Trennung, Autonomie und Schuldgefühl (dazu Liebermann, 1997). Nach der ersten einschneidenden existenziellen Trennung, der Geburt, steht das Subjekt für Rank zeitlebens in einem Spannungsfeld, das der Lage zwischen Skylla und Charybdis ähnelt. Wir haben nicht die Wahl zwischen Schuldgefühl und keinem Schuldgefühl, sondern lediglich zwischen zwei Arten von Schuldgefühl. Es gibt das Schuldgefühl aufgrund der Trennung, des sich Losmachens, des Weggehens und Zu-sich-selbst-Kommens, kurz: die uns von Jung schon bekannte Schuld der Individuation. Dieses Schuldgefühl entsteht Rank zufolge dadurch, dass Trennung gleichbedeutend ist mit dem mehr oder weniger gewaltsamen Heraustreten aus einer präexistenten Ordnung, einem umfassenden Ganzen, sei es der Kosmos der intrauterinen Welt, die Mutter, das kulturelle Erbe, das soziale Kollektiv. Rank zögert nicht, diesen Akt als einen solchen primärer Aggression zu deuten, die anderen Individuen einen Verlust, einen Schmerz zufügt, wofür der Geburtsschmerz der Mutter ein Beispiel wäre. Und auf der anderen Seite lauert das Schuldgefühl, das sich einstellt, wenn wir genau dieser inneren Bewegung der Verselbstständigung nicht folgen. Denn jedes Individuum ist auch sich selbst und seinem besonderen Dasein etwas schuldig, nämlich das je eigene Selbstsein-Können zu realisieren. Der neurotische Mensch weicht laut Rank in der Hauptsache vor dem Selbstsein-Können, also vor Trennung und Differenz zurück. Sein Hauptproblem ist die Lebensangst, die ihm eine Werdens-Hemmung auferlegt. Er will nicht schuldig werden im Sinne der Trennungsschuld. Je weiter die Individuation voranschreitet, desto stärker macht sich in Ranks Sicht die Todesangst bemerkbar, denn der Tod ist das Ereignis, das die Individuation auslöscht, das Selbst wieder in der Entdifferenzierung, der Allheit versinken lässt. Was also tun?

Ranks therapeutische Empfehlung ist von paradoxer Art und enthält genau jene von Jung schon herausgestellte Moment des Ausgleichs und der Wiedergutmachung, allerdings ohne darin den moralischen Rigorismus Jungs zu wiederholen. Was dazu verhilft, die aggressionsbedingte Trennungsschuld zu mindern, ist nichts anderes als die Steigerung und Ausarbeitung dessen, was an der Wurzel der Trennungsschuld liegt. Und das heißt für Rank: Schöpferisch zu leben, das eigene Leben als Herausforderung zur schöpferischen Selbstgestaltung zu begreifen oder, um es im Sinne Ranks noch einmal anders zu sagen, dem Leben gegenüber eine Haltung einzunehmen, die der des Künstlers ähnlich oder analog ist. Ausgleich und Wiedergutmachung würden nicht nur in dem Wert bestehen, der durch die eigene Produktivität geschaffen und der Welt sozusagen zurückerstattet wird. Sie würden vor allem auch darin bestehen, dass der schöpferische Lebensprozess zur Erfahrung einer »Ganzheit« als Selbst führt, die annährungsweise zum Äquivalent des Verlorenen werden kann. Auch an dieser Stelle zeichnet sich eine deutliche Symmetrie in den Auffassungen Ranks und C. G. Jungs ab.

Der Begriff der Wiedergutmachung ist von Melanie Klein als Terminus in die Psychoanalyse eingeführt worden. Er entspringt einer libidinösen Regung und kennzeichnet das Bestreben, die durch eigene aggressive, sadistische Impulse verursachte Beschädigung des guten Objektes zu reparieren, die »Dinge wieder in Ordnung zu bringen«. Nach kleinianischer Sicht liegt allen kreativen Leistungen ein sublimierter Wiedergutmachungswunsch zugrunde. Auch wenn die Verallgemeinerung dieser Interpretation etwas fragwürdig erscheint, liefert sie doch einen weiteren Beleg dafür, in welch intimer Weise schöpferische Produktivität und schuldhaft erlebte Destruktivität zusammenwirken.

Die bisherigen Betrachtungen unterstreichen mit aller Deutlichkeit, dass die Selbstartikulation des Subjekts, sein Bestreben, ein profiliertes und von anderen unterschiedenes Selbst zu sein, eine aggressive Komponente enthält, die man nicht nur als Produkt einer gestörten narzisstischen Entwicklung abtun kann, sondern die der Selbstkonstitution und das heißt dem Narzissmus wesensmäßig zukommt. Wird die Selbstartikulation verhindert oder erfolgt auf die Versuche, die Ambitionen des Kern-Selbst zu realisieren, keine adäquate Resonanz, dann wird die dem Narzissmus inhärente Aggressivität als narzisstische Wut freigesetzt. Für die aggressive Energie und Wirkungsrichtung der Individuation hatte man bereits zu Beginn der Neuzeit – der Epoche, in der die auch für unsere Gegenwart noch gültige Idee vom individuellen Ich oder Selbst bewusstseinsprägende Umrisse annahm – sowohl ein deutliches Gespür wie ein für die damaligen Verhältnisse bemerkenswertes psychologisches Verständnis. Man erkannte, dass dieses Ich oder Selbst (auf den Unterschied kommt es in diesem Zusammenhang nicht an) nicht nur absolute Mittelpunkthaftigkeit für sich beansprucht, sondern dass ihm vor allem der Drang innewohnt, alles außer ihm Seiende zu beherrschen, sich des Anderen, von dem es umgeben ist, zu bemächtigen. Als beispielhaft für diese mehr als skeptische Beurteilung der Vorzüge des Ich- oder Selbstbewusstseins stehen die Worte Pascals:

> »Das Ich ist zu hassen [...]. Kurz, das Ich hat zwei Seiten: es ist unrecht an sich, soweit es sich zum Mittelpunkt von allem macht, und es ist anderen unbequem, soweit es sie beherrschen will: denn jedes ›Ich‹ ist der Feind aller anderen und möchte sie alle beherrschen« (Pascal, 1978 [1670], Frag. 455, S. 212).

Im gleichen Sinne wird La Rochefoucauld in seinen 1665 erschienen *Maximen und Reflexionen* nicht müde, das Ich der unheilbaren Eigenliebe zu überführen, von welcher es selbst geblendet sei und sich in grenzenlosem Begehren an alles hefte, was mit ihm in Berührung komme (La Rochefoucauld, 2005 [1665]). Hier zeigen sich bei einem Autor des 17. Jahrhunderts bereits die Umrisse einer Narzissmus-Theorie, die mit weitaus größerer Schärfe den aggressiven Machtschatten der Selbstartikulation in den Blick nimmt als dies einige Jahrhunderte später dem von einer Romantik des Selbst durchdrungenen Denken Heinz Kohuts möglich sein wird.

Schuld, Trennungsaggression und Individuation

Wenn es zutrifft, dass Individuation notwendig mit Schulderleben, insbesondere in der Form von Trennungsschuld, einhergeht, dann lässt sich mit gleicher Berechtigung in umgekehrter Richtung feststellen, dass es in besonderem Maße überstarke Trennungsschuldgefühle sind, die notwendige Individuationsschritte wirksam verhindern können. Ganz allgemein wird der Fähigkeit zum Schulderleben in der modernen Psychoanalyse zu Recht hohe Bedeutung beigemessen. Die Fähigkeit gilt, wie bereits mehrfach dargelegt, als zentrales Element der depressiven Position, einer psychischen Organisationsform oder Funktionsstufe, die als Emblem seelischer Reife angesehen wird. Der Eindruck drängt sich jedoch auf, dass die Aspekte von Schuld und Trauer in unserer depressiv geprägten psychotherapeutischen Kultur gelegentlich überbewertet und sozusagen normativ ausgespielt werden gegen die innere Notwendigkeit, sich des eigenen Werdens willen losreißen zu müssen aus hemmenden oder gar destruktiven Bindungen. Die lähmenden und blockierenden Auswirkungen des Schuldgefühls sind zwar jedermann bekannt, aber weniger bekannt ist vermutlich, dass sie im Reifungsziel der depressiven Position bereits angelegt sind. In der depressiven Position wird das Objekt zwar als ein ganzes und das heißt auch als gutes und vor allem vom Subjekt unabhängiges anerkannt. Aber durch die einsetzende Verlustangst, die Sorge, das Schuldgefühl und das Bedürfnis nach Wiedergutmachung wird sofort eine beträchtliche Bindung an das nun als unabhängig erlebte Objekt etabliert. Die paranoid-schizoide Position löst das Autonomieproblem sicher nicht. Die depressive Position löst es aber auch nicht. Genauer: Die depressive Position löst das Problem der Autonomie des Objekts, aber nicht die des Subjekts, also des Selbst. Etwas zugespitzt könnte man auch sagen: Die kleinianischen Konzepte der psychischen Reifung stärken immer in erster Linie die Position des Objektes gegenüber dem Subjekt und dessen Aggression – wir sollen uns sorgen, bereuen, dankbar sein und dergleichen. Ohne damit den klinischen Wert dieser Konzepte zu bezweifeln, darf man darin einen konservativen Grundzug des kleinianischen Denkens erkennen.

Das Abrupte, Gewaltsame von Trennungsprozessen, die unter Hintanstellung oder Verleugnung von Schuldgefühlen ablaufen, gehören zweifellos zum Repertoire der paranoid-schizoiden Position, in der das einzig gute und erhaltenswerte Objekt das Selbst in seiner subjektiven Welt ist. Gleichwohl scheint dieser Funktionsmodus unerlässlich, um sich aus entfremdeten, pervertierten oder selbstmörderischen Verhältnissen zu befreien und »neu anzufangen«. Nicht selten nimmt er dort, wo eine starke ambivalente Bindung an das zurückgelassene Objekt bestand oder untergründig noch besteht, die Form grober Illoyalität oder des Verrats an.

Über Melanie Klein hinausgehend, war es in erster Linie Wilfred Bion, der das Verhältnis zwischen den beiden fundamentalen Positionen des psychischen Funktionierens neu überdacht und aufgezeigt hat, dass die depressive Position als die entwicklungspsychologisch spätere, reifere und »höherwertige« keineswegs als stabiler Zustand zu verstehen sei, der, wenn einmal erreicht, die Mechanismen der paranoid-schizoiden Position ein für alle Mal hinter sich gelassen habe. Bions Ansicht nach besteht zwischen beiden Positionen eine Dynamik ständiger Oszillation, das heißt, es finden, abhängig von den jeweiligen psychischen Erfordernissen, fortlaufend Wechsel und Übergänge zwischen dem einen und anderen Funktionsmodus statt. Handelt es sich bei diesen Erfordernissen im Wesentlichen um die des Selbst, der Selbsterhaltung und Selbstentwicklung, dann haben wir auch bei seelischem »Normalbetrieb« mit einem Rückgang auf die das Selbst und dessen Belange sichernden Mechanismen der paranoid-schizoiden Position zu rechnen. Eine solche nicht pathologische Regression beobachten wir besonders in Phasen tiefreichender persönlicher Transformation, aber auch in Zeiten schöpferischer Produktion. Die hier ablaufenden Prozesse sind typischerweise von schizoid anmutenden Rückzugszuständen (»Inkubation«) gekennzeichnet, die das Selbst benötigt, um ins Formlose einzutauchen, sich neu zu organisieren, Umbrüche und Veränderungen vorzubereiten. Was uns im Rahmen der Individuationsthematik an diesen Vorgängen besonders interessiert, ist die Tatsache, dass die für die in Gang befindliche Transformation erforderlichen Trennungsschritte oft nur unter der Voraussetzung vollzogen werden können, dass dabei anfallende Schuldgefühle vorübergehend suspendiert, das heißt verleugnet oder unterdrückt werden. Das Subjekt scheint in solchen Situationen eine Ahnung davon zu haben, dass etwas auf dem Spiel steht, das vorübergehend schwerer wiegt als die Sorge um das Wohl der Anderen, um Gerechtigkeit, Treue und Anstand.

Äußerungsformen einer von hemmenden Schuldgefühlen befreiten Trennungsaggression zeigen sich gelegentlich in Träumen, deren Bilder die Regression auf die Funktionsstufe der paranoid-schizoiden Position *im Dienste der Progression* beschreiben. Ein Beispiel dazu liefert der Traum einer Frau mittleren Alters, die immer wieder von der Angst heimgesucht wird, in ihren sozialen Beziehungen, insbesondere den partnerschaftlichen Liebesbeziehungen, vom Anderen überwältigt, »aufgefressen« zu werden. Permanent um ihre Autonomie fürchtend, fällt es ihr schwer, sich auf dauerhafte Bindungen einzulassen. Trennt sie sich, um ihr Selbst in Sicherheit zu bringen, entstehen gleichwohl heftige und anhaltende Schuldgefühle, die um die Vorstellung kreisen, den Anderen tief verletzt und dauerhaft geschädigt zu haben. Sie träumt:

> »Ich bin mit Freunden in einem Haus, wir werden von einem großen Krokodil, einem Alligator verfolgt. Überall ist Wasser. Es gibt kein Entrinnen. Auf einmal kommen wir auf eine rettende Idee. Wir werfen dem Krokodil leere Einmachgläser ins Maul, springen ihm auf den Rücken und hüpfen darauf herum. Dadurch zerbrechen die Gläser in seinem Körper und töten das Tier von innen.«

Das problemlösende Verhalten des Traum-Ichs und seiner kongenialen Begleiter erinnert an die Grausamkeit und Gefühllosigkeit, zu der Kinder in der Lage sind. Die Mischung aus spielerischer Gewitztheit, Kaltblütigkeit, und Sadismus entspricht Aspekten primärer Destruktivität, die Winnicott untrennbar mit dem Auftauchen des »wahren Selbst« verbunden sieht. Es ist eine Szene, wie man sie auch aus den Märchen kennt, etwa wenn die Hexe ohne viel Wenn und Aber in den Ofen geschoben wird oder das Schneiderlein triumphierend die Fliegen auf seinem Marmeladenbrot erledigt. Eine hervorragende Exemplifizierung dieser Phänomene findet sich auch in den Bildergeschichten von Wilhelm Busch. Ich lasse an dieser Stelle die subjektstufige Deutung unberücksichtigt, wonach es sich beim Krokodil, dem Symboltier des negativen Mutterkomplexes, natürlich auch um die eigenen Verschlingungswünsche der Patientin handelt. Entscheidend bleibt im vorliegenden Sachzusammenhang der Umstand, dass das festhaltende und Autonomie gefährdende Objekt ungehindert von der hemmenden Wirkung des Schuldgefühls angegriffen und zerstört werden kann.

Das auffällige Fehlen von einem Schuldgefühl lässt also nicht von vornherein den Rückschluss auf einen frühen strukturellen Störungsanteil zu, sondern muss im hier herausgestellten Fall als Merkmal der Regression auf eine archaische Funktionsstufe verstanden werden, die Michael Balint als Ebene der Grundstörung beschreibt – die basale psychische Schicht, von der aus der Neubeginn stattfinden kann (siehe das dritte Kapitel dieses Buches). In diesen Zusammenhang fügt sich eine weitere Deutung ein, die sich in einer Arbeit von Ernst Jones aus dem Jahre 1930 findet: »Angst, Schuldgefühl und Hass« (Jones, 1930). Der Autor entwickelt darin eine äußerst aufschlussreiche Analyse des genetischen und dynamischen Zusammenhangs zwischen den drei im Titel genannten Gefühlskomplexen, von denen ich hier nur einen Teilaspekt herausgreifen kann. Jones geht davon aus, dass das Schuldgefühl auf der Basis primären Hasses gegenüber den versagenden Objekten entsteht und gleichzeitig im Zusammenwirken mit dem Über-Ich die Funktion übernimmt, diesen Hass zu verdrängen. Paradoxerweise, bemerkt Jones, ist es nun so, dass die dosierte Wiederkehr dieses Hasses, meist in der libidinös gebundenen Form des Sadismus, das der Abwehr dienende Schuldgefühl mindert oder verschwinden lässt, dass gewissermaßen »die Ursache die Wirkung heilt«, wie Jones erstaunt feststellt.

Der, wenn man so will, schizoide Grundzug der gewaltsamen, von Schuldgefühlen freien Trennungsakte lässt sich in den Biografien zahlreicher schöpferischer Persönlichkeiten an bestimmten lebensentscheidenden Punkten entdecken. Ich greife, nachdem von Otto Ranks Kampf um Unabhängigkeit bereits die Rede war, auf einen anderen prominenten Beispielfall aus der Geschichte der psychoanalytischen Bewegung zurück: Die definitive Trennung C. G. Jungs von Freud im Jahre 1914, deren innere Dynamik einige Ähnlichkeiten mit dem Abfall des späten Dissidenten Rank aufweist. Jung befand sich zu diesem Zeitpunkt in einem schwer regredierten Zustand, den Wohlmeinende als schöpferische Krankheit und weniger Wohlmeinende als Psychose oder wenigstens pathologische

Trauerreaktion bezeichnen. Vermutlich war es beides: den inneren Erlebnissen nach psychotisch, der Bewältigungsform nach eindeutig nicht psychotisch – eine Art »unterrichtete« Psychose, wie man in Abwandlung einer Formulierung von Jacques Lacan sagen könnte. Vorausgegangen waren dieser Verfassung schwere Angriffe gegen Freud, die schrittweise eskalierten und zuletzt die Form brutaler Vernichtungsschläge annahmen. Man hat Jung später zum Vorwurf gemacht, die aus seiner heftigen Aggression gegen Freud resultierenden Schuldgefühle verdrängt und nie einen Prozess der Trauer um das verlorene Objekt durchgemacht zu haben – eine Abwehrleistung, die in seine späteren wissenschaftlichen Produktionen eingedrungen sei und ihnen einen gewissen pathologisch-subjektivistischen Zug verliehen habe. An der Berechtigung dieser Sichtweise kann es meines Erachtens überhaupt keinen Zweifel geben. Jung befand sich zu diesem Zeitpunkt in genau der emotionalen Situation, die er einige Zeit später in der bereits erörterten Schrift »Anpassung, Individuation, Kollektivität« beschrieben hat: Derjenigen eines Menschen, der aus einem umfassenden Ganzen, dem Ganzen der psychoanalytischen Bewegung unter der geistigen Vaterschaft Freuds, herausgefallen ist, der dieses Ganze eigenwillig verlassen und ihm damit einen »Wert« entzogen hat, ohne das Entzogene in der Währung einer eigenen äquivalenten Leistung zurückerstatten zu können. Das Resultat äußerte sich in Gefühlen äußerster Scham und Wertlosigkeit, wobei wir nie das schwere Schuldgefühl übersehen sollten, das in einem solchen Fall der Selbstempfindung absoluter Schlechtigkeit zugrunde liegt. Man erinnere sich daran, dass Jung in dieser wohl schwersten Phase seines Lebens nicht nur fürchten musste, geisteskrank zu werden, sondern zudem mehrfach von suizidalen Impulsen heimgesucht wurde, die man kaum anders als einen unbewussten Drang zur Selbstbestrafung nennen kann (Jaffé, 1977, S. 174ff.).

In der Tat, Trauer und Schuldgefühle waren Jungs Sache nicht. Das hat ihn auch später noch im Kontext von Ereignissen, die das öffentliche Interesse an seiner Person weit mehr tangierten als seine Abspaltung von Freud, zu einer Haltung und zu Äußerungen verleitet, derentwegen er bis heute vielen suspekt ist. Auf der anderen Seite: Illustriert Jungs Verhalten in der dramatischen Geschichte seiner Trennung von Freud nicht in besonders eindringlicher und überzeugender Weise die von mir unter Rückgriff auf Bion herausgestellte Auffassung, wonach in Zeiten schöpferischer Transformation, an Wendepunkten der Biografie, an denen ureigenes Begehren sich ankündigt und zur Realisierung drängt, dafür gesorgt werden muss, dass Schuldgefühl und Sorge dem individualisierten Neubeginn und der dafür erforderlichen Trennungsaggression nicht im Wege stehen? Gesorgt wird dafür in der Weise, dass die Belange des Selbst denen des Objektes vorangestellt werden, was in anderen Worten bedeutet, dass das Schulderleben wenn auch nicht ganz ausgelöscht, so doch minimiert, das heißt, partiell verdrängt oder verleugnet werden muss. Zweifelsohne bewegt man sich hier entlang einer prekären Grenze. Das Gesagte darf nicht so verstanden werden, als ob der Zweck alle Mittel heiligte oder es in Zeiten persönlichen oder kollektiven Umbruchs ein Recht darauf gebe, alle moralischen Ansprüche außer Kraft zu setzen. Gleichwohl hätten die revolutionären Umwälzungen der Neuzeit, auf deren ideelles und politisches Erbe die aufgeklärten Gesellschaften sich stolz berufen, nie stattgefunden, jedenfalls nie zum Erfolg geführt, wäre die unbedingte Rücksichtnahme auf Leben und Wohlergehen Einzelner an erste Stelle gerückt worden. Dass Freiheit, Recht und Humanität des Öfteren mit der Währung schwerster Verbrechen gegen die Menschlichkeit erkauft wurden, gehört zum Schuldaspekt des historischen Fortschritts und ist eine Tatsache, die sich zur Erwähnung bei Gedenkfeiern wenig eignet. Heißt dies nun, dass es zwei Arten von Moral gibt, eine »normale« für die durchschnittlichen Zeiten und eine irgendwie »höhere« für die Ausnahmezeiten, für Phasen revolutionärer Transformation? Es hat immer wieder Versuche gegeben, eine auf höhere Notwendigkeiten sich berufende Ausnahme-Moral zu etablieren. Und dort, wo es sie gegeben hat und gibt, sind diese Bestrebungen stets durchsichtig darauf angelegt, die schuldhaften Aspekte von Trennungs- und Veränderungsprozessen zu leugnen oder mit anderen Worten die *tragische Dimension* solcher Prozesse zu negieren. Es gibt nur *eine* Moral. Und weil Individuation keine rein moralische Unternehmung darstellt, kann es vorkommen, dass sie die Moral nicht etwa außer Kraft setzt, sondern gegen diese verstößt, woraus eben der unvermeidliche Schuldaspekt der Individuation resultiert. Es würde ja gar keinen Sinn ergeben, von einer »Schuld der Individuation« zu reden, wenn dieses Schuldigwerden sofort mittels Rekurs auf eine höhere moralische Ordnung wieder annulliert werden könnte.

Wir sollten uns im Klaren darüber sein, dass das Konzept der Individuation, so wie es von C. G. Jung eingeführt und verstanden wurde, nur so lange seinen Wert behält, wie es mit der Annahme arbeitet, dass sich im individuellen Lebensvollzug etwas mit einer bestimmten Notwendigkeit vollzieht. Wie schon oft genug festgestellt wurde, heißt ein Selbst zu sein immer, ein *bestimmtes* Selbst zu sein. Sobald sich diese Bestimmtheit in Beliebigkeit verliert, geht auch der Sinn der Idee der Individuation verloren. Jedenfalls würden wir im Hinblick auf ein Verständnis von Individuation im Sinne Jungs kaum der Auffassung zustimmen, dass es lediglich von Zufälligkeiten abhinge, zu welchem Selbst ein Mensch wird. Wir würden, anders ausgedrückt, nicht der Ansicht beipflichten, dass er genauso gut zu einem ganz anderen Selbst hätte werden können. Bedauerlicherweise verhält es sich nun so, dass wir zu diesem Notwendigen, das geschieht und das wir als Wahrheit postulieren müssen, verhältnismäßig wenig zu sagen haben – eine Problematik, die ich in *Selbst und Individuation* ausführlicher behandelt habe (Lesmeister, 2009, S. 13ff.). Die Griechen kannten den *daimon*, eine mit dem persönlichen Subjekt nicht identische Wesenheit, die dessen Schicksalsweg vorgab und dirigierte. Wie das Leben eines Menschen im Ganzen verlief, lag überhaupt nicht in der persönlichen Macht dieses Menschen, sondern war einer überpersönlichen Führung anvertraut. Das Überpersönliche des persönlichen Gesetzes klingt noch bei Goethe durch: »Wie an dem Tag, der dich der Welt verliehen/die Sonne stand zum Gruße der Planeten: So musst du sein, dir kannst du nicht entfliehen« (Goethe, 1998b [1820], S. 233). Wir tun uns außerordentlich schwer damit, einen äquivalenten modernen Begriff für dieses Daimonische im Menschenleben zu finden. Weder die Biologie noch die Psychologie der frühen Prägungen helfen hier wirklich weiter. Der Grund dafür, weshalb es Jung irgendwann unausweichlich erschien, Freud zu verlassen und einen eigenen Weg zu gehen, ein ganz eigenes professionelles Selbst auszubilden, lag weder in seinen Genen noch in den seelischen Abdrücken seiner Kindheitserlebnisse verborgen. Was hatte es zu bedeuten, wenn Emma Jung mit sicherem Gespür für den herannahenden Dissens Freud um Verständnis dafür bat, dass ihr Mann seinem »eigenen Gesetz« folgen müsse (Freud & Jung, 1976, S. 505)? Welches Gesetz ist hier gemeint? Gemeint ist eben, in antiquierter Sprache ausgedrückt, das Gesetz des Daimons. Was ein zeitgenössischer und keiner nostalgischen Verirrung verdächtiger Philosoph wie Giorgio Agamben voller Ernst über den Genius, den lateinischen Namensvetter des griechischen Halbgottes schreibt, kann uns ermutigen, an dieser Nomenklatur auch für unsere psychologischen Zwecke vorläufig festzuhalten (Agamben, 2005, S. 7ff.).

Man kann sagen, dass es der Daimon ist, der uns schuldig werden lässt, der hinter der »Schuld der Individuation« steckt. Er macht sich bemerkbar als Gefühl unbedingter Treue und Verpflichtung sich selbst gegenüber; als ein Gefühl, aus dem heraus man Ziele mit äußerster Beharrlichkeit und gegen größte Widerstände verfolgt, zuweilen im hellsten Bewusstsein darüber, worum es geht, häufiger jedoch im Zustand eigenartiger Blindheit und brütender Unbewusstheit, die am Grade der Entschlossenheit aber nichts ändern. Es ist ein Zustand, der einen leicht ungerecht gegen andere werden lässt, der den Blick für das rechte Maß trübt, der eine Lizenz für Hochmut und Kälte zu verleihen scheint, der vergessen macht, was wir dem einen oder anderen Bereich der Kollektivität (Beruf, Familie, Gesellschaft) schuldig sind. Im ungünstigsten Fall mündet das Ganze in eine Form der Verblendung, die den Griechen bereits so charakteristisch erschien, dass sie dafür einen speziellen Ausdruck oder genauer eine Göttin gleichen Namens hatten: die schon erwähnte *ate*, von der so gut wie alle Helden der Tragödie zeitweise oder dauerhaft befallen waren.

Mit den mehr oder weniger behelfsmäßigen Charakterisierungen, die ich vorgenommen habe, verfügen wir zumindest über ein gewisses phänomenales Substrat, das uns die Erscheinungsweise und Wirkung des Daimonischen als Triebkraft der Individuation und als Ursache der mit ihr verbundenen Schuld zu verdeutlichen vermag. Wo es eine Notwendigkeit, einen daimonischen Zwang gibt, dort muss es auch eine Instanz geben, die für die Umsetzung des Gebotenen sorgt. Es wurde soeben bereits angedeutet, dass sich die Figur des Helden für diese Aufgabe in besonderem Maße eignet. Und man kann es nicht für einen Zufall halten, dass die Analytische Psychologie C. G. Jungs, in deren Zentrum die Lehre von Selbst und Individuation steht, ausgerechnet dem Mythos oder Archetyp des Helden den vielleicht zweitwichtigsten Platz innerhalb ihres theoretischen Bezugssystems anweist. Nach Jung war es vor allem dessen bedeutendster Schüler Erich Neumann, der die Psychologie des Helden im Kontext des Individuationsprozesses ausgearbeitet hat (Neumann, 1974 [1949]). Neumann erkennt in der Heldenfigur die Personifikation eines solaren Prinzips, mit dessen Hilfe der Mensch sich aus der gefahrvollen Abhängigkeit von archaischen Mächten (Drachen und anderen Ungeheuern) zu befreien vermag. In psychologischer Hinsicht identifiziert er den Helden mit dem bewusstseins- und reflexionsfähigen Ich, das die Trennung und Ablösung von der Mutter vollzieht, wobei »Mutter« hier für alles Umschließende, Verschlingende und Festhaltende steht, was die Individuation des Subjektes hemmt, wozu natürlich auch dessen eigene regressiven Wünsche und Tendenzen gehören. Das Helden-Ich, so könnte man sagen, erledigt die schmutzige Arbeit der Trennungsaggression, die für die Individuation so unerlässlich ist. Dazu eignet es sich deshalb in besonderem Maße, weil es, wie seine mythologischen Entsprechungen bezeugen, bruchlos mit seinen Handlungsmotiven identifiziert ist und keine nennenswerte Anfälligkeit für Schuldgefühle kennt. Lässt man unberücksichtigt, dass die Figur des Helden durchaus komplexer angelegt ist, als es bei Jung und Neumann erscheint (dazu Meier, 2015), dann kann man sagen, dass das Helden-Ich dem Ich entspricht, das Pascal wegen dessen naturgegebener Aggressivität und Expansivität »hassenswert« vorkam. Es ist, in neuere Terminologie gefasst, das Ich der paranoid-schizoiden Position, das von den projizierten Ausgeburten seiner eigenen Bemächtigungs- und Vernichtungsfantasien verfolgt wird und diese deswegen bekämpfen muss, was stets mit guten Gründen und mit gutem Gewissen geschehen kann.

Dennoch bleibt es dabei: Der Schuldaspekt der Individuation kann nicht vermieden oder endgültig suspendiert werden, er kann nur vorübergehend verdeckt, unsichtbar gemacht oder in seiner hemmenden Wirkung abgeschwächt werden. Sobald das *principium indivduationis* seine Rolle in der Entwicklung zu spielen beginnt, und dies geschieht sehr früh, ist die Schuldproblematik gleichursprünglich mit im Spiel. Und dies in zweifacher Weise. C. G. Jung und Otto Rank stellen übereinstimmend fest, dass der Mensch dort, wo es um seine Selbstwerdung geht, in ein einzigartiges Schulddilemma gestellt ist. Er macht sich nicht nur infolge seiner Individuation schuldig, sondern ebenso dadurch, dass er die Individuation, die ihm als Notwendigkeit aufgegeben ist, verfehlt oder zu umgehen sucht. Die letztgenannte Version des Schuldigwerdens, das Sich-selbst-etwas-schuldig-Bleiben, ist mehr im Hintergrund meiner bisherigen Betrachtungen geblieben. Es ist jener Schuldaspekt, den vor allem Jacques Lacan im Blick hat, wenn er behauptet, »dass es nur eines gibt, dessen man schuldig sein kann, zumindest in analytischer Perspektive, und das ist, abgelassen zu haben von seinem Begehren« (Lacan, 1996, S. 380). Nach allem, was wir bisher herausgefunden haben, ist an diesem machtvollen Satz nur die pointierte Einseitigkeit infrage zu stellen, mit der er das Schuldgefühl lediglich dem aufgegebenen und nicht auch dem realisierten Begehren zuschreibt. In jedem Falle ist es für die praktische Psychotherapie von vorrangiger Wichtigkeit, dem Schuldgefühl des Patienten auf der Spur zu bleiben, worauf auch Lacan an zitierter Stelle besonderen Wert legt, und nie so zu tun, als könne dieses Schuldgefühl endgültig überwunden, zum Verschwinden gebracht werden. Vor diesem Hintergrund erscheint die häufiger vorgenommene Unterscheidung zwischen »realitätsgemäßem« und »neurotischem« Schuldgefühl, auf die mancherorts so viel Wert gelegt wird (Hirsch, 2007), artifiziell und in den allermeisten Fällen irreführend. Der neurotisch in seiner Selbstwerdung gehemmte Mensch versichert uns, er könne die Mutter aus Schuldgefühl nicht verlassen. Wir liegen falsch, wenn wir ihm vermitteln, dass die Schuldgefühle ein infantiles Relikt seien, und dass er diese Gefühle eigentlich nicht mehr zu haben brauche. Die Wahrheit ist die, *dass er nicht schuldig werden will.* Die Vorstellung, das Schuldgefühl sei ein infantiler Rest, der sich mit der Neurose auflöse, begünstigt die Illusion, es gäbe gleichsam einen dritten Weg an der einen und anderen Version von Schuldgefühl vorbei. Aber das ist nicht so. Entweder man macht sich schuldig, indem man seinem Begehren folgt oder man macht sich schuldig, indem man seinem Begehren nicht folgt. Das ist unsere Lage, was aber nicht heißt, dass wir darüber verzweifeln müssten. Wie ich bereits im Zusammenhang mit den Ideen Otto Ranks ausgeführt habe, führt der einzig wirksame Weg, die Macht des Schuldgefühls zu mindern, über die schöpferische Selbst- und Lebensgestaltung – ein Weg, auf dem gleichermaßen die beschädigten Objekte repariert und die Ambitionen des Kern-Selbst zum Ausdruck gebracht werden können. Was darüber hinaus als Schuldgefühl bleibt, muss toleriert werden. Denn was Freud das Unbehagen in der Kultur nennt, ist im Grunde das unheilbare Unbehagen des Subjektes an sich selbst.

Spuren der Verflüchtigung

Ich beschließe meine Erörterungen mit einem nochmaligen Bezug auf die kulturtheoretische Dimension des Themas. Die Thesen Alain Ehrenbergs nehmen, wie wir zu Beginn erfahren haben, ihren Ausgang in der mehr oder weniger sicher beglaubigten Feststellung eines kollektivpsychologischen und kulturellen Paradigmenwechsels. Dieser handelt vom Verschwinden des an vertikale (ödipal-neurotische) Konflikte gebundenen Schuldgefühls zugunsten von Gefühlen der Scham, Insuffizienz und Erschöpfung, die sich infolge des Scheiterns am Anspruch, ein autonomes Selbst zu sein, einstellen. Unter dem gesellschaftlich geförderten wie geforderten Ideal der Selbstartikulation liege das Unbehagen der Subjekte nicht mehr, wie von Freud behauptet, im latenten und virulenten Schuldgefühl begründet, sondern in der Scham als Grundempfindung dessen, der mangels ausreichender Ressourcen seine Ziele nicht erreicht und entsprechende Niederlagen erleidet. Nun habe ich in meinen zuletzt angestellten Überlegungen zur Schuld der Individuation den Nachweis erbracht, dass es sich bei Ehrenbergs Ansatz, der sich als Verlängerung Kohut'scher Prämissen darstellt, um eine vereinfachende Dichotomie handelt, und zwar insofern, als der Schuldkonflikt aufgrund der Trennungsaggression als ein der Selbstentwicklung notwendig inhärentes Element anzusehen ist. Dennoch könnte sich Ehrenbergs Deutung als zutreffend erweisen, aber nicht deswegen, weil seit dem letzten Drittel des vergangenen Jahrhunderts Trieb-Abwehrkonflikte durch strukturelle Selbstpathologie abgelöst und Schuld- durch Schamerleben ersetzt worden seien. Die Verflüchtigung des Schuldgefühls könnte vielmehr damit zusammenhängen, dass die Selbstwerdung zu einem gesellschaftlich-kulturellen Ideal erhoben worden ist. Und was gesellschaftlich gefordert, legitimiert und sanktioniert ist, verursacht keine Schuldgefühle. Von seriösen Beiträgen zur Psychologie der Lebenskunst bis in die Klischees der Werbung hinein ergeht heute an die Subjekte die Aufforderung, in Lacans Sprache der Befehl: »Sei du selbst!«, »Sei der, der du bist!« Weit entfernt davon, ein Privileg für Außenseiter und außergewöhnliche Persönlichkeiten abzugeben, sind Authentizität und autonomes Selbstsein zum erwünschten sozialen Standard geworden, zu einem »Muss« für alle. Die Spatzen pfeifen es von den Dächern. In einer Rede, die der verstorbene Apple-Gründer

Steve Jobs 2005 vor Studenten der Stanford University gehalten hat, lautet der Aufruf zum Selbstsein so:

> »Deine Zeit ist begrenzt, also verbringe sie nicht damit, das Leben eines anderen zu leben. Tappe nicht in die Falle eines Dogmas – nämlich mit den Ergebnissen dessen zu leben, was andere Leute gedacht haben. Lass nicht zu, dass deine eigene innere Stimme vom Lärm der Meinungen anderer Leute übertönt wird. Und, was am wichtigsten ist, habe den Mut, deinem Herzen und deiner Intuition zu folgen. Die wissen immer schon, was du in Wahrheit werden willst. Alles andere ist zweitrangig« (Jobs, 2015, Übers. v. A.).

Wenn Individuierung zu einer Sache des »Man«, zu einer neuen Norm geworden ist, fragt es sich, wovon man sich noch trennen und wessen man sich noch schuldig fühlen sollte. Das Schuldgefühl wird wesenlos, unwesentlich. Das neue Ich-Ideal und das von ihm inspirierte Über-Ich des autonomen Selbstseins treiben die Menschen nicht nur, wie Ehrenberg herausstellt, in eine Überforderungssituation. Es lässt sie möglicherweise einem Ziel hinterherjagen, dass im Kern sozusagen leer, seiner Substanz beraubt ist. In direkter Analogie zu einem zentralen Topos der Postmoderne erschiene es geradezu geboten, von einem »Ende der Geschichte des Selbst« zu sprechen: Wenn alle individuiert sind, hat sich das Problem der Individuation erledigt. Bevor dieser Zustand erreicht ist, müsste es, der immanenten Logik des Geschehens folgend, allerdings noch zu einem vorübergehenden Wechsel in den Bewertungsmaßstäben kommen. Denn der bisherige Kollektivmensch, das angepasste und im »Man« heimische Subjekt, wäre mit einem Mal der Abweichler und Außenseiter. Und das Schuldgefühl wäre nur noch als Gefühl der Schuld, *kein* Selbst zu sein, denkbar. In der buchstäblichen Aushöhlung des Individuationsideals, das paradoxerweise dadurch zerfällt, dass alle es realisieren, läge vielleicht aber die Chance einer Erlösung, einer Erlösung auch vom Schuldgefühl. Wenn jeder der sein kann, der er ist, ohne ein Selbst sein zu müssen, wäre die »Schuld der Individuation« in der Tat obsolet geworden.

Psychoanalytische Konzeptionen des Neubeginns

Die nachfolgenden Ausführungen befassen sich mit Konzeptionen und Modellen des Neubeginns im Rahmen psychoanalytisch-psychotherapeutischer Prozesse. Beschäftigt man sich mit dem Neubeginn, kommt man nicht an der Frage vorbei, wie sich das Neue in Veränderungsprozessen überhaupt bestimmen lässt. Welche Merkmale kennzeichnen das Neue? Unter den zahlreichen möglichen Antworten auf diese Frage möchte ich eingangs zwei herausgreifen, die mir für die psychoanalytische Praxis wesentlich erscheinen.

Die erste dieser Bestimmungen fällt sehr einfach aus und mag zunächst trivial erscheinen. Sie lautet: Neu ist das, was bisher noch nicht dagewesen ist oder anders ausgedrückt, neu ist, was keine Wiederholung seiner selbst darstellt. Der Anschein des Trivialen schwindet, wenn wir diese Bestimmung psychoanalytisch interpretieren. Sie betrifft dann nämlich die Übertragung. Was die Übertragung nach althergebrachter Auffassung charakterisiert, ist die Wiederholung in Form der Wiederkehr alter Objekte und Objektbeziehungsmuster und deren Verschiebung auf neue Objekte. Dieser Sichtweise zufolge kann das Neue im Kontext der psychoanalytischen Erfahrung nur dasjenige sein, was den Bannkreis der Übertragung überschreitet, was jenseits der Übertragung liegt oder »etwas mehr« als Übertragung ist. Dass und wie sich im durch Übertragungen strukturierten Beziehungsraum der Analyse etwas ereignen kann, was selbst keine Übertragung ist, gehört zu den Fragen, die im aktuellen psychoanalytischen Diskurs kontrovers diskutiert werden. Ich werde darauf zurückkommen.

Der zweite Bestimmungsversuch des Neuen, auf den ich hier zurückgreifen will, setzt beim Begriff der Indetermination an. Wenn ein Ereignis im strengen Sinne als neu gelten soll, darf es nicht durch vorausgehende Bedingungen kausal eindeutig determiniert und damit vorhersagbar sein. Dass es Ereignisse gibt, die kausal indeterminiert oder unterdeterminiert sind, ist eine seit den Erkenntnissen der Quantenphysik anerkannte Tatsache. Vieles spricht dafür, dass es sich bei den Ereignissen, mit denen wir es in psychoanalytisch-psychotherapeutischen Prozessen zu tun haben, also Ereignissen psychischer Transformation und Neubildung, um Ereignisse eben dieser Art handelt. Der letzte Abschnitt dieses Kapitels wird sich mit diesem Phänomen ausführlicher befassen.

Man kann hier noch einen Schritt weitergehen. Immanuel Kant hielt den Menschen für ein »intelligibles« Wesen, das aus einer transzendental verstandenen Freiheit gewissermaßen von außen auf die Welt der kausal verketteten Naturerscheinungen einwirken und eine Ursachenreihe neu beginnen lassen kann. So fragt Kant, »ob ein Vermögen angenommen werden müsse, eine Reihe von sukzessiven Dingen oder Zuständen von selbst anzufangen« (Kant, 1983 [1781], S. 430 [B 478]). Kants transzendentales Postulat einer »Kausalität aus Freiheit« beantwortet die Frage, wie ein Neubeginn denkbar ist, dessen Gehalt nicht in seinen kausalen Antezedenzien bereits beschlossen liegt. Da es in Psychoanalyse und Psychotherapie wesentlich um Seins-, Handlungs- und Lebensentscheidungen geht (»Wie will ich sein?«, »Was will ich tun?«, »Wie will ich leben?«), also genau um solche Entscheidung, die in Kants Sphäre des Intelligiblen angesiedelt sind, würde dies bedeuten, dass man sich keine Hoffnung darauf machen sollte, die relevanten Faktoren psychischer Transformation und Neubildung je in einem kausalen Erklärungsrahmen unterzubringen zu können. Der Neubeginn bliebe ein a-kausales, ursachenloses Ereignis, das als transzendentales Moment menschlicher Freiheit und Spontaneität zu verstehen wäre.

Die angerissene Problematik von Spontaneität und Willensfreiheit soll ihres Umfangs und ihrer Tragweite wegen im weiteren Gang meiner Überlegungen jedoch keine vorrangige Berücksichtigung finden. Dasselbe gilt für einen anderen und mit den Vorstellungen von Neuheit und Spontaneität eng zusammenhängenden Begriff, nämlich den des Schöpferischen. Wenn mit dem Neubeginn etwas in die Welt tritt, was vorher noch nicht da war, dann ist Neubeginn zugleich Neubildung, und diese Neubildung ist der freie Akt eines schöpferischen Subjektes. Auch diese bedeutsame, aber für den gegebenen Rahmen zu weit angelegte Thematik muss ausgelassen oder kann nur punktuell berührt werden.

Neubeginn durch Einsicht und Bewusstwerdung

Nichts ist in der neueren Geschichte der Psychoanalyse mehr in Misskredit geraten als die altehrwürdige Vorstellung, wonach seelische Veränderung und Neubeginn durch Selbsterkenntnis, Einsicht und Bewusstmachung von Unbewusstem herbeigeführt werden. Die Überzeugung, dass dies möglich sei, gehörte, wie man weiß, zum anfänglichen Glaubensbekenntnis der Psychoanalytiker, und die aus dieser Überzeugung abgeleitete Technik der Deutung bildete ihr wichtigstes Instrument. Der bald einsetzende und dann kontinuierlich voranschreitende Verfall der Deutungsmacht und der Niedergang des Primats der Erkenntnis spiegelten von Beginn an eine allgemeine kulturelle Transformation wider, in der sich der bis in die Gegenwart anhaltende Übergang von »paternalen« zu »maternalen« Werten vollzog: Eros statt Logos, Erleben statt Wissen, Beziehung statt monadisches Subjekt. Auf dem Feld der Psychoanalyse manifestierte sich diese Transformation in grundlegenden Veränderungen behandlungstheoretischer und -technischer Konzepte, deren Geschichte vielfach erzählt ist. Festzuhalten ist eine im Spektrum der heutigen Wissenschaften einzigartige Degradierung des Geistes, dem man nicht mehr viel zutraut. Dabei wird übersehen, dass die diagnostizierte Schwäche eben Folge der an ihm vorgenommenen *Schwächung* ist. Die Bewegung mündet nicht selten in einen bequemen und selbstgefälligen Antiintellektualismus, der sich in der despektierlichen Rede vom »nur Rationalen« und einer angeblich so unnützen »Verwörterung« Ausdruck verschafft. Fasst man das Phänomen etwas weiter und großzügiger, dann erinnert es bis in seine banalen Ausläufer hinein an den Protest der Romantiker gegen die kalte Vernunft der Aufklärung, wenn nicht gar an Ludwig Klages *Geist als Widersacher der Seele* (Klages, 1981).

Dass das hauptsächliche Anliegen der Psychoanalyse neben der Heilung vom »neurotischen Elend« (Freud) einmal vertieftes Wissen um sich selbst war, scheint in der analytischen Unternehmung, so wie sie heute vielfach verstanden wird, zum mehr oder weniger entbehrlichen Relikt einer vergangenen Epoche geworden zu sein. Dabei handelt es sich mitnichten nur um das Wissen, also einen festen oder gegebenenfalls auch variablen Bestand an Kenntnissen, die eigene seelische Realität, ihre Funktionsweise, Pathologie und Geschichte betreffend. Von ähnlichen Schwächungen betroffen wie das Erkenntnisvermögen ist die von Platon schon gerühmte Fähigkeit, einen permanenten Dialog mit sich selbst aufrechtzuerhalten. Gemeint ist jenes »stumme Zwiegespräch [...] zwischen mir und mir selbst« (Arendt, 2006, S. 184), das wie die Analyse nach Freuds Ansicht auf »unendliche« Fortsetzung angelegt ist. Wie auch immer, die Bedeutung dieses intrasubjektiven Diskurses ist gegenüber dem Stellenwert des vom Zeitgeschmack bevorzugten intersubjektiven deutlich abgefallen. Wer »mit sich selbst« spricht, verkehrt mit lediglich subjektiven Objekten und bewegt sich daher zumindest am Rande bedenklich introvertierter, um nicht zu sagen autistischer Verfassungen. Wer »mit Anderen« spricht, steht auf der sicheren Seite gesunder Objektbezogenheit.

Woher sollte nun aber das Denken die Kraft zur seelischen Veränderung, zum Neubeginn innerhalb der analytischen Selbstbefragung beziehen? Besaß es diese Kraft überhaupt jemals? Oder beruhte diese Vorstellung nicht von Anfang an auf einer Illusion, einer psychoanalytischen Ideologie, die sich unter den Bannern aufklärerischer Vernunft und spätmoderner Wissenschaftsgläubigkeit gebildet hatte? Haben die Kritiker recht, die behaupten, die Erfolge der analytischen Therapie seien immer schon ganz anderen Faktoren zu verdanken gewesen als denen gelungener Deutung und diskursiver Reflexion, nämlich den heute für relevant gehaltenen Faktoren der Akzeptanz, Wertschätzung und Empathie, dem Gehaltensein in einer tragenden Beziehung und der sicheren Bindung? Oder trifft es zu, dass die Erkenntnis, weit davon entfernt, die Wahrheit des persönlichen Seins und seiner Geschichte rekonstruktiv freizulegen, immer schon nur dazu diente, ein neues Narrativ zu konstruieren, das der Biografie und dem in ihr verankerten Selbstgefühl eine kohärente, zufriedenstellende Fassung verleiht – und mehr nicht?

Freuds Auffassung war dies nicht. Ihm ging es um Wahrheit, und zwar um eine Wahrheit, die »frei macht«, indem sie die Abhängigkeiten des Ichs von seinen »drei Herren«, das heißt dem Es, dem Über-Ich und der äußeren Welt, verringert (Sandler & Dreher, 1999, S. 48). Und der Weg zu dieser Wahrheit beginnt mit der Erinnerung. Das Unbewusste dem Bewusstsein zugänglich zu machen, Unbewusstes zu erkennen bedeutet im Wesentlichen, »die Amnesien aufzuheben« (Freud, 1904a, S. 8). Man sieht sich angesichts eines solchen Projektes veranlasst, Freud in die Tradition der sokratisch-platonischen Erkenntnisbestrebung einzureihen, die ja auf *anamnesis* hinzielte, was für Platon hieß: Wiedererlangung der Erinnerung an die im vorgeburtlichen Zustand angeschauten ewigen Ideen, die mit Eintritt ins irdische Leben der Vergessenheit anheimfallen. Es ist unnötig zu sagen, dass bei Freud anstelle der vorgeburtlichen Zeit diejenige der frühen Kindheitsjahre trat, und anstelle der göttlichen Urbilder die Urfantasien, jene Präkonzeptionen infantiler Wunschregungen und Konflikte, die vergessen, weil verdrängt werden. Abgesehen davon geriet Freud mit seinem Programm der heilenden Erinnerungsarbeit von Beginn an in ein Dilemma, das er zeitlebens nicht aufzulösen vermochte. Auf der einen Seite galt seine Suche der Wahrheit der Erinnerung, einem gesicherten faktischen und letzten Grund oder Ursprung von Gewesenem, auf dem die Architektur der Ätiologie der Neurosen errichtet werden konnte. Und auf der anderen Seite war er sich von früher Zeit an im Klaren darüber, dass jede Erinnerung einer »nachträglichen« Überarbeitung unterliegt, dass die Originale nicht mehr auffindbar sind, und dass es nur Erinnerungen »*an* die Kindheit«, nicht »*aus* der Kindheit« gibt (Freud, 1899a, S. 553). Im Bericht über seinen vielleicht bekanntesten Fall, den »Wolfsmann«, führt er dem Leser das permanente Schwanken zwischen Objektivitätsanspruch und dessen Scheitern im Denken der Nachträglichkeit vor Augen. Und wie ein zu schwacher Trost in dieser Sache klingt es am Ende, wenn er versichert, dass die Wahrheit einer guten analytischen Konstruktion »therapeutisch dasselbe leistet wie eine wiedergewonnene Erinnerung« (Freud, 1937d, S. 53).

Begibt man sich auf die Suche nach der Herkunft der Macht des Gedankens und des Wortes in der Analyse, dann stößt man auf eine weitere Widersprüchlichkeit. Otto Rank hat in seinen Schriften der Zwanzigerjahre des vergangenen Jahrhunderts bereits darauf aufmerksam gemacht (Rank, 2015 [1929], S. 11ff.), ohne dass dies eine Spur in der psychoanalytischen Diskussion der damaligen oder späteren Zeit hinterlassen hätte. Es handelt sich um das folgende Missverhältnis. Freuds Theorie ist durchgehend deterministisch angelegt. Vom »Entwurf einer Psychologie« (1950c) bis zu seinen Spätschriften hat Freud nie einen Zweifel daran gelassen, dass der psychische Apparat bis in die letzten Verzweigungen hinein der kausalen Determination unterliegt. Es versteht sich fast von selbst, dass damit ein Triebdeterminismus gemeint ist, der, aus unbewussten Quellen gespeist, sich in alle psychischen Phänomene, also auch die der Sublimation und Ersatzbildungen hinein fortsetzt. Dementsprechend hegte Freud ein großes Unbehagen gegenüber einem Begriff des Willens, jedenfalls soweit dieser in der Tradition des philosophischen Idealismus angesiedelt und eng mit der Vorstellung von einem freien Willen verbunden war. Obgleich in einer anderen Traditionslinie der unbewusste Wille als Vorläufer der Triebe fungiert (Gödde, 1999), ging es Freud anscheinend darum, das Bild von der determinierenden Macht des Trieblebens nicht kontaminieren zu lassen durch die Möglichkeit freier Willensakte, die seine gesamte Anthropologie ins Wanken gebracht, die dritte der großen Kränkungen rückgängig gemacht und das Ich als Herrn im eigenen Haus wieder eingesetzt hätte.

Das Erstaunliche liegt nun darin, dass angesichts der unbezwingbar erscheinenden Determinationsmacht der Triebe Freud gerade dem aus dem Es aufsteigenden Ich und dessen Fähigkeit zu rationaler Einsicht und vernunftgeleitetem Verhalten die Kraft zuschreibt, die Triebgewalten zu bändigen, umzulenken, zu sublimieren, neu zu verteilen, mit einem Wort: die psychische Ökonomie so umzubilden, dass Veränderung und seelischer Neubeginn möglich werden. Das Erstaunliche dieser Annahme hat damit zu tun, dass Freud stets davon überzeugt war, dass der Befriedigungswert einer »wilden, vom Ich ungezähmten Triebregung unvergleichlich intensiver (ist), als […] bei Sättigung eines ungezähmten Triebes« (Freud, 1930a, S. 437). Hält man sich des Weiteren vor Augen, dass spätestens seit »Jenseits des Lustprinzips« (1920g) beide Triebgruppen, also Lebenstrieb und Todestrieb, ihre regressiv-konservative Natur behaupten, was bedeutet, dass aus den Trieben nichts wahrhaft Neues hervorgehen kann, dann ergibt sich daraus die unwahrscheinliche Konsequenz, dass tatsächlich nur das schwache Ich die Instanz sein kann, die unter Einsatz seiner Sublimationsfähigkeiten psychische Progression bewerkstelligt und den Sieg über den Goliath der primären Trieborganisation davonträgt. Dass dieses Ich dabei mit dem – wir nehmen an: reiferen und gesünderen – des Analytikers in Kooperation verbündet ist, ändert nichts an der nach Lage der Dinge an ein Wunder grenzenden Leistung. Mit anhaltendem Staunen sehen wir daher auf Freuds oft zitierte Worte, die den kaum vorstellbaren, aber offenbar doch möglichen Ausgang des Widerstreits beschreiben:

> »Wir mögen noch so oft betonen, der menschliche Intellekt sei kraftlos im Vergleich zum menschlichen Triebleben, und Recht damit haben. Aber es ist doch etwas Besonderes um diese Schwäche; die Stimme des Intellekts ist leise, aber sie ruht nicht, ehe sie sich Gehör geschafft hat. Dies ist einer der wenigen Punkte, in denen man für die Zukunft der Menschheit optimistisch sein darf, aber er bedeutet an sich nicht wenig. An ihn kann man noch andere Hoffnungen anknüpfen. Der Primat des Intellekts liegt gewiss in weiter, weiter, aber wahrscheinlich doch nicht in unendlicher Ferne« (Freud, 1927c, S. 377).

Das Optimistische, Hoffnungsfrohe dieser Zeilen darf nicht darüber hinwegtäuschen, dass Freud auch an dieser Stelle keine Auskunft darüber gibt, worauf sich seine Zuversicht eigentlich gründet. Was meint er mit dem »Besonderen«, das der Schwäche des Intellekts gegenüber den Trieben zukommt? Rechnete er mit einem weiteren »Fortschritt in der Geistigkeit« (Freud, 1939a, S. 225) oder vielleicht doch mit einer zukünftigen Vervollkommnung des Menschengeistes, einer Möglichkeit, die er stets vehement ausgeschlossen hat (Freud, 1930a, S. 456)?

Wir haben nach dem Ausgeführten Grund genug, uns der Einschätzung Ranks anzuschließen, wonach sich die psychoanalytische Theorie deterministisch und auf das Unbewusste zentriert, die psychoanalytische Praxis dagegen rationalistisch, voluntaristisch und auf das Bewusstsein zentriert darstellt. In der Theorie herrscht die kausalistisch gedachte unbewusste Triebdynamik, in der Praxis erhalten die rationalen Sekundärtugenden des Ichs, darunter dessen bewusst einsetzbare Willenskräfte, den Vorzug. Denn auf Letztgenanntem allein beruhen die Erfolgsaussichten der analytischen Therapie. Ganz im Sinne seiner eigenen Ideen würdigt Rank nicht nur den unverhofften Primat des Intellekts, sondern auch die ausgesprochene Willensbetonung in Freuds Behandlungsstil und dem seiner nächsten Schüler. Freud liefert nicht nur prägnante Deutungen, sondern nach Bedarf auch lange Erklärungen und Belehrungen. Er appelliert an den Patienten, sich anzustrengen, seinen Willen einzusetzen, etwa, um sich zu erinnern, Widerstände zu überwinden oder die Wahrheit einer Rekonstruktion einzusehen. Auch die von Freud gern gewählte und für heutige Verhältnisse befremdlich anmutende Sprache militärisch-kriegerischer Operationen enthält eine rationalistische und Willensmetaphorik, deren Berechnungselemente von analytischer Strategie und Taktik wenig mit der Dynamik des Unbewussten gemein haben.

Eine unbefangene Betrachtung der beschriebenen Verhältnisse findet unschwer Otto Ranks Urteil bestätigt, wonach sich in Freud zwei Traditionslinien kreuzen, die nicht leicht miteinander in Einklang zu bringen sind: In der psychoanalytischen Theorie der naturwissenschaftliche Determinismus des 19. Jahrhunderts, der sämtliche Phänomene zu Gliedern geschlossener Kausalketten macht; in der psychoanalytischen Praxis der Impetus der Aufklärung, des transzendental freien Geistes, der dort, wo es um Werte und Zielsetzungen menschlichen Handelns geht, nach Kant imstande ist, »eine Ursachenreihe neu beginnen zu lassen« (Kant, 1983 [1781], S. 430 [B 478]). Soweit in der psychoanalytischen Therapie von einem Neubeginn die Rede sein kann und nicht nur von einem neuen Arrangement tradierter Verhältnisse, ist dieser nicht das Werk der konservativen Triebe, wenn auch der nach Synthese strebende Eros seinen Teil zu Veränderungen beiträgt, sondern das Werk des Intellekts, der Einsicht und der daraus folgenden Entscheidungs- und Willensakte. Das Ich als Träger der mentalen Funktionen arbeitet zwar mit geliehener Energie, aber man hat den Eindruck, dass es im Laufe dieser Arbeit zusehends aus der Rolle des Knechts in diejenige des neuen Herrn wechselt, zumindest in eine solche, die der Triebherrschaft etwas Gleichwertiges entgegenzusetzen hat. Aber vielleicht auch noch mehr. Muss man angesichts einer Kräfteverschiebung, auf der die einzige Hoffnung der psychoanalytischen Therapie ruht, Freuds viel zitiertes Diktum »Wo Es war, soll Ich werden« nicht unbedingt buchstäblich nehmen? Jedenfalls viel buchstäblicher, als es von manchen scharfsinnigen Interpreten, denen der darin versprochene Sieg des Bewusstseins über das Unbewusste immer schon ein Dorn im Auge war, nahegelegt wird? Wie auch immer es um den Erfolg eines derartigen Programms bestellt sein mag: Es reflektiert eine Fraktur in Freuds Denken, die seinen Nachfolgern erstaunlich wenig zu denken gegeben hat. Man sieht einen Mann im Schwanken zwischen zwei konträren Richtungen ungebrochenen Glaubens: dem an das letzte Wort, das sich in den Gesetzmäßigkeiten des biologischen Chemismus aussprechen wird, und dem an die unwahrscheinliche, aber auf lange Sicht doch sicher zu erwartende Überlegenheit der leisen, aber beharrlichen Stimme des Intellekts.

Warum überhaupt »leise«? Freud wählt hier einen Ausdruck, der in den Bereich der auditiven Vernehmbarkeit fällt, und er trifft damit die sublime Qualität des Geistigen, die sich eben »leise« bemerkbar macht im Gegensatz zu den »lauten« Bekundungen des Triebgeschehens, und die deshalb für schwach gehalten und leicht überhört wird. Die Metapher erinnert an einen nicht weit entfernt liegenden Sachzusammenhang, in dem Freud davon spricht, »dass die Todestriebe im Wesentlichen stumm sind und der Lärm des Lebens meist vom Eros ausgeht« (Freud, 1923b, S. 275). Wir finden auf diesem Wege den »leisen Intellekt« und die »stummen Todestriebe« in eine gewisse Nähe zum schwer Hörbaren oder gar Unhörbaren gerückt. Und diese Nähe kommt nicht ganz willkürlich oder zufällig zustande. Denn obwohl unseren bisherigen Betrachtungen zufolge Trieb und Intellekt als Antipoden erscheinen, kann die geheime Verwandtschaft dieses Intellekts mit der Charakteristik des Todestriebs, so wie Freud sie uns gibt, nicht übersehen werden. Die Arbeit des Intellekts, eben auch und gerade die des analytischen Intellekts, ist wie die des Todestriebes die »Arbeit des Negativen«, das heißt der Zerlegung, Zerkleinerung, Auftrennung, Auflösung, mit einem Wort der Zerstörung (Green, 1999). Freud hat in betonter Gegnerschaft zu Jung immer darauf bestanden, dass die Analyse keiner zusätzlichen Synthese bedarf. Wer dies für erforderlich hält, verkennt das Geheimnis der Transformation, um die es sich hier handelt. Denn die Zerstückelungsarbeit der analytischen Reflexion, des analytischen Intellekts, in dem die Todeskräfte wirken (Lesmeister, 1992, S. 133ff., S. 167ff.), die Zerrissenheit, in der die Arbeit des Negativen sich entfaltet, ist, wie es bei Hegel heißt, »das eigentliche Leben des Geistes« (Hegel, 1988, S. 26). Das *Leben* des Geistes, wohlgemerkt. Dieses erzeugt gewissermaßen aus sich heraus den »neuen symbolischen Körper«, den »Textkörper« nach Sell und Küchenhoff (2015). Die mythologisch-religionsgeschichtlichen Entsprechungen finden sich als pneumatischer Leib der Auferstehung oder neu zusammengesetzter Körper des Osiris, der ja der Totengott ist.

So vermute ich, dass es der soeben von mir beschriebene Transformationsvorgang ist, der auch Freuds Konzept der Sublimierung zugrunde liegt. Die Umwandlung ins Sublime, Geistige, gelingt nur auf der Basis einer ebenso sublimen Zerstörung, die meist unbemerkt bleibt, weil sie sich leise, im Stillen vollzieht. Aber eben nur daraus bezieht der Intellekt, das Denken, die Kraft, die es zum Werkzeug und Träger des Neubeginns geeignet macht.

Es gilt jedoch noch einen weiteren Aspekt zu berücksichtigen, der in einer ganz anderen Richtung liegt. Wir haben gesehen, dass die Hoffnung der analytischen Therapie, genauer: die Hoffnung auf den Neubeginn in der analytische Therapie sich Freuds Überzeugung zufolge der langfristig überlegenen Kraft des Intellekts verdankt. Dessen Macht ist aber nicht getrennt zu denken von einer ebensolchen Macht des *Wortes*. Träger und Beförderer der intellektuellen Einsicht ist das Wort, die gesprochene Sprache, die im Kontext der klassischen analytischen Technik vor allem die Sprache der Deutung ist. Das sich in der Deutung aussprechende Wort des Analytikers bewirkt heilende Einsicht (Erkenntnis, Erinnerung) – idealer Weise und fast so, als ob darin der Satz des Evangelisten in Erfüllung gehen sollte: »Herr, [...] sprich nur ein Wort, so wird meine Seele gesund« (Mt 8,8). Dabei muss vorausgesetzt werden, dass es dazu einer geeigneten Übertragung bedarf, nämlich der des »Herrn«. Aber das ist es nicht, was ich hier in den Vordergrund rücken möchte.

Seit alters her weiß man um die schöpferische, zeugende Kraft des Wortes. Dieses Wissen war das zentrale Element der Logos-Philosophie seit deren Anfängen bei den Griechen, und es hat seinen vielleicht bedeutendsten Ausdruck im ganz aus hellenistischem Geist geprägten Prolog des Johannes-Evangeliums gefunden: »Alles ist durch das Wort geworden, und ohne das Wort wurde nichts, was geworden ist. In ihm war das Leben und das Leben war das Licht der Menschen« (Joh 1,3–4). Das mit der Macht des Heiligen und Numinosen ausgestattete Wort wirkt nach dieser altehrwürdigen Vorstellungsart unmittelbar hinein in den seelischen oder gar leiblichen »Stoff« und verändert, transformiert diesen. Das säkulare Vokabular der Psychoanalyse sieht für solche Phänomene den Begriff des Magischen vor. Dort, wo das Magische eingesetzt wird, um Wirkungen hervorzurufen, die über den Bereich des bewusst Steuer-und Kontrollierbaren hinausgehen, würden wir von Spielarten der Suggestion sprechen.

Im Zuge der Zurückweisung aller autoritär und dogmatisch anmutenden Elemente der psychoanalytischen Praxis ist vor allem die als Ausdruck epistemologischer Selbstherrlichkeit geltende »Deutungsmacht« des Analytikers seit Langem schon in Verruf geraten. Der in dieser Haltung transportierte Wahrheitsanspruch erscheint gemeinhin obsolet. Die analytische Deutung gilt heute allenfalls als Arbeitshypothese oder als Gesprächsangebot, das heißt, sie kann einen legitimen Platz eigentlich nur noch innerhalb einer intersubjektiv-dialogischen Konzeption des analytischen Prozesses beanspruchen. Den Gipfel der Bescheidenheit erklimmt in dieser Hinsicht Winnicott, wenn er seiner Überzeugung Ausdruck verleiht, »dass eine wichtige Funktion der Deutung darin besteht, die *Grenzen* des Verständnisses des Analytikers aufzuzeigen« (Winnicott, 1984 [1962], S. 248).

Man muss sich nun vor Augen halten, dass Freuds Verständnis der Deutung, das für einige Generationen von Analytikern Schule gemacht hat, an einer ganz anderen Stelle ansetzt, vielleicht sogar an einer Stelle, die für Freud selbst im Dunkeln lag. Freud hatte mit einer dialogischen Interpretation der Deutung oder ihrer Interpretation als heuristisches Instrument einer gemeinschaftlichen Wahrheitssuche wenig im Sinn. Er wollte »wahre Worte sprechen«, die gehört werden und eine Öffnung für eine Einsicht, eine Erinnerung, für Unbewusstes bewirken sollten. Es wäre aber zu kurz gegriffen, das, was man sein Begehren als Analytiker nennen kann, lediglich auf eine Fixierung im positivistischen Wissenschaftsverständnis des ausgehenden 19. Jahrhunderts zurückzuführen. Zweifellos sah sich Freud als Analytiker aus einer Position des weisen Mannes, als »Subjekt, dem Wissen unterstellt wird« (Lacan) sprechen – einer Position, die er und seine direkten Nachfolger womöglich allzu buchstäblich genommen und mit der sie sich identifiziert haben. Die Antwort auf die Deutung konnte nur sein: Zustimmung oder Widerstand, kein Diskurs im Sinne eines intersubjektiven Austauschs. Mit anderen Worten, die Deutung sollte suggestiv wirken. Sie sollte im Idealfall das Abwehrgefüge durchdringen und dazu führen, dass das Ich sich ergibt, sich vom Wort befruchten, bewegen und verwandeln lässt.

Freud hat Wert darauf gelegt, die analytische Technik und deren Resultate auf mögliche suggestive Beimischungen hin zu befragen und von solchen deutlich abzugrenzen. Er tut dies ausführlich in den *Vorlesungen zur Einführung in die Psychoanalyse* (Freud, 1916–1917a, S. 466ff.). Freud will dort die Kritiker davon überzeugen, dass der Erfolg der Suggestion, von der er in seiner vormaligen Rolle als Hypnotiseur erfolgreich Gebrauch gemacht hatte, auf der Übertragung des Patienten beruhe, und dass der Fortschritt der analytischen Technik darin bestehe, die Übertragung zu analysieren und aufzulösen statt wie bei der Hypnose zu benutzen. Ich habe an früherer Stelle bereits Zweifel an dieser Sicht der Dinge geäußert und zu bedenken gegeben, dass mit dieser geschickten Volte alle Verantwortung vom Analytiker weg auf den Patienten verlagert wird. Wenn der Analytiker in seinem Handeln einem spezifischen Begehren folgt, dann ist sein Sprechen Ausdruck dieses Begehrens. Was ich also sagen will, läuft auf die Vermutung hinaus, dass sich das Sprechen in Form der Deutung, obgleich es an den Intellekt, das rationale Einsichtsvermögen des Analysierten adressiert ist, bei Freud nie vollständig vom suggestiven, hypnotischen Hintergrund emanzipiert hat; daher das Autoritäre, Dogmatische der alten »klassischen« Deutungspraxis. Und daher auch die Überzeugung, dass das gesprochene Wort wie bei der Hypnose auf direktem Wege Seelisches, ja sogar Leibliches in Bewegung versetzen, verändern und einen befreienden Neubeginn herbeiführen könne, indem es unter Ausschaltung des Bewusstseins den Zugang zum Verdrängten öffnet. Dass sich dieser Zugang mit Einsetzen des wachen Bewusstseins und damit der Abwehrleistungen des Ichs wieder verschließt, musste Freud in therapeutischer Hinsicht bald unbefriedigend erscheinen. Nichtsdestoweniger kann man es für möglich halten, dass Freud, der sich emphatisch zur verwandelnden Kraft der intellektuellen Einsicht bekennt, immer ein wenig der Hypnotiseur, der Meister des magischen wirkmächtigen Wortes geblieben ist und dieses Erbe an seine Nachfolger weitergegeben hat.

Neubeginn durch Regression

Schon zu Freuds Zeiten und unter seinen skeptischen Blicken entwickelte sich in der Psychoanalyse ein grundsätzlich neuer Verstehenshorizont, der den unangefochtenen Primat von Deutung und intellektueller Einsicht entthronte und in der analytischen Behandlungspraxis zu jenen grundlegenden Veränderungen führte, die bis in die Gegenwart die tonangebenden bleiben sollten. Was sich in der von Sándor Ferenczi und Otto Rank gemeinsam verfassten und 1924 erschienenen Schrift *Entwicklungsziele der Psychoanalyse* in Umrissen abzeichnete, lässt sich ohne Übertreibung als Ersetzung des bislang vorherrschenden Paradigmas aufklärerischer Vernunft und eines auf Einsicht und Bewusstwerdung zielenden Diskurses durch das romantische Paradigma emotionalen Erlebens, der Rückkehr zu den Ursprüngen seelischer Lebendigkeit und der Wertschätzung intersubjektiver Bezogenheit bezeichnen (Ferenczi & Rank, 1924). Die Determinanten seelischer Veränderung verschieben sich mit diesem Richtungswechsel signifikant von den rationalen zu den a-rationalen, wobei die im Denken vollzogene Selbsterfassung keineswegs suspendiert, aber in weit stärkerem Maße als zuvor in den Dienst der verstehenden Durchdringung und reflexiven Aneignung emotionaler Prozesse gestellt wird. Und mehr noch: Das entscheidende Agens der Wandlung kommt als »korrektive emotionale Erfahrung« aus einer durchlebten und erneuerten Affektivität, die sich unter regressionsfördernden Bedingungen sowohl intrapsychisch wie im Beziehungsfeld zum Analytiker entfaltet.

Man muss sich vor Augen halten, dass im Zuge des beschriebenen Umbruchs die zentralen Konzepte von Regression und Übertragung eine völlige Neubewertung erfuhren. Regression, also der »Rücklauf« der Libido auf frühere Stadien der psychischen Entwicklung, galt Freud in der Hauptsache als Widerstand, als Anachronismus, wovon man den Patienten im Dienste er Progression und Reifung zu befreien hatte. Mit der großen theoretischen und behandlungstechnischen Wende erhielt sie den herausgehobenen Status eines neuen Königswegs, auf dem der Patient zu den verschütteten affektiven und vitalen Ressourcen seiner Frühzeit zurückgelangen und sich seelisch erneuern konnte. Regression – ehedem als pathologischer Zustand verstanden – sollte nun nicht mehr nur bewusst gemacht und überwunden, sondern therapeutisch gefördert und vertieft werden.

Das Analoge gilt für die Übertragung. Obgleich sie als wichtigstes Hilfsmittel des analytischen Prozesses identifiziert wurde, verstand man sie im Wesentlichen doch als archaisches Relikt, mit dem der Patient seine Vergangenheit wiederholt und sich dem erwünschten Neuanfang widersetzt. Die Pioniere des neuen Denkens dagegen entdeckten in der Übertragung nun eine »Entwicklungsdimension«, das heißt, sie begriffen sie als emotionalen Beziehungsraum, der dem Patienten zur Verfügung steht, um unter Verwendung des Analytikers als »Verwandlungsobjekt« – ein später von Christopher Bollas eingeführter Terminus – sein Selbst zu erkunden und zu transformieren.

Die Bewegung, die ich hier den romantischen Diskurs des Neubeginns nenne, nahm ihren Ausgang, wie bereits erwähnt, bei den grundlegenden theoretischen und behandlungstechnischen Neuerungen Ferenczis, und sie fand einen vorläufigen Höhepunkt in den Arbeiten von dessen Schüler Michael Balint (Haynal, 1989). Balints klinische Konzeptualisierungen beeinflussten in der Folge auf direktem oder indirektem Wege alle analytischen Ansätze, die sich in ihrer Praxis maßgeblich auf den therapeutischen Wert der Regression stützen, ganz gleich, wie weit die jeweiligen Schulrichtungen in ihrem sonstigen metapsychologischen Überbau auch auseinanderliegen. Um der Gesamtgeschichte der Psychoanalyse jedoch gerecht zu werden, bedarf es jedoch noch einer bestimmten Erweiterung des Blickfeldes. Es zeigt sich nämlich, dass bereits geraume Zeit vor Einsetzen der Umbrüche, die auf freudianischem Terrain an die Namen Ferenczis und Balints geknüpft sind, die Idee von Wandlung und Neubeginn durch Regression im Denken einer anderen großen Gründerpersönlichkeit einen festen Platz eingenommen hatte. Es handelt sich um C.G. Jung, der mit eben dieser Idee als erster unter den sogenannten Dissidenten in scharfen Gegensatz zur offiziellen Lehre geriet und damit frühzeitig ein Schicksal erlitt, das knapp zwei Jahrzehnte später Rank und Ferenczi traf, und das auch Balint eingeholt hätte, wenn dieser nicht weitblickend die Publikation seiner riskanten Neuerungen bis zum Aufkommen günstigerer Zeiten aufgeschoben hätte. Der offenkundigen Parallelität wegen sollen die diesbezüglichen Konzepte Balints und Jungs im Folgenden nebeneinandergestellt und diskutiert werden.

Regression und Neubeginn bei Michael Balint

Michael Balint war es, der den Begriff des Neubeginns als Terminus in seine Theorie der psychischen Entwicklung und Veränderung im Kontext des analytischen Prozesses eingeführt hat. Balint stieß, worauf bereits hingewiesen wurde, noch auf das von Freud begründete negative Verständnis der Regression. Unter dem Einfluss seines Mentors Ferenczi, der in seinen Beiträgen die Aufmerksamkeit für die Bedeutung der frühen (präödipalen, prägenitalen) Stadien der psychischen Entwicklung geschärft hatte, bewegte sich Balint aber längst auf anderen Bahnen. Er verstand die Regression nicht nur als Abwehrvorgang und Widerstand in der psychoanalytischen Behandlung, sondern hatte deren therapeutischen Wert entdeckt – eine Vorstellung, die uns heute selbstverständlich vorkommt, die es zur damaligen Zeit aber keineswegs war. Worauf es ankam, war, die Regression nicht nur zuzulassen, sondern dem Patienten sogar dazu zu verhelfen, eine Tiefenschicht der Regression zu erreichen, die Balint als die Ebene der *Grundstörung* bezeichnete. Auf dieser Funktionsschicht behandelt der Patient den Analytiker als diffuses präpersonales Objekt, von dem er annimmt, dass es für ihn uneingeschränkt präsent und verfügbar ist, und auf das er ohne Behinderung durch innere Verbote, Hemmung und Schuldgefühl alle Ausdrucksformen dessen richten kann, was Balint *primäre Liebe* nennt (Balint, 1966).

Balint ist nun der Ansicht, dass die Ebene der Grundstörung erreicht sein muss, damit es in der psychischen Organisation des Patienten zu einem Neubeginn kommen kann. Das wichtigste Mittel, das der Analytiker dazu in der Hand hat, besteht darin, »dem Patienten zu helfen, eine primitive Beziehung in der analytischen Situation einzugehen [...] und sie in ungestörtem Frieden aufrechtzuerhalten, bis er die Möglichkeit neuer Formen der Objektbeziehung entdecken, erleben und mit ihnen experimentieren kann« (Balint, 1973, S. 201f.). Bevor etwas wirklich Neues entstehen kann, ja auch bevor man mit neuen Formen auch nur experimentieren kann, muss also etwas möglich sein, was Balint dem »Primitiven« zurechnet, und das heißt den Ausdrucksformen primärer Liebe, die natürlich auch primären Hass, primäre Destruktivität einschließt. Man muss, um neu beginnen zu können, zunächst primitiv sein dürfen. Balint lässt keinen Zweifel daran, dass der Analytiker auf der Ebene der Grundstörung die Manifestationen primärer Liebe zuzulassen und zu tolerieren hat, ohne die damit verbundenen Übertragungsphänomene zu deuten. Die Beziehungsform entspricht in etwa dem, was Winnicott als Stufe der Objektverwendung beschreibt (Winnicott, 1989 [1969], S. 101ff.). Allerdings treten bei Balint weniger die Aspekte primärer Aggression als diejenigen oraler Inkorporation und Metabolisierung hervor. Der Analytiker sollte bereit sein, sich wie eine umhüllende Atmosphäre aus- und einatmen, wie ein Nahrungsmittel aufnehmen, verdauen und ausscheiden zu lassen. Dem Archaismus der oralen Inkorporation kommt im Kontext von Wandlung und Neubeginn besondere Bedeutung zu. Das Objekt auf oralem Weg zu verinnerlichen und dem eigenen Organismus zu assimilieren, ermöglicht erst die angestrebte tiefgreifende Transformation. Dadurch, dass Balint die Modi oraler Inkorporation und Metabolisierung nicht als Manifestationen von Sadismus und Destruktivität, sondern als solche primärer Liebe ansieht, bleibt er Freuds ursprünglichem Libido-Verständnis nahe verbunden.

Das wäre das Spektrum von basalem Begehren, das auf der Ebene der Grundstörung aktiviert wird. Darin geht es nun keineswegs nur um den passiven Liebesanspruch. In Balints *Die Urformen der Liebe und die Technik der Psychoanalyse* (1966) findet sich im Kapitel »Charakteranalyse und Neubeginn« ein Stelle, die ein großartiges Licht auf ein psychologisches Faktum wirft, das im Allgemeinen zu wenig Berücksichtigung erfährt. Was den Neubeginn erschwert oder ganz verhindert, ist, wie Balint dort ausführt, nicht nur die Blockierung der (passiven) Liebeswünsche, sondern die Blockierung des aktiven Wunsches und der Fähigkeit zu lieben. Ich zitiere Balint im Original:

> »Was hier noch fehlt [d.h. nach einer ganz erfolgreichen, aber doch nicht zufriedenstellenden Analyse], ist, dass er [der Patient] die vielen Bedingungen, die er noch immer stellen muss, um angstfrei lieben zu können, endlich fallen lasse. Es ist also nicht genug, wenn der Patient weiß, dass diese Bedingungen eigentlich nur den Zweck hatten, ihn vor der Hingabe, vor dieser ihm zu großen Erregung zu schützen – wenn er auch das Trauma kennt, von dem diese Bedingungen herstammen – er muss noch lernen, wiederum arglos, bedingungslos lieben zu können, wie nur Kinder lieben können. Dieses Fallenlassen der Bedingungen nenne ich Neubeginn« (ebd., S. 193, Anm. d. A.).

Balint rückt hier einen Aspekt in den Vordergrund, den wir am heute verbreiteten Bild des Säuglings und Kleinkindes ein wenig vermissen: Dass wir es mit einem Wesen zu tun haben, das sich nicht nur nach bedingungsloser Liebe sehnt, sondern das selbst bedingungslos lieben möchte; das wie ein kleiner Sonnenreaktor permanent einen Überschuss an Liebesenergie produziert, die es verströmen, verschenken möchte, und die es doch bald zurückzuhalten, zu dosieren und an Bedingungen zu knüpfen lernt – Bedingungen, die es dem Anderen und sich selbst auferlegt. Und das Fallenlassen eben solcher Bedingungen nennt Balint nun den Neubeginn. Es handelt sich um einen großartigen, luziden Gedanken, wenn er hier feststellt, dass es immer die Bedingungen zu sein scheinen, an denen der Neubeginn scheitert. Die Bedingungen sind aber nur das Vordergründige. In Wahrheit ist es, wie Balint unmissverständlich hinzufügt, das Weglaufen vor einer (zu) großen Erregung. Genauso gut könnte man sagen: das Zurückschrecken von einer bedingungslosen Hingabe – an einen Menschen oder eine Sache.

Der Spur des Primitiven weiter folgend, richten wir unser Augenmerk nun auf ein weiteres Phänomen im Umfeld des Neubeginns, dem auch Balint besondere Aufmerksamkeit schenkt. In einem kurzen Kapitel von *Therapeutische Aspekte der Regression* (1973), überschrieben »Der Bereich des Schöpferischen«, weist er auf die Bedeutung des inneren Rückzugs im Kontext und Vorfeld kreativer Transformationen hin (ebd., S. 35ff.). Er spricht dort jene innere Verfassung an, in deren Dunkelheit noch wenig Licht psychologischer Erkenntnis gefallen ist. Was genau geschieht in einem Menschen, von dem wir sagen: »Er ist nicht mehr ansprechbar, er brütet etwas aus«, »Er hat sich ganz in sich zurückgezogen, er geht mit etwas schwanger«? Die Metaphern verweisen auf einen lebendigen Prozess des Wachstums und anstehender Geburt, aber das sieht nach außen hin gar nicht so aus. Und von welcher Art ist dieser Prozess überhaupt? Wenn wir in die Theoriesprache Zuflucht nehmen, würden wir einen psychischen Zustand radikaler Introversion beschreiben, in dem das Ich ähnlich wie im Traum überwiegend mit seinen subjektiven Objekten verkehrt, vergleichbar mit Winnicotts *incommunicado*, jenem innersten Kernbereich des Subjekts, der, geschützt durch die Organisation des »falschen Selbst«, keine direkte Verbindung zum Außen hat und auch nicht haben soll (Winnicott, 1984 [1962], S. 234ff.). Der Rückzug von den äußeren und Realobjekten, der bis zur völligen Verschlossenheit reichen kann, entspricht in Bions Sicht einer vorübergehenden und notwendigen Regression auf die primitiven Selbsterhaltungsmechanismen der paranoid-schizoiden Position – kein krankhafter Zustand, sondern unvermeidlicher Durchgang bei der schöpferischen Transformation.

Also auch hier das von Balint herausgestellte Primitive. Wo treffen wir auf solche Phänomene in der analytischen Situation? Balints Antwort: Vor allem dort, wo der Patient schweigt, sich in Schweigen zurückzieht, die manifeste Kommunikation mit dem Analytiker einstellt. Es handelt sich hierbei häufig, keinesfalls immer und zwangsläufig um hochbedeutsame Phasen verborgener, schöpferischer Umarbeitung. Der Zustand ist ähnlich dem, den Bion als *reverie* bezeichnet, eine Art träumerischer Versunkenheit, in dem das in seinem Außenbezug herabgedämpfte Ich sich von Ahnungen treiben lässt, in Gestaltlosem, noch Ungeformtem bewegt, mit Protogedanken operiert. Damit dies geschehen kann, benötigt der Patient allerdings in wenigstens rudimentärem Umfang die Fähigkeit, in Anwesenheit eines Anderen allein zu sein (Winnicott, 1984 [1962], S. 36ff.). Doch auch das genügt nicht. Es gehört ein Analytiker dazu, der fähig ist, in seiner Anwesenheit den Patienten auch allein sein zu lassen! Er muss also in der Lage sein, den Rückzug des Patienten zu tolerieren, ihn nicht in sein Schweigen hinein zu verfolgen, sei es mit einer Deutung oder der Frage danach, was gerade in ihm vorgeht. Ebenso unangebracht ist es in einem solchen Fall, das Schweigen als Ausdruck einer Übertragung oder eines Übertragungswiderstandes zu verstehen. Es sollte für eine ausreichende Zeitspanne alles unterbleiben, was geeignet wäre, die im Rückzugszustand verborgen ablaufenden primitiven Transformationsprozesse zu unterbrechen oder gar zu zerstören.

Regression und Neubeginn bei C.G. Jung

Jungs klinische Theorie der Regression und der damit einhergehenden Prozesse seelischer Wandlung stellen eine der entscheidenden Modifikationen der zur damaligen Zeit gültigen psychoanalytische Lehre dar, eine konzeptionelle Korrektur, die ihn in zunehmenden und schließlich zur Trennung führenden Gegensatz zu Freud und den Freudianern bringen sollte. Die entscheidenden Schritte der Neuerung vollzieht Jung in *Wandlungen und Symbole der Libido* (1938 [1911–1912]) und dem bald darauf erschienen *Versuch einer Darstellung der psychoanalytischen Theorie* (1985 [1913]). Die Regression der Libido, die beim neurotischen Menschen im Gange ist und sich in der analytischen Behandlung vertieft, ist nach Jungs Auffassung vom Analytiker nicht aufzuhalten, sondern zu fördern, allerdings mit dem Wissen, dass die Elternimagines und Wunschregungen der infantilen Frühzeit, an die sich die zurückströmende Libido bindet, nicht – wie Freud dies tut- buchstäblich, sondern symbolisch zu verstehen sind. Das inzestuöse Begehren strebt nicht danach, die Mutter als reales Objekt der Kindheit für sich zu gewinnen und sich mit ihr zu vereinen, sondern danach, auf symbolischer Ebene wieder Kind zu werden und in die Mutter zurückzukehren, um aus dieser neu geboren zu werden. Hinter den ödipalen Wünschen und Dramen verbirgt sich, so Jung, die Sehnsucht nach Wiedergeburt und Erneuerung. Die reale Mutter wird in dieser Vorstellung zum Symbol, das auf eine Ebene psychischer Realität verweist, die Jung bald die archetypische nennen wird. Das Eingehen in die Mutter und die inzestuöse Vereinigung mit ihr bedeutet nun das Eintauchen und Versinken ins Unbewusste. Jung führt aus:

> »Die Regression führt scheinbar zur Mutter zurück, diese ist aber in Wirklichkeit das Tor, das sich ins Unbewusste, ins ›Reich der Mütter‹ öffnet [...]. Die Regression macht nämlich, wenn man sie nicht stört, bei der Mutter keineswegs halt, sondern geht über diese sozusagen zurück zu einem pränatalen ›Ewig Weiblichen‹, d.h. zur Urwelt der archetypischen Möglichkeiten« (Jung, 1988 [1952], S. 421f.).

Die Rückkehr in die Mutter, ein Untergangs- und Todeserlebnis für das Ich, entspricht für Jung dem Eintauchen in einen (archetypischen) Möglichkeitsraum, in dem sozusagen die Karten neu gemischt werden. Mit dem Aufenthalt in der symbolischen Mutter ist kein passiver Rückzugs- und Ruhezustand gemeint, sondern die aktive Auseinandersetzung mit dem Unbewussten, aus der sich die Korrekturen und Erweiterungen ergeben, die zur Integration und Ganzheitlichkeit der Persönlichkeit beitragen. Der Mutterleib ist demnach der Ort schöpferischer Um- und Neubildung, woraus folgt, dass der wiedergeborene Mensch schon der erneuerte Mensch ist und nicht erst zu diesem werden muss. Zur Bestätigung dieser Auffassung greift Jung gerne auf die Nikodemus-Geschichte des Johannes-Evangeliums (Joh 3,1–8) zurück, worin Jesus Nikodemus darauf hinweist, dass derjenige, der in das Reich Gotte eingehen will, aus dem Wasser (für Jung ein Symbol des Unbewussten) und dem Geist wiedergeboren werden muss (Jung, 1988 [1952], S. 287). Die Nikodemus-Geschichte schließt ihrerseits unmittelbar an die Wiedergeburtsvorstellung in den antiken Mysterien an.

Wenn die Mutterleibfantasie in Jungs Verständnis die aktive und konflikthafte Auseinandersetzung mit dem Unbewussten einschließt, dann durchzieht die Metapher in gewisser Weise ein Bruch. Denn der Fötus ist keineswegs aktiv im Sinne eines wünschenden und begehrenden Wesens. Vielmehr wird er vom umhüllenden mütterlichen Organismus getragen und versorgt, ohne selbst dafür besonders viel tun zu müssen. Es handelt sich hier offenbar um die tiefste vorstellbare Stufe der Regression. In Balints Formulierungen klingt etwas davon an, wenn es heißt, der Patient auf der Ebene der Grundstörung gebrauche den Analytiker wie eine umgebende Atmosphäre, die selbstverständlich für ihn da ist und die nicht begehrt oder gewünscht werden muss. Der Analytiker wird darin zur archetypischen »Nicht-Person«, er nimmt den Platz eines »Lebensspenders« (Symington, 1997, S. 15ff.) ein, dem gegenüber sich das empfangende Subjekt in einer eher passiven Haltung befindet. Ich will damit nur sagen, dass sich hier meinem Eindruck nach ein gewisser Widerspruch auftut zwischen der Emphase, die Jung im Allgemeinen auf die aktive Rolle des Ichs in der Auseinandersetzung mit dem Unbewussten legt, und der passiv-rezeptiven, träumerischen Konnotation der Mutterleibfantasie, in der das wachbewusste Ich ja eigentlich gar nicht vorkommt, darin ähnlich den Inkubationsriten der Mysterien oder dem Tempelschlaf in den alten Heilstätten, in dem der Gott dem Träumenden erschien und ihm die Heilung brachte. Dieser Widerspruch löst sich allenfalls unter der Annahme auf, dass gerade die Ausschaltung der Bewusstseins- und Sinnesaktivität einem anderen unbewussten Ich die Möglichkeit eröffnet, sich im um- und neuschaffenden Möglichkeitsraum der Archetypen zu bewegen und darin eine Wandlung zu erfahren.

Wie dem auch sei: Die Idee vom Unbewussten als einem mütterlichen Container, dem generierende und regenerierende Funktionen zugesprochen werden, findet sich bereits in der romantischen Naturphilosophie, die nachhaltigen Einfluss auf Jungs Denken genommen hat (dazu Carus, 1941 [1846]). Bei Erich Neumann kehrt sie wieder im Bild des Mutter-Körpers oder -Gefäßes, des »Großen Runden«, in dem sich das Wandlungsmysterium vollzieht. Für Neumann steh fest, dass der schöpferische Akt – und der Neubeginn ist immer ein solcher – die hohe und spezifische Durchlässigkeit des Subjektes für den Kräftestrom des Archetypischen voraussetzt. Der wandlungsfähige, schöpferische Mensch ist für ihn derjenige, der an die transformativen Potenziale der psychischen Urwelt angeschlossen ist, ähnlich Platons Demiurg, der mit Blick auf die Urbilder (Ideen) den Kosmos erschafft (Neumann, 2008).

Auffällig ist, dass bei Jungs Umdeutung des Ödipuskomplexes zum Wiedergeburtsszenario ein beträchtlicher Sprung vonstattengeht. Der Weg führt vom relativ reifen und konflikthaft angelegten ödipalen Drama direkt in die intrauterine Welt. Übersprungen wird dabei jenes breite Spektrum von Regungen und Strebungen der infantilen Sexualität, die Freud als polymorph-perverse bezeichnet. Damit sind die partialtriebhaften Manifestationen der oralen und analsadistischen Libido-Organisation gemeint. Jung interessiert sich hauptsächlich für den Inzest und dessen symbolische Auslegung. Das Feld der prägenitalen Lüste und Begehrungen erscheint ihm immer schon despektierlich. Das ist insofern bedauerlich, als es gerade dieses Feld ist, auf dem wir das »Primitive« antreffen, von dem im Kontext der Balint'schen Auffassung die Rede war, und von dem wir annehmen dürfen, dass es als Wegbereiter eines möglichen Neubeginns fungiert. Archaische Einverleibungswünsche, Ausstoßungs- und Vernichtungsimpulse gehören zum Repertoire primärer Liebe bei Balint. Und es ist von hier aus nur ein kleiner Schritt zu Winnicotts Konzeption des wahren Selbst, das bekanntlich aus nichts anderem als der angeborenen psychosomatischen Lebendigkeit des Menschenkindes besteht, seiner Vitalität und Spontaneität, zu der auch seine Destruktivität und Grausamkeit gehören. Nichts anderes versammelt bei Jung der Archetyp des Kindes in sich (Jung, 1989 [1940]), und nichts anderes ist gemeint, wenn Nietzsche das Urbildhafte des Kindes als »ein Neubeginnen, ein Spiel, ein aus sich rollendes Rad, eine erste Bewegung« charakterisiert (Nietzsche, 1982a, S. 294). Berücksichtigt man, dass die innere Verbindung zum Kind mit einer bestimmten Primitivität des Erlebens, des affektiven Ausdrucks und des Begehrens einhergeht, mit Attributen also, die man nicht auf das Terrain der Inzestwünsche beschränken kann, dann haben das Balint'sche, das Winnicott'sche und das Jung'sche Kind mehr miteinander gemeinsam, als es zunächst vermuten lässt. Das biblische »so ihr nicht umkehret und werdet wie die Kindlein« (Mt 19,14) schein darin seine psychologische Gültigkeit zu erweisen, einmal davon abgesehen, dass es nicht immer der Himmel ist, wohin die Regression die Tore öffnet. Es kommt an dieser Stelle auch nicht unbedingt zu jener oft bemängelten Unverträglichkeit zwischen der sogenannten personalistischen und archetypologischen Perspektive. Auch unter Einfluss des Archetypischen wird man »primitiv«. Die Regression führt auch unter symbolischer Deutung zu einer Entdifferenzierung der Persönlichkeit – im Guten wie Bösen, wenn man das so sagen will. Die archetypischen Rollen sind immer die des Extremen, Einseitigen und Unangepassten. Das von sozialen Formatierungen noch nicht verunstaltete Baby erfüllt sie genauso wie der Alte, der sich sein Recht darauf bewahrt, »kindisch« und »närrisch« sein zu dürfen. Was bei Freud auf das Konto der polymorph-perversen Partialtriebe geht, leistet bei Jung der polyphone Chor der Götter (Archetypen), die, wie aus den alten Darstellungen ersichtlich wird, als Planetenkräfte die einzelnen Körper- und Organbereiche regieren, »erogene Zonen«, die als solche ihre je eigenen Befriedigungserlebnisse bereit halten. Dazu muss noch gesagt werden, dass der Unterschied zwischen konkreter und symbolischer Deutung spätestens dort in sich zusammenfällt, wo es um das affektive Erleben geht. Es ist durchaus möglich, dass das inzestuöse Begehren symbolisch für die Sehnsucht nach Wiedergeburt steht und die Mutter eigentlich das Unbewusste meint. Aber kann ein Affekt als solcher symbolisch zu verstehen sein? Ist Hass auch noch etwas anderes als Hass? Wohl kaum. Die Unterscheidung zwischen Symbolischem und Realem, die Jung an mehreren Stellen vornimmt, beruht auf einer Konfusion, bei der Affekt, Ziel und Objekt des Begehrens nicht auseinandergehalten werden.

Für Balint, den Pionier einer beziehungsorientierten Psychoanalyse, ist klar, dass sich der Neubeginn nur in einer Beziehung ereignen kann, jener primitiven Beziehung (s. o.), die der Analytiker dem Patienten herzustellen hilft. Welcher Stellenwert kommt der intersubjektiven Beziehung in Jungs Ansatz der seelischen Transformation und Erneuerung zu? Es ist damit eine Frage aufgeworfen, an der sich bis in die Gegenwart ausgedehnte Kontroversen entzünden. Die kritischen Stimmen sprechen Jung jede Befähigung ab, den Wert der persönlichen zwischenmenschlichen Beziehung psychologisch angemessen zu würdigen. Andere widersprechen diesem Vorwurf energisch und haben keine Mühe damit, auf Zitate zu verweisen, die das genaue Gegenteil des Beanstandeten auszusagen scheinen. So kann man bei Jung etwa lesen, dass das Neue, der »wirkliche Mensch« in diesem Fall, »recht eigentlich aus der psychischen Beziehung geboren« wird (Jung, 1984 [1946], S. 232). Dies klingt recht vielversprechend. Das Problem liegt allerdings in der Frage, was Jung in diesem Zusammenhang unter

»psychischer Beziehung« genau versteht. Ich nehme die eben zitierte Stelle aus Jungs *Psychologie der Übertragung* als Exempel, um die aufgeworfene Frage im klinischen Kontext des Neubeginns zu erörtern.

In der Tat ergibt sich hier recht bald ein zwiespältiges, ja schillerndes Bild. Wer etwa Jungs frühe behandlungstheoretische Schriften aus den Zwanziger- und Dreißigerjahren aufschlägt, wird erstaunt feststellen, mit welcher Tiefe und Präzision darin so gut wie alle Theoreme und Modelle der Zwei-Personen-Psychologie und darüber hinausgehend die des modernen psychoanalytischen Intersubjektivismus ausformuliert sind. Dies betrifft das Verständnis der analytischen Beziehung als dialektisches System von Wechselwirkungen und Durchdringungen auf bewusster wie unbewusster Ebene, in die Analysand wie Analytiker uneingeschränkt einbezogen sind; die zentrale Bedeutung von Beziehungsvorgängen, die später unter den Begriffen von projektiver Identifizierung (Klein) und Container/Contained (Bion) beschrieben wurden; die transformative und Entwicklungsdimension der Übertragung, um nur einige der grundlegenden und mittlerweile ins psychoanalytische Allgemeinverständnis übergegangenen Konzepte zu nennen (Lesmeister, 2011; Maier, 2014). An den erwähnten Schriften fällt auf, dass die darin von Jung eingenommene Perspektive gänzlich ohne Rückgriff auf archetypologische oder symbolische Begrifflichkeit auskommt. Jung beschreibt eine auf »gemeinsamer Unbewusstheit« beruhende interpersonale Dynamik, die unter günstigen Voraussetzungen in immer tiefere Schichten der Regression führt, eine *prima materia* von Vereinigungs- und Trennungsvorgängen, aus der spontane psychische Neubildungen hervorgehen.

Dies ist aber nur die eine Seite der Geschichte. Der anderen begegnet man dann in Jungs späteren Schriften, worunter im hier interessierenden Zusammenhang an erster Stelle *Die Psychologie der Übertragung* (Jung, 1984 [1946]) zu nennen wäre. Darin legt Jung dar, dass die Beziehungsphänomene der analytischen Situation keineswegs aus sich selbst heraus zu verstehen sind, sondern einer archetypischen Strukturierung unterliegen, die ihrerseits bestimmte Gesetzmäßigkeiten aufweist und auf ein bestimmtes Telos zustrebt. Dieses Telos steht im Einklang mit der Individuationstendenz und gipfelt in der Geburt des neuen umfassenderen Menschen, nämlich des Selbst. Der Weg dahin wird über eine Abfolge archetypischer Konfigurationen und Symbole gesteuert, die Jung anhand einer alchemistischen Bilderserie rekonstruiert. Mit anderen Worten, die interpersonalen Prozesse der Analyse nehmen erst dadurch einen geordneten und sinnhaften Verlauf an, dass sie in idealtypischer Weise durch archetypische Kraftfelder geführt werden. Das beherrschende Prinzip dieses Geschehens ist das der *coniunctio*, was bedeutet, dass auch hier die Thematik von Inzest und Wiedergeburt im Mittelpunkt steht. Die Primitivität und Obszönität der alchemistischen Symbolik stehen ganz im Bannkreis des inzestuösen Begehrens.

Aus einem kritischen Abstand heraus betrachtet, gewinnt man den Eindruck, als habe Jung in seinem früh einsetzenden Bestreben, Freuds negativem Verständnis der Regression einen Begriff der Regression im Dienste der Progression entgegenzusetzen, nur einen Weg wählen können, der über die personale Ebene des Erlebens und Werdens hinaus ins Transpersonale führt. Der Weg, den Ferenczi und Balint für die Psychoanalyse eröffnet haben, blieb ihm versperrt. Jung musste sich einerseits gegen den rein regressiven Charakter der Freud'schen Trieblehre stellen, ohne dass er Freuds Überzeugung, der Intellekt als Motor des »Fortschritts in der Geistigkeit« werde für das Neue und Zukünftige sorgen, im Geringsten hätte beipflichten können. Es ist nicht auszuschließen, dass ihm darüber hinaus seine persönlichen Kindheits- und Beziehungserfahrungen nicht »gut genug« erschienen, um einen festen Glauben an die in jedem Individuum angelegten emotionalen und Wachstumsressourcen zu entwickeln, einen ganz diesseitigen Glauben, der ohne Rückversicherung bei den Göttern auskommt.

Regression, romantisches Phantasma und Nachträglichkeit

Die klinische Plausibilität des Modells von Neubeginn durch Regression ist an eine Voraussetzung gebunden, die diesem Modell Grenzen der Gültigkeit und klinischen Brauchbarkeit auferlegt. Die therapeutisch geförderte Rückkehr zu frühen Formen seelischen Funktionierens ergibt ja nur dann einen Sinn, wenn dieser Rücklauf den Zugang zu einem *prätraumatischen* Stadium bzw. Niveau der Persönlichkeitsentwicklung und den damit verbundenen psychischen Ressourcen eröffnet. Es muss möglich sein, durch alle Beschädigungen, Verwerfungen und defensive Formationen hindurch auf gesundes Terrain vorzudringen, von welchem aus der Neustart gelingen kann. Die Voraussetzung dieses Gelingens besteht also im Glauben an das Vorhandensein vitaler Elemente oder Bereiche des Selbst, die zwar verdrängt, abgespalten, unentwickelt oder verkümmert, zumindest im Kern oder als Anlage aber heil und intakt geblieben sind. Ganz gleich, ob man sich bei diesem Unterfangen an Balint, Winnicott oder Jung hält, die Bedingung für eine tragfähige Progression auf der Basis von Regression scheint doch in jedem Falle darin zu liegen, dem Subjekt einen unter den bestehenden inneren Verhältnissen nicht zugänglichen Reichtum an primärer Liebe und Lebendigkeit wieder verfügbar zu machen. Die Wege, die dorthin führen, unterscheiden sich maßgeblich in der Gewichtung hinsichtlich des Stellenwertes von Liebe und Aggression. Während Balint, wie wir gesehen haben, es für ausreichend hält, »dem Patienten zu helfen, eine primitive Beziehung in der analytischen Situation einzugehen [...] und sie in ungestörtem Frieden aufrechtzuerhalten« (Balint, 1973, S. 201), steht für Winnicott eindeutig die Feuerprobe der aggressiven Erfahrung mit einem Objekt, das die Zerstörung überlebt, im Vordergrund. Auch bei Jung gewinnt man den Eindruck, dass die Aneignung der »schwer erreichbaren Kostbarkeit« wesentlich über die Aggression verläuft, die im Kampf des Helden-Ichs mit dem Mutterdrachen ihren Ausdruck findet. Die Frage, welche Schwierigkeiten sich auftun, wenn die beschriebenen Voraussetzungen des Regressionsmodells nicht oder in nicht ausreichendem Maße gegeben sind, wird Gegenstand der Erörterungen des nächstfolgenden Kapitels sein. Es wird sich zeigen, dass Neubeginn dann nicht mehr auf der Basis des *Wiederfindens*, sondern nur auf derjenigen des *Erschaffens* verstanden werden kann.

Das Modell der Regression als Königsweg zum Neubeginn verweist auf eine Problematik, die aus dem zeitgenössischen psychoanalytischen Diskurs weitgehend verschwunden ist. Es handelt sich um die Frage nach der psychologischen Qualität oder dem psychologischen Status der regressiven Phänomene. Gehen wir richtig in der heute verbreiteten und meist nicht weiter hinterfragten Annahme, dass die in der Regression auftauchenden Gefühle, Wünsche und Fantasien reale Relikte der Frühzeit darstellen, die aufgrund ungünstiger Entwicklungsumstände auf einer bestimmten Reifungsstufe fixiert und dann verdrängt, abgespalten oder anderweitig von Bewusstsein ausgeschlossen wurden? Kommt in der Regression etwas zum Vorschein, das ursprünglich einmal gewesen ist und sich die gesamte verflossene Zeit über im Unbewussten erhalten hat? Oder haben wir uns diesen Vorgang ganz anders vorzustellen? Es ist erstaunlich, wie lange und hartnäckig die historisch-realistische Vorstellung von der Regression im klinischen Denken der Psychoanalyse bestimmend geblieben ist. Sie ist bestimmend geblieben trotz einer Reihe von Einwänden, denen ich mich im Folgenden zuwenden will.

Ein erster und vielleicht noch nicht zum Kern des Problems vordringender, aber dennoch ernst zu nehmender Einwand setzt an der Tatsache an, dass erwiesenermaßen in nur ganz wenigen psychoanalytischen Behandlungsfällen – wenn überhaupt! – das Vollbild der Grundstörung im Sinne Balints und der damit einhergehenden Beziehungs- und Übertragungsformen erreicht wird. Im Allgemeinen hat man sich im Hinblick auf das Wiederauftauchen der infantilen Primäraffekte und Wunschregungen mit mehr oder weniger weit reichenden Annäherungen oder punktuell-ereignishaften Berührungen zu begnügen. Die Hoffnung auf das Maximum an Regressionstiefe hat sich heute ebenso verflüchtigt wie der vormals bestehende Glaube daran, dass sich in einer Analyse die vollständige Übertragungsneurose gemäß der ursprünglichen Erwartungen Freuds ausbilden könnte.

Es ist nun ein Leichtes, die im Durchschnittsfall eher bescheidenen Resultate auf hinderliche Bedingungen zurückzuführen, etwa auf die Resistenz der Abwehrorganisation des Patienten oder auf eine ungeeignete analytische Technik. Diese Erklärung würde es erlauben, am Ideal der tiefen Regression, die bis auf die frühesten Schichten des seelischen Erlebens vordringt, festzuhalten und, wie dies heute meist geschieht, an der Anpassung bzw. Verfeinerung der analytischen Technik zu arbeiten. Es könnte sich aber auch so verhalten, dass der gesamte Denkansatz in die Irre führt, und zwar deshalb, weil das Ideal der Rückkehr zum Ursprünglichen eine Fiktion, psychologisch genauer ein Phantasma darstellt, folglich auch unter günstigsten Bedingungen und bei optimaler Behandlungstechnik nicht erreicht werden kann. »Fiktion« oder »Phantasma« heißt in diesem Fall, dass es sich bei den Regressionsphänomenen gleich welcher Tiefe überhaupt nicht um die buchstäbliche Wiederkehr originärer Gefühle, Wünsche, Fantasien der Frühzeit handelt, sondern um etwas wesentlich anderes.

Das Festhalten am buchstäblich verstandenen Regressionsverständnis ist besonders erstaunlich angesichts des längst vorliegenden Wissens darum, dass das sogenannte archäologische Modell, also das historische, zeitlich-lineare Schichtungsmodell, die Struktur- und Funktionseigenschaften der psychischen Realität nicht angemessen abbildet. Wir haben vielmehr, worüber sich Freud bereits im Klaren war, davon auszugehen, dass psychische Inhalte, bewusste wie unbewusste, vom Zeitpunkt ihrer Niederschrift an permanente Übersetzungen, Umschriften erfahren, deren Resultat darin besteht, dass uns immer nur die jeweiligen Umschriften zugänglich, die Originale aber unwiederbringlich verloren sind. Schon in seiner Arbeit »Über Deckerinnerungen« notiert Freud die denkwürdigen Sätze:

> »Vielleicht ist es überhaupt zweifelhaft, ob wir bewusste Erinnerungen aus der Kindheit haben, oder nicht vielmehr bloß an die Kindheit. Unsere Kindheitserinnerungen zeigen uns die ersten Lebensjahre, nicht wie sie waren, sondern wie sie späteren Erweckungszeiten erschienen sind. Zu diesen Zeiten der Erweckung sind die Kindheitserinnerungen nicht, wie man zu sagen gewohnt ist, aufgetaucht, sondern sie sind damals gebildet worden« (Freud, 1899a, S. 553f.).

Wenn wir das, was Freud hier von den Erinnerungen sagt (und was im Übrigen von der modernen Gedächtnisforschung in vollem Umfang bestätigt wird), von den erinnerten Sachvorstellungen auf die Affekte, die Fantasien, Wunsch- und Triebregungen ausdehnen, so gewinnen wir von den Inhalten der Regression ein völlig neues Bild. Genauso wenig wie die Entwicklungsdynamik im psychischen Raum der linearen Zeitachse von der Vergangenheit in die Gegenwart folgt, verläuft die »Rückentwicklung« (Regression) linear von der Gegenwart zurück in die Vergangenheit. Vielleicht kann man sagen, dass die Regression die letzten zugänglichen Umschriften des auf ewig verlorenen Originals zutage fördert, was möglicherweise mit J. Sandlers Begriff des Gegenwartsunbewussten in Einklang zu bringen wäre (J. Sandler & A.-M. Sandler, 1985). Dies hieße in logischer Konsequenz, dass man die in regressiven Prozessen auftauchenden seelischen Phänomene als Neubildungen zu verstehen hätte, gegebenenfalls als Neubildungen um einen historischen Kern – Sandlers Vergangenheitsunbewusstes –, der als solcher jedoch nicht mehr aufzufinden ist.

Die Kritik am konkretistischen Verständnis der Regression ist nicht neu. Man begegnet ihr in der immer noch äußerst aktuellen Bestandsaufnahme neuerer Entwicklungen in der Psychoanalyse von Morris N. Eagle, der in diesem Zusammenhang auch die gängigen ätiologischen Prämissen infrage stellt, wonach die Psychopathologie des Erwachsenen so etwas wie das direkte Abbild eines ehemaligen infantilen Zustandes darstelle (Eagle, 1988, S. 178ff.). Bei den pathologischen Strukturen, die sich beim Erwachsenen unter Regressionsbedingungen zeigen, handele es sich in jedem Fall um Neubildungen, die sicher auf rezenten Formationen aufbauen, jedoch keinesfalls als Wiederholung oder Wiederauftauchen eines bereits Dagewesenen zu verstehen sind. Angesichts der nachvollziehbaren Infragestellung der historisch-realistischen Interpretation der Regression, muss es umso erstaunlicher erscheinen, mit welcher Glaubenssicherheit heute innerhalb einflussreicher psychotherapeutischer Denkrichtungen etwa vom »inneren Kind« gesprochen wird, und zwar so gesprochen wird, als begegne man in diesem Kind einem über viele Jahrzehnte unterdrückten, weggesperrten und nun endlich wiederentdeckten und befreiten Ureinwohner der Psyche, der sich die gesamte Zeit über so erhalten hat, wie er »ursprünglich« war. Diese Sichtweise, der selbst etwas Kindliches anhaftet, ist Ausdruck eines romantisierenden Ursprungsmythos (Geissler, 2001, S. 231) oder eines ebensolchen Phantasmas, das in keiner Weise zu vereinbaren ist mit den Erkenntnissen über das in ständiger Umschrift befindliche Sein des Psychischen und dessen konstitutiver Nachträglichkeit (Kirchhoff, 2009). Stattdessen fördert diese Sichtweise ein illusionistisches Verständnis der Regression, das dadurch, dass es auf den konkreten Ursprung aus ist, im Horizont des Phantasmas gefangen bleibt.

Welche Schlüsse sind nun aus diesen kritischen Erörterungen im Hinblick auf die Phänomene von Regression und Neubeginn zu ziehen? Wenn die Regression nicht in buchstäblicher Weise das wiederbringt, was »damals wirklich war«, sondern wir von Neubildungen auszugehen haben, die in der Gegenwart oder zu einem späteren Zeitpunkt der Vergangenheit stattgefunden haben, sollten wir dann Jung Recht geben, der glaubt, die regressiven psychischen Inhalte als reine »Rückprojektionen« entlarvt zu haben? Der Begriff der Rückprojektion erscheint mir unglücklich und unbefriedigend, vor allem weil er ja nichts über die Qualität der darin enthaltenen Gefühle, Wünsche und Fantasien aussagt. Nehmen wir ein präödipales, nichtinzestuöses Gefühl wie das der Verlassenheit. Der Patient fühlt diese Verlassenheit auf einer tiefen Stufe der Regression in Richtung der Grundstörung. Er hat diese Verlassenheit schon einmal erlebt in den frühesten Kindheitsjahren, um die seine Gedanken und Erinnerungen kreisen. Dennoch ist es abwegig anzunehmen, das Verlassenheitsgefühl des, sagen wir, vierzigjährigen Mannes sei dasselbe Gefühl wie das des zweieinhalbjährigen Kleinkindes. Umgekehrt ist es aber auch nicht so, als ob das Gefühlserlebnis des Erwachsenen mit dem des Kindes überhaupt nichts zu tun hätte. Das ist auch der Grund, weshalb mir die Rede vom Als-ob in diesem Fall unzutreffend und irreführend erscheint. Das Als-ob ist mit einer Konnotation von Unechtheit, Künstlichkeit verbunden, die hier keine Berechtigung hat. Beide Gefühlsqualitäten, die des Kindes und die des Erwachsenen, sind authentisch und vermutlich durch eine Erinnerungsspur miteinander verbunden, ohne dadurch identisch zu sein. Ich würde daher sagen, dass das regressive Gefühl des Erwachsenen dem verlorenen und nicht wieder herstellbaren Gefühl des Kindes *ähnlich* ist. Die regressiven Inhalte der Erwachsenenpsyche und die Erlebnisse der Kindheit verbindet eine *Ähnlichkeitsrelation*. Die Ähnlichkeitsrelation vermeidet einerseits den unhaltbaren reduktionistischen Realismus und bewahrt sich anderseits gleichzeitig davor, das Subjekt hinsichtlich seiner Genese und das heißt auch der Genese seiner Psychopathologie zu enthistorisieren, so wie dies in einseitiger Weise bei Jung geschieht.

Ohne eigens auf das Konzept der Nachträglichkeit zurückzugreifen, verwendet auch Winnicott eine analoge Denkfigur, um verständlich zu machen, wie eine in der Frühzeit der seelischen Entwicklung stattgefundene Traumatisierung, sei sie zeitlich eingegrenzter oder kumulativer Art, erst nachträglich, nämlich in der aktuellen Gegenwart, psychische Realität annimmt. In »Die Angst vor dem Zusammenbruch« (Winnicott, 1991 [1974], S. 1116ff.) zeigt er, wie ein angstvoll in die Zukunft projiziertes Ereignis – der psychische Zusammenbruch – in der Gegenwart *erlebt* werden muss, um als in ferner Vergangenheit *erlittenes* erinnert werden zu können. In gewisser Weise konstituiert sich das Kindheitstrauma als erfahrbares psychisches Phänomen also erst in der Gegenwart (dazu Kichhoff, 2009, S. 193ff.). Was etwa in einem regressiven analytischen Prozess als Reaktualisierung eines Kindheitstraumas erscheint, müsste demzufolge und ganz im von mir dargelegten Verständnis als weitgehende psychische *Neubildung* begriffen werden. Denn nur der gereifte seelische Organismus vermag die emotionalen Vorgänge zu erleben und gegebenenfalls zu verarbeiten, die der unreife kindliche nur erleiden konnte. Dieses »nur« bedeutet natürlich nicht, dass der Säugling nichts gespürt, keine seelische Qual erlitten hätte. Es bedeutet lediglich, dass das traumatische mentale Erleben des erwachsenen Analysanden ein qualitativ anderes ist als das des Säuglings, gleichwohl es eine *Spur* gibt, die auf das nicht mehr zugängliche traumatische Erleben des Säuglings verweist. Mit einer Rückprojektion hat das aber nichts zu tun.

Der explizierte Zusammenhang würde im Übrigen auch eine Erklärung dafür liefern, weshalb zahlreiche frühgestörte Persönlichkeiten sich an die Ereignisse ihrer Kindheitsjahre nicht erinnern können. Der hier häufig herangezogene Begriff der Kindheitsamnesie ist völlig irreführend. Es handelt sich in diesem Falle nicht darum, dass die Ereignisse und die daran geknüpften seelischen Wirkungen verdrängt oder sonst wie aus dem Bewusstsein entfernt worden wären, sondern dass sie damals nicht oder nicht ausreichend mentalisiert, das heißt, als bedeutungstragender seelisch-emotionaler Inhalt erlebt werden konnten, und dass sie erst dann, wenn diese Transformation in der Gegenwart gelungen ist, auch als Vergangenes erinnert werden können.

Es muss an dieser Stelle noch eines Einwands gedacht werden, der die Problematik des Neubeginns durch Regression bereits überschreitet. Er konzentriert sich in einem Argument, das hauptsächlich von einer poststrukturalistischen Position vorgebracht und am konsequentesten in der Psychoanalyse Jacques Lacans ausformuliert worden ist. Für Lacan ist das Phantasma eine fixierte unbewusste Abwehrstruktur, die das Subjekt vor der Erfahrung des Mangels beim Anderen und bei sich selbst schützt. Ein Beispiel für ein so verstandenes Phantasma und seine Funktion wäre der besprochene romantische Mythos der Regression: Der unbewusst verankerte Glaube daran, dass es einmal eine Zeit der Fülle und Vollständigkeit gegeben habe, und dass es möglich sei, dorthin zurück und auf diesem Wege zu einer Erneuerung des psychischen Lebens zu gelangen. Lacans Psychologie entlarvt diesen Glauben in seiner imaginären Schutzfunktion. Er verdeckt demnach für das Subjekt die Tatsache, dass es Vollständigkeit und Fülle zu keinem Zeitpunkt und in keiner Form gegeben hat. Er verschleiert zudem den Umstand, dass der Verlust des guten Objektes nicht irgendwann in prähistorischer Zeit eingetreten ist, sondern dass es immer schon verloren war und folglich die Realisierung des Mangels den Verlust des Objektes überhaupt erst konstituiert. In Anwendung auf das Verständnis der Regression heißt dies, dass der Zielort der Rückkehr durch das Phantasma überhaupt erst erschaffen wird. Die Fantasie der Entfremdung gebiert gewissermaßen erst die Vorstellung eines vor der Entfremdung liegenden Zustandes der Einheit, des wahren Selbst, der Erfüllung, wobei dieser Zustand unserem kausalistischen Entwicklungsdenken entsprechend in die historische Vergangenheit, das heißt die Kindheit, zurückverlegt wird. In Wahrheit ereignet sich alles als Gegenwärtigkeit. Die Anfänge und Ursprünge liegen in der Gegenwart, sie konstituieren sich bei Lacan als Wahrheit und Sinn-Momente der eigenen Geschichte im Sprechen des Subjektes (Analysanden), das sich an einen Anderen (Analytiker) wendet (Lacan, 1986, S. 71ff.).

Von den im Vorausgehenden vorgetragenen Argumenten gegen einen realistischen Regressionsbegriff kann man sich nur wünschen, dass sie jedem »Regressionsromantiker« Kopfzerbrechen bereiten mögen. Der maßgebliche Riss trennt heute nicht mehr die klinischen Konzepte jungianischer Provenienz von solchen, die in der Nachfolge Ferenczis und Balints entstanden sind. Der Riss trennt die auf romantischen, naturalistischen und evolutionistischen Prämissen beruhenden Modelle von der Minderheit solcher, die sich einem grundsätzlich anderen Denken verpflichtet sehen. Wenn wir einen Begriff wie den des Neubeginns für Lacans psychoanalytisches Verständnis überhaupt reklamieren wollen, dann beschreibt er annährungsweise den Zustand, der am Ende einer Analyse eintritt, wenn das gelungen ist, was Lacan die »Durchquerung des Phantasmas« (vgl. Lacan, 1987, S. 246) nennt. Das ist im Großen und Ganzen nichts anderes als ein Prozess durchgehender Desillusionierung, die darin besteht, die imaginären Konstruktionen, die das Subjekt über sich selbst und die Anderen unbewusst angefertigt und kultiviert hat, zu durchschauen und aufzugeben. Der Neubeginn ereignet sich, wie man schon oft genug gehört hat, in der Anerkennung des essenziellen Mangels. Das Begehren, auch das nach dem Unmöglichen, mündet am Ende nicht unbedingt in illusionsloses, tristes »Erwachsensein«. Es erneuert sich als aufgeklärtes, »unterrichtetes« (Lacan) Begehren, das um seine Herkunft und um seine Schicksale weiß. Ganz anders als bei den auf Wachstum, Integration und Reifung angelegten Konzepten steht der Neubeginn bei Lacan folglich unter dem Zeichen einer Negativität, die als solche jedoch den Raum schafft für die Erfahrung individueller Wahrheit und Autonomie.

Neubeginn durch Neubildung

Nicht finden, sondern erschaffen

Die Schwierigkeit, auf die das Regressionsmodell des Neubeginns heute stößt, hängt – einmal abgesehen von den zuletzt erörterten kritischen Überlegungen – mit dem bereits erwähnten Umstand zusammen, dass in der Lebensgeschichte zahlreicher Patienten, die mit schweren psychischen Erkrankungen die psychotherapeutische Praxis aufsuchen, ein prätraumatisches Stadium, also eine Zeit, in der die inneren und äußeren Entwicklungsbedingungen noch ausreichend gut waren, mit therapeutischen Mitteln gar nicht mehr auffindbar ist. Der Ansatz von Regression im Dienste der Progression leistet in diesem Falle nichts mehr, und zwar nicht nur, weil die Regression das an sich schon instabile Ich zusätzlich belasten und weiter schwächen würde. Die Regression ist vor allem auch deswegen nicht indiziert, weil sie gerade nicht auf eine Schicht gesunder primärer Liebe und Aggression, sondern auf einen affektiven und strukturellen Zustand zurückführen würde, der bereits in seinen Anfängen mehr oder weniger durchgängig pathologisch war. Das Unheil besteht im äußersten Fall darin, dass frühe und früheste Deformationen keine authentische, gesunde und wachstumsfähige psychische Substanz übrig gelassen haben oder dass diese sich soweit zurückgezogen hat, dass es therapeutisch keinen Unterschied mehr macht, ob sie gar nicht vorhanden, irreparabel geschädigt oder nicht mehr erreichbar ist. Auch wenn die Dinge etwas günstiger liegen, erscheint es unter solchen Umständen kaum mehr möglich, Manifestationen primärer psychischer Vitalität von solchen früher psychischer Desintegration zu unterscheiden.

Ein Beispiel dieser Problematik liefert das Erscheinungsbild der Aggression im Kontext ichstrukureller Störungen. Für Winnicott gehört die gesunde Destruktivität des Säuglings oder Kleinkindes zur triebhaft-affektiven Lebendigkeit des wahren Selbst, für Balint sind aggressiv-destruktive Regungen Bestandteil primärer Liebe. Abhängig von den jeweiligen ätiologischen und psychodynamischen Theorien haben wir aber nun bei einer schweren Strukturpathologie davon auszugehen, dass die Aggression in hohem Maße desintegriert ist, also gerade nicht in der normalpsychologisch gesunden Bindung an libidinöse Regungen vorliegt. Des Weiteren ist besonders im Falle traumatischer Verläufe der Einfluss hochgradig aggressiv aufgeladener Introjekte zu bedenken. Die daraus hervorgehende Aggression wäre gerade kein originärer Selbstausdruck, sondern eine Identifizierung mit dem Aggressor. Oft genug ist kaum sicher zu unterscheiden, ob es sich bei den fraglichen Aggressionsäußerungen um Zeichen vitaler Selbsterhaltung handelt oder ob die Aggression der einzige noch verbliebene und in pathologischer Weise gesteigerte Affekt ist, der das Selbst vor der völligen Entleerung und dem Zusammenbruch bewahrt. In all den genannten Fällen sind es nicht durch Regression ermöglichte Wiederentdeckung und Befreiung der Aggression, die zu den therapeutisch beabsichtigten Resultaten führen, sondern Transformation, Regulation und Integration der Aggression, wofür häufig erst die erforderlichen psychischen Instrumente geschaffen werden müssen.

Wenn nun das Paradigma des Neubeginns durch Regression für das Feld der sogenannten ichstrukturellen Pathologien keine oder nur äußerst eingeschränkte Gültigkeit hat, dann muss es etwas anderes geben, was den Heilungsanspruch begründet. Im Regressionsmodell, das der konfliktneurotischen Logik von Impuls und Abwehr folgt, basiert der Neubeginn auf einem Wiederfinden, der Befreiung und Wiederbelebung des Verlorenen oder verloren Geglaubten. Wenn dies nun nicht gelingt, und es gelingt dort nicht, wo nicht ausreichend gute Erfahrungen gemacht wurden, um die erforderlichen innerpsychischen Strukturen aufzubauen, bleibt nur der eine Weg: der einer Neubildung oder »Nachreifung« mittels besserer »korrektiver« Erfahrungen innerhalb der analytisch-therapeutischen Beziehung. Unter dem Paradigma von Verdrängung und Regression ereignet sich der Neubeginn als Wiederfinden, unter dem Paradigma des Entwicklungsdefizits ereignet er sich als Neubildung. Dabei erstreckt sich diese Neubildung keineswegs nur auf die Implementierung basaler Funktionsfähigkeiten des Ichs, wie solche der Subjekt-Objekt-Differenzierung, der Affektregulation, Spannungstoleranz oder des Aufbaus integrativer Kapazitäten. Der therapeutische Ehrgeiz reicht heute wesentlich weiter. Er richtet sich darauf, *Psychisches als solches zur Entstehung zu bringen*, das heißt Zustände, die oder in denen nicht gedacht, vorgestellt und gefühlt werden kann, in eine innere Welt von symbolisch Repräsentiertem zu transformieren und damit bedeutungstragende psychische Realität, Seelisches im eigentlichen Sinne, überhaupt erst zu generieren. Diesem anspruchsvollen Projekt der Psychisierung sind gegenwärtig die nachhaltigsten theoretischen und therapeutischen Anstrengungen gewidmet (dazu Bohleber, 2014). Das Programm, das dabei verfolgt wird, vereint Ansätze unterschiedlichster psychoanalytischer Schulrichtungen wie etwa die Beiträge der auf Peter Fonagy zurückgehenden Mentalisierungsforschung (Fonagy et al., 2004) auf der einen und die auf gänzlich andersartigen Konzepten basierenden Arbeiten Wilfred Bions und seiner Nachfolger auf der anderen Seite (dazu Nissen, 2009).

Bions Modell des Container/Contained und die daraus abgeleitete analytische Arbeitsweise seien kurz erläutert. Bion geht davon aus, dass der Patient formlose, ungestaltete und nichtsymbolisierte psycho-somatische Inhalte und Befindlichkeiten, die er selbst als unerträglich erlebt und deshalb ausstoßen muss, per projektiver Identifizierung in den Analytiker hineinverlegt. Der Analytiker hält sich in einer Verfassung »träumerischen Ahnungsvermögens« *(reverie)* für die Wahrnehmung und Aufnahme solcher von Bion Beta-Elemente genannter Inhalte bereit und gleicht darin einer Mutter, die intuitiv-einfühlend die noch undifferenzierten Signale des Babys empfängt. Der Analytiker fungiert in dieser Hinsicht als mütterlicher Container, jedoch nicht nur in der Hinsicht, dass er die vom Patienten projizierten Inhalte in sich verwahrt und toleriert, sondern diese darüber hinaus einer inneren Bearbeitung, einer Metabolisierung unterzieht. Diese Bearbeitung gelingt ihm mithilfe der eigenen Alpha-Funktion, das heißt der Fähigkeit, die perzipierten psychischen Inhalte des Patienten mit Bedeutung zu versehen, zu symbolisieren. Die nun bedeutungstragenden und »entgifteten« Inhalte (Alpha-Elemente) werden mithilfe geeigneter Interventionen an den Patienten zurückgeführt, der sie integrieren und zum Aufbau einer symbolisch verfassten psychischen Realität verwenden kann, woraus sich ein verdrängungsfähiges Unbewusstes überhaupt erst konstituiert.

Neubildung und demiurgisches Phantasma

Ich habe das Modell des Neubeginns durch Regression in Übereinstimmung mit einer Studie von Geissler (2001, S. 231) als dem romantischen Mythos oder Phantasma zugehörig bezeichnet. Dieses handelt von der Suche nach und der Rückkehr zu den Quellen primärer Lebendigkeit, zur wahren Natur und schöpferischen Energie, ganz gleich, ob man davon in Begriffen des gesunden Säuglings, des intrauterinen Urzustandes oder der Jung'schen Archetypen spricht. Das Phantasma der Neubildung nenne ich das *demiurgische*, das welt- und menschenschaffende, in synonymer Bezeichnung auch das *prometheische*, wenn man bedenkt, dass einigen Erzählungen zufolge Prometheus nicht nur den Göttern das Feuer entwendet, sondern auch die ersten Menschen aus Lehm geformt hat. Während das romantische Phantasma infolge des Rückgangs neurotischer Störungsformen an Aktualität verloren hat, scheint das demiurgische das leitende Phantasma unserer Zeit zu sein. Es schließen sich Bestrebungen an, das, was die Natur – in diesem Fall das natürliche Elternpaar und in Besonderem die natürliche Mutter – nicht geschafft oder nur unzureichend zustande gebracht hat, in einem neuen Schöpfungsakt unter den »künstlichen« Bedingungen der therapeutischen Situation nachzuholen. Im Letzten geht es darum, das Subjekt in seinen basalen Strukturen neu aufzubauen und die Neubildung zu »mentalisieren«, das heißt, mit dem Atem des Psychischen zu beleben.

Vergegenwärtigt man sich die Funktionsweise des skizzierten Container/Contained-Modells nach Bion oder die psychologisch analogen Ideen C. G. Jungs (Maier, 2014; Martin, 2016), dann ist ohne Weiteres klar, dass der Analytiker einen mütterlichen Organismus repräsentiert, der das vom Patienten stammende Rohmaterial der Beta-Elemente aufnimmt, transformiert und mit Bedeutung, das heißt mit psychischem Leben ausgestattet, an den Patienten zurückleitet.

Der Analytiker erfüllt nicht mehr nur die Funktion der guten Brust. Er arbeitet vielmehr als psychische Gebärmutter, die dem Patienten gesunde, lebensfähige Kinder schenkt. Im Weiteren handelt sich hier keinesfalls nur um die moderne Wiederkehr eines archaischen Heilungsprinzips – der Schamane, der die Krankheit übernimmt und stellvertretend austrägt –, sondern um die behandlungspraktische Realisierung einer *alchemistischen Vision*, die speziell Jung zum thematischen Zentrum seines Spätwerks gemacht hat. Die analytische Beziehung wird zur Retorte, in der aus der *prima materia* der von beiden Partnern eingebrachten Ausgangsstoffe im Zuge komplexer Wandlungsprozesse die Keimanlagen und Organe eines neuen Subjektes entstehen. Wer eine moderne Metapher vorzieht, darf durchaus an die Technik der In-vitro-Fertilisation denken.

Ich muss an dieser Stelle betonen, dass es hier nicht darum geht, die therapeutische Notwendigkeit und den praktischen Wert der auf Strukturneubildung ausgerichteten Therapieansätze als solche infrage zu stellen. Die hier angestellten Betrachtungen zielen allein darauf ab, den phantasmatischen Hintergrund, den impliziten Mythos dieser Modelle in den Blick zu bekommen, weil nur das Gewahrsein und die Reflexion dieses Hintergrundes vor den Verzerrungen und Überschätzungen schützt, die in den Modellen angelegt sind. Die Problematik, die sich auf der Basis langjähriger Erfahrung in Ausbildung und eigener analytischer Praxis abzeichnet, lässt sich in mehrere miteinander zusammenhängende Facetten zerlegen.

Der Analytiker, der unbewusst unter dem Einfluss des demiurgischen Phantasmas steht, besetzt einen imaginären Ort, an dem er einer neuartigen Form der Versuchung ausgesetzt ist. In manchen Beiträgen zur Theorie und analytischen Behandlung strukturell gestörter Patienten ist unschwer zu erkennen, dass die Ambition der Strukturneubildung megalomane Züge anzunehmen droht. Mit der Rückverlegung der Ätiologie in immer frühere Phasen der psychischen Entwicklung, der Vertiefung des diesbezüglichen entwicklungspsychologischen Wissens und der damit einhergehenden Verfeinerung der Behandlungsmethoden wächst auf unbewusster Ebene die Bereitschaft, die Grenzen des real Möglichen zu überschreiten. Das geheime Telos des gesamten Projektes liegt in einem Neubeginn ab ovo, was in manchen Fällen durchaus als Versuch einer Schöpfung aus dem Nichts imponiert. Der Anspruch, mit dem wir es hier zu tun haben, macht nicht dabei Halt, das Werk einer omnipotenten Mutterfigur zu verrichten. Demiurg, also Welt- und Menschenschöpfer sein, heißt sein wie Gott. An dieser Stelle zeigt sich erneut die bereits angedeutete Übereinstimmung zwischen dem Impetus, der in den neuen psychoanalytisch-psychotherapeutischen Behandlungsformen wirksam ist, und den Innovationen der modernen Bio- und Medizintechnik (Organersatz, Eingriffe ins Erbgut). Die Analogie findet jedoch schnell dort ein Ende, wo es um die Effizienz der therapeutischen Maßnahmen geht. Wenn man auch behaupten kann, dass den Visionen der Gentechnik ein Phantasma der Gottähnlichkeit innewohnt, so muss man doch einräumen, dass es sich dabei keineswegs um irreale Größenideen handelt, sondern aller bisherigen Erfahrung nach um Projekte, deren konkrete Realisierbarkeit mit fortschreitender technologischer Entwicklung exponentiell zunimmt. Und genau solche Erfolge sind es, mit denen die moderne, auf strukturelle Neubildung ausgerichtete Psychoanalyse *nicht* aufwarten kann. Der Eindruck, der nach Bilanzierung des verfügbaren Erfahrungsmaterials zurückbleibt, ist doch überwiegend der, dass bei schwer persönlichkeitsgestörten Patienten die therapeutischen Erfolge im Ganzen äußerst bescheiden ausfallen, und dass die Bescheidenheit der Erfolge in einem zuweilen schwer vertretbaren Verhältnis zu dem Aufwand steht, der mit der Behandlung solcher Patienten einhergeht, dies sowohl im Hinblick auf die Bereitstellung von materiellen (finanziellen) wie psychischen Ressourcen. Auch die Überfülle an Publikationen, die seit zahlreichen Jahren den Fachmarkt mit neuen Konzepten der Borderline- und Traumatherapie überschwemmen, hat im Verein mit zahllosen spezialisierten Fachtagungen und Fortbildungsangeboten nichts daran zu ändern vermocht, dass die therapeutischen Ergebnisse, die sich nach langer, geduldiger, über weite Strecken mühsamer und erschöpfender Arbeit einstellen, von den angestrebten Zielen meist weit entfernt sind. Der Neubeginn reduziert sich auf das bescheidene Ergebnis, dass das eine oder andere im seelischen und sonstigen Leben des Behandelten besser geworden ist – und auch das mit oft genug unsicherer Langzeitprognose.

Kann man aus diesen Beobachtungen folgern, die seit den Siebzigerjahren des vergangenen Jahrhunderts stetig voranschreitende Ausweitung des Indikationsspektrums für psychoanalytische Behandlungen von Persönlichkeitsstörungen, Perversionen und zuletzt auch Psychosen habe die Psychoanalyse in ein Selbstmissverständnis geführt oder genauer, sie habe ein Selbstmissverständnis, das in den revolutionären Neuerungen Ferenczis und Balints bereits angelegt war und sich über Generationen von Analytikern fortgesetzt hat, in ebenso überambitionierter wie illusionärer Weise vertieft? Gemeint ist das Selbstmissverständnis, das auf dem grundlegenden Irrtum beruht, man könne in der psychoanalytischen Therapie unter Zuhilfenahme der therapeutischen Beziehung etwas ersetzen, neuschaffen und in diesem Sinne wiedergutmachen, was in der Kindheit gefehlt hat oder misslungen ist. Ich habe bereits in meinen Ausführungen über die Fehldeutung der Regression gezeigt, dass die Idee der Nachreifung auf falschen Voraussetzungen beruht und als Folge davon das Bild von der Position und der Aufgabe des Analytikers nachhaltig verzerrt. Die irreführende Annahme besteht, um das Wesentliche zu wiederholen, in der selbstverständlich als gültig vorausgesetzten Ansicht, dass dasjenige, was, sagen wir, der Vierzigjährige in der Therapie neu lernt (an Affektregulation, Konflikttoleranz, Impulskontrolle u. dergl.) genau dem entspricht, was der Vierjährige schon hätte gelernt haben können, infolge ungünstiger Entwicklungsbedingungen aber nicht gelernt hat. In Wahrheit ist das, was der Vierzigjährige lernt, aber etwas ganz anderes als das, was der Vierjährige bereits gelernt haben könnte. Vielleicht ist es dem Früheren, nicht Stattgefundenen ähnlich, aber es ist eben doch nicht dasselbe. Er lernt es auch unter ganz anderen Umständen. Denn trotz gebetsmühlenhaft wiederholter Gleichsetzungen ist das Verhalten des Analytikers dem einer ausreichend guten Mutter nur in abstrakter Weise ähnlich, in konkreter Weise ist es ihm ganz unähnlich. Das Gleiche gilt natürlich für die Beziehung zwischen Analytiker und Analysand im Vergleich zur Beziehung zwischen Mutter und Kind. Wenn eine Mutter sich ihrem Kind gegenüber so verhielte wie der spätere »mütterliche« Analytiker zu seinem Analysanden, wäre für das Schicksal des Kindes Schlimmes zu befürchten.

Jedes dominierende Phantasma, sei es das aufklärerische der Bewusstmachung von Unbewusstem, das romantische vom Wiederfinden des Ursprungs oder das demiurgische der Neubildung, verleitet den Analytiker dazu, den spezifischen Ort, der ihm als Analytiker zukommt, zu verlassen und sich in die Identifikation mit einem phantasmatischen Objekt (einer archetypischen Figur in der Sprache Jungs) zu begeben. Der Analytiker, dem es um Erkenntnis und Bewusstwerdung geht, neigt dazu, sich für einen Repräsentanten von Wissen und Wahrheit zu halten, vielleicht für die buchstäbliche Verkörperung von Wahrheit (»Ich bin die Wahrheit«), woraus der oftmals beklagte dogmatische Zug der traditionellen Analyse resultiert. Der Analytiker, der dem romantischen Phantasma folgt, ist meinem Eindruck nach mit einer Figur des Seelenführers, des antiken Psychopompos im Bunde, der das Subjekt auf regressivem Weg zu den unterweltlichen Ursprüngen und Quellen seelischen Lebens geleitet. Von hier aus ergeben sich bereits Übergänge zur leitenden Identifizierung des demiurgischen Phantasmas, die mir im Bild einer omnipotenten Mutterfigur zu bestehen scheint. Überhaupt sind Mischformen solcher Identifizierungen möglich. Bei allen Identifizierungen handelt es sich um dasselbe Problem, nämlich um eine je spezifisch ausgeformte Verzerrung der analytischen Position. Meine Eindrücke gehen dahin, dass dieses Problem im Bannkreis der aktuell bedeutsamsten Identifizierung, die ich als demiurgische oder die der Neubildung bezeichnet habe, besonders nachhaltig ausgeprägt ist und die bedenklichsten Folgen zeitigt. Nie gab es eine Zeit, in der

Psychoanalytiker sich in derart buchstäblicher Weise, wie dies heute vielfach zu beobachten ist, für die besseren Eltern, insbesondere für die besseren Mütter, ja im Grunde für die vollkommen Eltern hielten. Ich habe an früherer Stelle darauf hingewiesen, wie aus dieser omnipotenten Identifizierung ein (ödipaler) Hass auf die realen Eltern des Patienten hervorgeht, die permanent angegriffen, pathologisierend degradiert, ja zerstört werden müssen, um das phantasmatische Größenbild des eigenen Wirkens aufrechtzuerhalten. Noch einmal anders gewendet: Entfernt sich der Analytiker vom genuinen Ort seines Sprechens und begibt sich in die Identifizierung mit einer Elternfigur, so wird die Beziehung zum Patienten nicht etwa besser weil »menschlicher«, sondern sie wird immer »unmöglicher« in dem Sinne, dass er sich in einen imaginären Anspruch verstrickt und dabei immer weniger in der Lage ist, die Versprechungen, die sich aus diesem selbst auferlegten Anspruch ergeben, zu erfüllen. Ich habe bereits angemerkt, wie wenig die analytische Beziehung mit der zwischen einer Mutter und ihrem Baby gemein hat. Man kann in nochmaliger Zuspitzung durchaus zu der Feststellung gelangen, dass dort, wo sich der Analytiker mit einer Elternfigur identifiziert, die analytische Beziehung die Züge der Perversion annimmt. Der Analytiker wird unter dieser Identifizierung gerade nicht realer und persönlicher, sondern zu einer monströsen Verzerrung all dessen, was eine reale Mutter oder einen realen Vater ausmacht.

Neubeginn als Ereignis

Das kausalistische Phantasma

In einer Arbeit Freuds aus dem Jahre 1920 stößt man auf die folgende bemerkenswerte Überlegung:

> »Solange wir die Entwicklung von ihrem Endergebnis aus nach rückwärts verfolgen, stellt sich uns ein lückenloser Zusammenhang her und wir halten unsere Einsicht für vollkommen befriedigend […]. Nehmen wir aber den umgekehrten Weg, […] so kommt uns der Eindruck einer notwendigen und auf keine andere Weise zu bestimmenden Verkettung ganz abhanden« (Freud, 1920a, S. 296).

Was Freud hier in zwei nüchternen Sätzen niederschreibt, enthält eine, wie mir scheint, ganz unerschlossene Brisanz im Hinblick auf das Bild, das wir uns gewöhnlich von der psychischen Entwicklung und im Besonderen von der

Genese, Manifestation und den Verläufen psychischer Pathologie machen. Es ist das Bild einer durchgängigen und notwendigen, das heißt kausaler Determinierung unterliegenden, Verkettung von Vorgängen, die vom äußeren und inneren Ursachengefüge des Lebensanfangs über ein in der Zeitdimension sich ausbreitendes Netz von Wirkungen, die selbst wieder in vielfältiger Weise zu Ursachen werden, bis in die aktuelle Gegenwart reicht. Es ist ein Bild, das, in zahllosen Fallstudien, Psychotherapieanträgen und anderen Zeugnissen psychoanalytischer Biografik reproduziert, den Eindruck vermittelt, als verlaufe von der Startlinie aus gesehen alles vorhersagbar und nach Plan: Die ursächlichen Bedingungen, die Freud selbst in einer »Ergänzungsreihe« aus konstitutionellen, reifungsbedingten und Umweltbedingungen angeordnet hat, führen zu einer pathologischen Disposition, aus der irgendwann im Zusammenspiel mit auslösenden Umständen, die ihrerseits nicht ohne die Macht des determinierenden Wiederholungszwanges zu denken sind, mit innerer Folgerichtigkeit die spezifische Erkrankung hervorgeht. Doch nicht genug damit. In der analytischen Therapie gelingt es, die unheilvolle Dynamik der pathogenen Verknüpfungen zu unterbrechen und in einem Prozess des Bewusstwerdens, Erinnerns, Durcharbeitens, der Regression oder Strukturneubildung die intrapsychisch immer noch wirksamen pathogenen Ursachen durch neue, bessere Ursachen zu ersetzen, die, wenn alles zusammen stimmt, Heilung oder wenigstens Besserung ermöglichen. Ganz gleich, welchen Zeitpunkt oder welche Phase des Geschehens wir in den Blick nehmen, immer und überall scheint strenge Notwendigkeit zu herrschen, und wenn wir das nicht immer begreifen, dann liegt es daran, dass sich die Komplexität des kausalen Ineinandergreifens unserem erkennenden Zugriff vorläufig noch entzieht.

Es ist genau dieses durch unsere entwicklungspsychologischen und klinischen Theorien mit scheinbar »alternativloser« Evidenz gestützte Bild, das Freuds eingangs zitierte Sätze radikal infrage stellt, ja eigentlich als Fiktion entlarvt. Die kausale Logik, sei es die der Genese der Krankheit oder der Genese des Therapieerfolgs, könnte sich als nachträgliche Konstruktion erweisen, als naive ex-post-facto-Erklärung, die allenfalls das Bedürfnis nach intellektueller Konsistenz und Ökonomie befriedigt. Mit anderen Worten: Wir erfinden unter Zuhilfenahme des wissenschaftlich respektablen Kausalitätsprinzips eine Geschichte, die zwar Ordnung in die Dinge bringt, an der Lebenswirklichkeit aber möglicherweise vollkommen vorbei geht. Freud drückt sich in dieser Hinsicht lediglich negativ aus: Nimmt man den »umgekehrten Weg«, dann komme einem der Eindruck einer notwendigen Verkettung ganz abhanden. Das besagt an sich schon genug. Aber welcher Eindruck *stattdessen* entsteht, darüber lässt er sich nicht aus. Was bleibt und wie konzipieren wir Veränderung und Neubeginn, wenn wir die Logik des kausalen Modells verlassen? Mit unseren Erklärungen und unserem Wissen kommen wir immer zu spät. Wir können, um noch einmal Freuds Worte aufzugreifen, nicht nachträglich den »umgekehrten Weg nehmen«. Wir können jedoch durchaus nachträglich ein anderes Bild von der Art und Weise gewinnen, wie sich Veränderungen im Lebensprozess vollziehen. Und wir können dann feststellen, dass dieses veränderte Bild Elemente enthält, die, ohne die Bedeutung des kausalen Prinzips zu negieren, unser Verständnis der Lebensprozesse einschließlich derjenigen, die in Therapien stattfinden, erweitern und bereichern.

Dem Kausalitätsmodell der psychischen Entwicklung liegt eine Vorstellung zugrunde, die in diesem Zusammenhang nicht ausgelassen werden darf. Es ist die Vorstellung von Kontinuität, eines gewissermaßen stetigen Dahinfließens von Phänomenen, die durch Ursache-Wirkungsrelationen miteinander verknüpft sind und dasjenige ausmachen, was man den Strom des Lebens nennen kann. Man erkennt sofort, dass diese Vorstellung von Kontinuität an einen analogen Begriff von Zeitlichkeit gebunden ist, sodass man sagen kann, dass allem Seienden eine Zeitstruktur zugrunde lieg, ja dass der Begriff von Seiendem mit dem der Zeit eigentlich zusammenfällt. Die Vorstellung von einer gleichmäßig aus der Vergangenheit in die Zukunft fließenden Zeit entspricht derjenigen Version von Zeitlichkeit, die die Griechen *Chronos* nannten. Zwar erkennen wir an, dass sich seelische Entwicklung zeitweilig auch in Sprüngen, abrupten Übergängen vollzieht, also Brüche und Unterbrechungen aufweist. Aber im Allgemeinen gehen wir davon aus, dass solche Diskontinuitäten als »Aussetzer«, »Rhythmusstörungen« zu verstehen sind, die durch Verdichtungen, Blockierungen oder Aufstauungen der stetigen Zeit zustande kommen, aber als solche immer noch der Ordnung des Chronos angehören. Dass wir von solchen Phänomenen jedoch auch eine ganz andere Auffassung gewinnen können, mag das folgende einfache Beispiel verdeutlichen.

Eine Patientin lebt seit geraumer Zeit getrennt von ihrem Ehemann. Mit ihm war es in den vorausliegenden Jahren immer wieder zu schweren Auseinandersetzungen gekommen, sodass ihr ein weiteres räumliches Zusammenleben nicht mehr möglich erschien. Was sie nun in der Analyse anhaltend beschäftigt, ist die Frage einer definitiven Trennung, also die der Scheidung. Die Patientin macht es sich mit der Sache nicht leicht. Sie will keine voreilige Entscheidung treffen, keinen Fehler machen. Viele Analysestunden werden damit zugebracht, die mit dem Gedanken der Scheidung reaktivierten Konflikte, die damit verbundenen Hemmungen, Schuldgefühle, Ängste und Sorgen nach allen Richtungen hin auszuleuchten und durchzuarbeiten. Alle analytischen Anstrengungen bewirken zunächst einmal nichts. Der Gleichgewichtszustand der Ambivalenz bleibt bestehen. Die Sache schleppt sich hin, die Entscheidung wird aufgeschoben, das Thema tritt in den Sitzungen zunehmend in den Hintergrund, über mindestens ein Jahr geschieht im Grunde nichts. Dann eines Tages kommt die Patientin zur Stunde und berichtet voller Erleichterung und freudiger Zuversicht, sie habe heute Morgen gleich nach dem Aufstehen und ohne viel darüber nachzudenken ihren Anwalt angerufen und einen Termin zur Einleitung der Ehescheidung vereinbart. Innerhalb weniger Wochen ist die Scheidung vollzogen und die Patientin froh darüber, sich zu diesem Schritt entschlossen zu haben.

Angenommen, die Patientin hätte mich damals gefragt (tatsächlich hat sie es nicht getan), was genau denn dafür verantwortlich zu machen sei, dass sie sich am Ende und nach so langer Zeit schließlich habe entscheiden können. Wir wissen, dass es sich um eine Frage handelt, die Psychotherapeuten im Allgemeinen nicht gerne gestellt bekommen. Ich hätte ihr etwa wie folgt antworten können:

> »Wissen Sie, wir haben über lange Zeit alle mit der Scheidung zusammenhängenden Probleme aufgearbeitet und gründlich besprochen. Um zu verstehen, weshalb Sie sich so schwer trennen können, sind wir noch einmal zurückgegangen in die Zeit, als Ihre Mutter mit Ihrem jüngeren Bruder die Familie verlassen und Sie bei ihrem alkoholabhängigen Vater zurückgelassen hat. All dies hat in ihrem Unbewussten etwas bewirkt, etwas konfiguriert und vorbereitet. Nur konnten Sie es noch nicht sogleich umsetzen. Sie brauchten die Zeit, um alles sacken und reifen zu lassen. Und möglicherweise haben auch die Fortschritte, die Sie im Verlaufe dieses Jahres in der Analyse gemacht haben, Ihnen die letzte Sicherheit gegeben, die Entscheidung zu treffen.«

Die Patientin, vielleicht mehr beschwichtigt als überzeugt, hätte insistieren und weiterfragen können: »Aber warum habe ich mich am Ende gerade in *diese* Richtung entschieden und nicht in die entgegengesetzte, obwohl meine Bedenken bis zuletzt gleich stark waren? Und warum gerade zu diesem Zeitpunkt und nicht drei Monate früher oder später?« Es hätten von meiner Seite weitere mühsam herangezogene Erklärungen folgen können, die aber allesamt der Ausflucht gedient hätten, dem Ausweichen vor der einzigen wahren Antwort: »Ich weiß es, um ehrlich zu sein, auch nicht.« Statt der Klarheit, die von einem wissenschaftlich begründeten Verfahren eigentlich zu erwarten wäre, nur vage Vermutungen, ein Herumstochern im Ungewissen und Okkulten, wofür in diesem Fall der Name des Unbewussten herhalten muss. Diese Tatsache des faktischen Nichtwissens hinsichtlich der veränderungswirksamen Faktoren in psychotherapeutischen Prozessen, das sich in vielen ähnlich gelagerten Fällen nachweisen ließe, konterkariert das fiktive Pseudowissen, das große Teile des Inhaltes von klinischen Fallberichten und Psychotherapieanträgen ausmacht. Um es noch einmal präziser zu sagen: Wir verfügen zwar über theoretisch plausible und zum Teil auch empirisch beglaubigte Konzepte über Zusammenhänge zwischen spezifischen therapeutischen Maßnahmen und therapeutischen Effekten. Ob die in einem konkreten Fall eingetretenen Effekte aber auf ebensolche Maßnahmen zurückzuführen sind oder auf ganz andere, entzieht sich sehr oft unserer Kenntnis. Begünstigt wird diese missliche Situation dadurch, dass wir in unserer Vorstellung von seelischen Veränderungsprozessen an – wenn auch komplexen – Kausalmodellen hängen, während die Wirklichkeit, mit der wir es zu tun haben, möglicherweise ganz anders beschaffen ist.

Was ist ein psychoanalytisches Ereignis?

Man kann den spontanen und geradezu aus dem Nichts kommenden Entschluss der Patientin, einen Termin beim Scheidungsanwalt zu vereinbaren, ein *Ereignis* nennen, womit man einen Begriff einführt, der in bestimmten Richtungen der neueren Philosophie im Gebrauch ist und sich nicht gerade durch eine sehr präzise inhaltliche Bestimmung auszeichnet. Der Begriff geht in der Hauptsache auf Martin Heidegger (2003) und den französischen Philosophen Alain Badiou (2012) zurück. Er beschreibt einen Akt oder ein Geschehnis, der bzw. das gewissermaßen die normale Ordnung des Seienden durchbricht oder genauer in diese einbricht, für einen bestimmten Zeitraum die Logik dieser Ordnung außer Kraft setzt und dadurch den weiteren Gang der Dinge einschneidend und dauerhaft verändert. Man könnte auch sagen, das Ereignis eröffnet für kurze Zeit eine Dimension, die sozusagen senkrecht zur Zeitachse der herrschenden Abläufe und deren inneren Gesetzen steht. Deshalb ist die Zeit des Ereignisses auch eine besondere Zeit, eine Ausnahmezeit, in der für die Griechen nicht Chronos, sondern *Kairos* regierte, der Gott des rechten Augenblicks und des günstigen Zeitpunktes für eine Handlung oder Entscheidung. Es kam darauf, den außergewöhnlichen Zeit-Raum, den Kairos gewährt, zu erfassen und zu nutzen, denn er dauert in der Regel nicht lange an und wiederholt sich nicht.

Natürlich bietet uns die Kultur- und Geistesgeschichte eine Fülle von Beispielen solcher Ereignisse, meist in der Form von Offenbarungen, Eingebungen oder intuitiven Einsichten, die im Leben der betroffenen Persönlichkeiten eine unwiderrufliche Zäsur bewirkten und sie zu den Leistungen inspirierten, für die sie nachmals bekannt wurden. Hierzu gehört das Ereignis, das den biblischen Saulus zu Paulus werden ließ. Paulus wiederum stellt ein Ereignis in den Mittelpunkt seiner Theologie, das ebenso unwahrscheinlich, unvorhersagbar und keiner gewohnten Logik gehorchend in die Realität einbrach wie seine eigene Bekehrung: Das Ereignis der Auferstehung Christi. Von deutlich ereignishaftem Charakter ist auch der Inhalt der messianischen Erwartung im Judentum. Völlig unabhängig vom Stand und Verlauf der weltlichen Dinge, vom Wünschen und Meinen der Menschen, nach keinerlei Plan auszudenken und vorherzusagen wird der Messias erscheinen – und die Welt wird eine andere sein. Der Philosoph Manfred Geier hat in einem auch unter psychologischen Gesichtspunkten äußert interessanten Buch mit dem Titel *Geistesblitze* eine Reihe solcher »Großereignisse« zusammengetragen, die in die Geschichte, jedenfalls diejenige der Philosophie, eingegangen sind (Geier, 2013). Darunter befindet sich Descartes' Traum vom göttlichen Feuerfunken, der ihm die Intuition des »Ich bin« eingab (1619); Jean-Jacques Rousseaus' Erleuchtung unter einem Baum auf dem Wege nach Vincennes (1749) oder Nietzsches Begegnung mit Zarathustra und seine Inspiration von der Ewigen Wiederkunft am See von Silvaplana (1881). Geiers treffend gewählte Metapher vom Geistesblitz unterstreicht die wesenhaften Merkmale des Ereignisses: Etwas, was ohne Ankündigung und Vorbereitung wie vom Himmel niederfährt und für eine kurze Zeitspanne in großartiger, aber auch erschreckender oder traumatischer Weise völlig neue Aspekte des Seins erhellt.

Wir sollten uns von solchen Großereignissen, wie ich sie genannt habe, jedoch nicht einschüchtern und von der äußerst wahrscheinlichen Tatsache ablenken lassen, dass eine Vielzahl sowohl im alltäglichen Leben wie im Rahmen psychotherapeutischer Prozesse auftretender Phänomene, die zu signifikanten Veränderungen führen oder bereits geführt haben, den beschriebenen Ereignischarakter aufweisen: spontane, aus dem jeweiligen Kontext nicht ableitbare, zu begründende oder vorherzusagende Entschlüsse, Entscheidungen, Motivierungen oder Handlungsweisen, durch die etwas Neues in die Welt kommt. Das Ereignismoment kann durchaus als intersubjektives, als Ereignis einer zwischenmenschlichen Beziehung in Erscheinung treten. Im psychoanalytischen Kontext hat Daniel Stern mit seiner Forschergruppe erstmals von einem »moment of meeting« gesprochen, der zwischen dem analytischen Paar eintreten kann (Stern et al., 2002, 2012). Er meint damit einen Augenblick der Begegnung, die, völlig ungeplant und unvorhergesehen, gewissermaßen quer steht zu dem, was von der Technik bewirkt oder beabsichtigt ist. Solche Gegenwarts- oder Begegnungsmomente sind gekennzeichnet durch das Gefühl, »von der gewohnten Vorgehensweise in der Therapie abzurücken. Etwas Neues geschieht, das der bestehende Rahmen weder erklären noch in sich aufnehmen kann. Es ist das Gegenteil von ›alles wie üblich‹« (Stern et al., 2002, S. 1000). Das Paradoxe an der Situation besteht darin, dass der professionelle Rahmen dabei nicht verlassen wird, innerhalb des Rahmens aber etwas geschieht, was über diesen hinausgeht.

Es könnte sich nun so verhalten, dass manchem das Konzept des Ereignisses zu irrational oder gar mystisch vorkommt, zumal es ja dem Begriff, worauf bereits hingewiesen wurde, an inhaltlicher Klarheit fehlt (dazu Žižek, 2015). Woran genau erkennt man ein Ereignis im definierten Sinne? Was genau unterscheidet das Ereignis von Vorgängen, die der »gewöhnlichen Ordnung der Dinge« angehören? Der Nichtchrist oder überhaupt Nichtgläubige wird die Auferstehung Christi kaum für ein Ereignis im exklusiven philosophischen oder psychologischen Wortsinne halten, eher für eine bizarre Fantasie oder Wahnvorstellung. Ist eine Wahnvorstellung ein Ereignis? Hinzu kommt, dass die angeführten normalpsychologischen Ereignisse – die Entscheidung der als Beispielfall herangezogenen Patientin, der Begegnungsmoment im Verlauf einer psychotherapeutischen Sitzung – ein Merkmal aufweisen, das in besonderem Maße ihre Identifizierung als Ereignis erschwert. Sie kommen nicht vollkommen aus dem Nichts, sondern manifestieren sich vor dem Hintergrund oder auf dem Sockel eines vorgängigen Diskurses, auch wenn dieser Diskurs keine Folgerungen dahingehend zulässt, ob das Ereignis eintreten wird oder nicht. Man würde in der Tat einem Irrationalismus huldigen, wollte man annehmen, dass die Richtung, in der die Entscheidung der Patientin im geschilderten Fall am Ende ausfiel, überhaupt nichts mit den vorausgegangenen analytischen Erörterungen zu tun hätte oder dass ein signifikantes Begegnungsmoment in der Therapie völlig ohne den Prozess zu denken wäre, der diesem Ereignis vorausgegangen ist. Damit wird der Sonderstatus des Ereignisses nicht aufgehoben. Aber man könnte sich einen Zusammenhang vorstellen, der dem Ereignis seine »ek-statische« Singularität belässt und es dennoch mit der Sphäre des Berechenbaren verbindet.

Ein solcher Zusammenhang lässt sich über das aus der Systemtheorie stammende Konzept der *Emergenz* herstellen. Emergenz ist ein Merkmal komplexer physikalischer, biologischer oder sozialer Systeme. Sie beschreibt das nicht vorhersagbare Auftauchen (»Herauskommen«, »Emporsteigen«) von Eigenschaften eines Systems infolge des Zusammenspiels seiner Elemente, wobei sich die emergenten Eigenschaften nicht auf Eigenschaften der Einzelelemente zurückführen lassen (Prinzip der Irreduzibilität). Wenden wir dieses Modell auf die psychische Realität an, so wäre zunächst sicher davon auszugehen, dass diese in ihrer Gesamtheit alle Merkmale eines komplexen Systems erfüllt. Versteht man Veränderungsprozesse, eben auch therapeutisch induzierte Veränderungsprozesse, auf der Basis emergenter Dynamik, dann hätten wir es gerade nicht mit kausalen und auch nicht multikausalen Wirkungsverhältnissen zu tun. Das Bild, das wir uns von den psychischen Vorgängen und der Art ihrer Beeinflussung durch therapeutische Interventionen machen müssten, wäre ein ganz anderes. Wir hätten uns von der Annahme leiten zu lassen, dass therapeutische Interventionen – ich fasse darunter alle bewusst vollzogenen oder unbewusst stattfindenden Einwirkungen auf den Patienten – zunächst in mehr oder weniger spezifischer Weise das psychische System als Ganzes oder Teilsysteme desselben beeinflussen und Veränderungen in Form neuer Wechselwirkungen erzeugen. Die therapeutischen Interventionen betreffen also zunächst einmal ein *Feld* und modifizieren dessen Eigenschaften (dazu Ferro, 2003). Wie man sich dieses Feld vorzustellen hat, bleibt offen. Es kann sich um ein sprachlich strukturiertes Feld handeln, wie dies in der Psychoanalyse Lacans angenommen wird. Veränderung würde unter dieser Annahme dadurch zustande kommen, dass interaktive Vorgänge auf der Bewusstseinsebene, das Sprechen des Analysanden und das darauf antwortende Sprechen des Analytikers auf die Struktur des unbewussten Feldes, die ihrerseits sprachlich beschaffen ist, einwirken und diese modifizieren. Der Diskurs des analytischen Paares bewirkt, dass sich im Unbewussten (zunächst des Analysanden, aber sicher auch in dem des Analytikers) etwas verändert. Und aus diesem veränderten Feld des Unbewussten steigen nun neue Einsichten, Erkenntnisse, Impulse und dergleichen auf, die zu neuen Handlungsweisen führen. Aber dieses Aufsteigen ereignet sich ähnlich wie das Aufsteigen von Träumen. Es ist nicht eindeutig determiniert durch vorausgegangene Aktionen und Verarbeitungsprozesse. Der Neubeginn ist unter dieser Perspektive als das indeterminierte und ereignishafte Ergebnis unbewusster Transformationsprozesse zu verstehen. Es kann etwas geschehen – oder auch nicht. Dass wir also im konkreten Fall nicht wissen und nicht sicher sagen können, warum eine bestimmte Veränderung zu einem bestimmten Zeitpunkt eintritt und keine andere Veränderung oder dieselbe Veränderung zu einem anderen Zeitpunkt, liegt nicht daran, dass wir das beteiligte Ursachen- und Bedingungsgeflecht nicht vollständig überschauen würden. Es liegt an einer konstitutiven Unschärfe, die den Mechanismen der psychischen Realität eigen ist.

Die hier geführten Betrachtungen über die Ereignishaftigkeit von Veränderung und Neubeginn haben keineswegs nur theoretischen Charakter. Ernst genommen und konsequent angewandt, würden sie vielmehr das klinische Denken der Psychoanalytiker und Psychotherapeuten über weite Strecken verändern. Wir hätten keine Grundlage mehr für den Glauben an die durchgehend kausale Ordnung weder biografischer noch analytisch-therapeutischer Prozesse. Wir müssten erkennen, dass diese kausale Ordnung, wie Freud schon scharfblickend erkannt hat, eine nachträgliche Konstruktion unseres auf einen speziellen Typus von Ökonomie ausgerichteten Geistes darstellt. Lebens- und Fallgeschichten könnten nicht mehr so geschrieben werden, wie sie heute vielfach geschrieben werden. Was für alle Beteiligten ein Glücksfall wäre.

Ein Anderer

Zur Ethik der psychoanalytischen Situation

Begehren und Verantwortung des Psychoanalytikers

Sobald der Psychoanalytiker erkennt, dass er den Platz eines Subjektes einnimmt, das den Raum der analytischen Situation aus einem spezifischen Wollen und Begehren heraus formatiert und das heißt vorbereitend und vorwegnehmend festlegt, was innerhalb dieses Raumes geschehen kann und was nicht –, sobald der Analytiker dies erkennt, wächst in ihm das Gefühl seiner ethischen Verantwortung. Worauf erstreckt sich diese Verantwortung und inwieweit wird das Selbstverständnis der Psychoanalyse ihr gerecht? Nimmt man den Aufwand zum Maßstab, der in den vergangenen Jahrzehnten um den Erlass von Ethikrichtlinien sowie die Einrichtung von Ethikkommissionen auf der Ebene von Instituten, Fachgesellschaften und anderen Verbänden getrieben worden ist, dann könnte der Eindruck entstehen, innerhalb der psychoanalytisch-psychotherapeutischen Profession habe sich das ethische Bewusstsein zur höchsten Blüte entwickelt und damit eine Niveau erreicht, das keiner grundsätzlichen Reflexion mehr bedarf. Wer sich allerdings die Ergebnisse der hinter uns liegenden Diskussionen genauer anschaut, kann zu dem Schluss gelangen, dass sich die Ethik in Bestimmungen und Paragrafen zurückgezogen hat, die im Wesentlichen regeln, was der psychoanalytisch und psychotherapeutisch Tätige nicht tun darf. Sie regeln das *Unzulässige*, das heißt, sie befassen sich in der Hauptsache mit Vorkehrungen gegen missbräuchliches Verhalten (in sexueller, finanzieller, narzisstischer Hinsicht) und legen entsprechende Sanktionsordnungen fest. Angesichts dessen, was nachweislich in psychotherapeutischen Praxen geschieht und wohl immer schon geschehen ist, muss die Legitimität, ja Notwendigkeit solcher Regelungen nicht bestritten werden. Die ausschließliche Konzentration auf das Unzulässige hat jedoch zu einer besonderen

Art der Blickverengung geführt. Sie hat dazu geführt, dass die ethischen Implikationen und Probleme des *Zulässigen* kaum erkannt und bedacht werden. Ja, man kann sogar vermuten, dass die säuberliche Identifizierung und Abtrennung des Unzulässigen (Verbotenen) die Vorstellung oder sagen wir Illusion begünstigt hat, das Zulässige (Gebotene), das heißt die *rite* ausgeübte psychoanalytische Praxis sei in ethischer Hinsicht unbedenklich und müsse daher nicht weiter befragt werden.

Der hier gewählte Ansatz kehrt die beschriebene Betrachtungsrichtung um, indem er, ausgehend von einer unumgänglichen basalen Übertragung des Psychoanalytikers und dem darin wirksamen Begehren, nach den verborgenen ethischen Implikationen und Konsequenzen des regulären analytischen und psychotherapeutischen Verhaltens fragt. Als Ausgangspunkt wähle ich eine Problematik, die als exemplarisch für eine Vielzahl ähnlicher Konstellationen stehen kann. Die kasuistische Vignette betrifft eine analytische Therapie, von der bereits an früherer Stelle dieses Buches in einem anderen Sachzusammenhang gesprochen wurde.

> Eine Frau Ende fünfzig begibt sich, nachdem Ehekonflikte über einen längeren Zeitraum zunehmend eskaliert waren, mit schwerer depressiver Symptomatik in eine analytische Psychotherapie. Trennungsabsichten bestanden zu diesem Zeitpunkt noch nicht. Die genaueren psychodynamischen und biografisch-genetischen Hintergründe der Problematik brauchen hier nicht näher erörtert zu werden. Worauf es ankommt, sind die Ergebnisse der Psychotherapie im Kontext der aktuellen Lebensumstände. Im Zuge der Aufdeckung und Durcharbeitung von Konfliktmustern und Bewältigungsstrategien, die sich in der Beziehungsproblematik deutlich wiederholten, gelangt die Patientin allmählich zu der Entscheidung, den Ehemann, der sich anhaltend weigert, an einem gemeinsamen Klärungsprozess mitzuwirken, zu verlassen und ihr Leben auf eine neue Basis zu stellen. Der von Ambivalenz, Schuldgefühlen und Trauer durchzogene Entscheidungsprozess fällt ihr nicht leicht, wird aber infolge der Tatsache, dass sich die Konflikte als unlösbar und die daran geknüpften Auseinandersetzungen als zunehmend destruktiv erweisen, mit dem Schritt einer vorläufigen Trennung und der nachfolgenden Scheidung ca. zwei Jahre nach Beginn der Therapie zum Abschluss gebracht. Die Patientin war in ihrer Ehe materiell gut versorgt, gerade auch im Hinblick auf das herannahende Alter, wofür aus der bisherigen eigenen Berufstätigkeit keine ausreichende finanzielle Absicherung bestand. Nach dem geltenden Scheidungsrecht entfiel dieser Versorgungsanspruch nun in Gänze. Nach einem gewissen Zeitraum, der geprägt war von psychischer Entlastung und optimistischer Aufbruchsstimmung, traten die Realitäten der neuen Lebensverhältnisse, auf die die Patientin antizipierend

durchaus vorbereitet war, schmerzlich in ihr Bewusstsein. Es zeigte sich, dass der erhoffte Neustart in den alten anspruchsvollen Berufsfeldern auf sich warten ließ und schließlich ganz ausblieb. Infolge dieses Scheiterns geriet die Patientin erneut in schwere depressive Krisenzustände. Es wuchs die Sorge vor sozialem Abstieg und drohender Altersarmut. Schließlich gelang ihr nach längerer Zeit mit äußerst gemischten Gefühlen der Neubeginn in einem psychosozialen Tätigkeitsfeld, in dem sie seit dieser Zeit ihr Auskommen findet.

Trotz der nicht wirklich zufriedenstellenden beruflichen Situation und der übrigen Verzichte, die die Trennung mit sich brachte, hat die Patientin ihre diesbezügliche Entscheidung nie infrage gestellt, bereut oder dem Therapeuten zum Vorwurf gemacht. Gleichwohl haben sich ihre Hoffnungen, die mit der Loslösung aus einer quälenden Beziehung verbunden waren, nicht erfüllt. Das ersehnte Glück zeigt sich eher als ein »graues«. Der zweifelsfrei vorhandene Zugewinn an persönlicher Stabilität und Reife scheint mit einem herben Verlust auf den Gebieten materieller Sicherheit und beruflicher Selbstverwirklichung bezahlt, einem Preis mithin, der – mögliche künftige Veränderungen außer Acht gelassen – akzeptiert werden muss.

Die Frage, die uns hier interessiert, lautet: Worin und in welchem Maße ist der Analytiker am geschilderten Schicksal, das sich im Verlauf einer vierjährigen Analyse vollzog, beteiligt? Worin genau liegt seine therapeutische Mitverantwortung für die eingetretene Lebenssituation der Patientin? Man kann sich die Sache leicht machen und sich auf den Standpunkt stellen, dass der Analytiker sich in professioneller Hinsicht nichts vorzuwerfen hat, ihn keine »Schuld« trifft. Er hat sich, soweit dies nach eingehender Selbstergründung und Urteil beratender Kollegen behauptet werden darf, durchgehend korrekt verhalten. Er hat gerade im Hinblick auf die virulente Trennungsproblematik bis zuletzt eine neutrale Haltung bewahrt, keinerlei Präferenz in der einen oder anderen Richtung vermittelt, geschweige denn irgendwelchen Druck ausgeübt. Die übertragungsbedingten Aspekte der Entscheidungsfindung wurden soweit und so gut wie möglich untersucht. Zuallerletzt noch könnte er sich auf das Argument zurückziehen, dass sich die Patientin mit einer gewissen Wahrscheinlichkeit auch ohne Analyse irgendwann aus der unglücklichen Ehe verabschiedet hätte, womit allerdings Imponderabilien ins Spiel kämen, die sich jeder realen Nachprüfbarkeit entziehen.

Wovon sich der Analytiker aber keinesfalls zurückziehen kann, ist der Umstand, dass *er* es war, der durch das Angebot der Analyse einen Weg der Selbstentwicklung initiiert und aktiv begleitet hat, der schließlich zur Trennungsentscheidung und damit auch zu allen Konsequenzen dieser Entscheidung hinführte; dass *er* es war, der einen Entwicklungsraum eröffnet hat, der es der Patientin überhaupt erst möglich machte, sich schrittweise ihrer wahren Gefühle und Wünsche zu vergewissern und auf der Basis des Selbstvertrauens, das sie in dieser Hinsicht aus der Analyse zog, die ihr richtig erscheinende Entscheidung zu treffen. Was der Analytiker in diesem Zusammenhang will oder begehrt, ist nicht die eine oder andere Entscheidung, sondern die Herstellung einer inneren Verfassung, in der die Patientin die eine oder andere Entscheidung als die für sie stimmige und angemessene frei wählen und realisieren kann. Das bedeutet aber gerade nicht, dass der Analytiker nicht auch eine Wahl getroffen hätte. Er wählt die Offenheit im Vertrauen darauf, dass die Patientin im Zuge fortschreitender Selbsterhellung irgendwann herausfinden wird, worin das unter den derzeitigen Bedingungen ihrem Selbst Gemäße besteht. Sobald der Analytiker nun aber die Offenheit (Neutralität, Tendenzlosigkeit) wählt, ist er mit der paradoxen Konsequenz konfrontiert, dass er nicht nur für die eine oder andere Entscheidung eine Mitverantwortung trägt, sondern *für jede nur mögliche Entscheidung*. Mit der Haltung, die dem autonomen Individuationsimpuls der Patientin Rechnung trägt und diesen fördert, ist der Analytiker mitnichten »raus aus der Sache«, vielmehr ist er tiefer in der Sache drin als mit jeder anderen Haltung (Lesmeister, 2001). Und die Sache, um die es sich hier dreht, ist nichts weniger als der Lebensweg eines anderen Menschen. Aber nicht, indem er den Patienten auf etwas Bestimmtes hin beeinflusst, sondern indem er ihn in die Unbestimmtheit seines Selbst und seines Unbewussten führt, übernimmt er die verantwortliche »Co-Autorenschaft« (Ogden, 2006, S. 58) in einer Geschichte des Anderen, deren Ausgang völlig offen ist.

Geht man mit der Annahme einer solchen Ko-Autorenschaft nicht zu weit? Es ist aufschlussreich, diesem Konzept, das für den Analytiker zweifellos eine beträchtliche moralische Bürde impliziert, an dieser Stelle eine ältere und konservativere Sichtweise gegenüber zu stellen, die eine signifikante Akzentverschiebung deutlich werden lässt. In seinem für Jahrzehnte an psychoanalytischen Ausbildungsinstituten maßgebenden Lehrbuch *Technik und Praxis der Psychoanalyse* äußert sich Ralph Greenson folgendermaßen zur Rolle des Psychoanalytikers:

> »Interessanterweise wird der Analytiker zum stummen Darsteller in einem vom Patienten inszenierten Stück. Der Analytiker spielt selbst nicht mit, sondern bemüht sich, die für die Fantasien des Patienten notwendige Phantomgestalt zu bleiben. Gleichwohl wirkt er an der Schaffung der Figur mit, indem er mit Empathie, Verständnis oder Intuition das Drama ausgestaltet. In gewisser Weise nimmt er die Rolle des Regisseurs ein – ein wichtiges Rad im Getriebe des Stücks, jedoch nicht dessen Autor« (Greenson, 1981, S. 410f.).

Greenson, der ein den darstellenden Künsten sehr verbundener Analytiker war, entwirft ein äußerst differenziertes Bild von der Beteiligung des Psychoanalytikers am Drama der Psychoanalyse. Er geht sogar so weit, ihm den Status des Regisseurs zuzubilligen, womit er dessen Aktivität wesentlich höher ansetzt als manche Fachkollegen seiner Generation dies getan hätten. Aber er weicht davor zurück, eine Mitautorenschaft am Stück, das gespielt wird, anzuerkennen. Das Drehbuch stammt ausschließlich vom Patienten, wenn auch angereichert und ausgestaltet mit Beiträgen des Analytikers. Die hier vertretene Auffassung hingegen verlangt, an diesem heiklen Punkt einen Schritt weiter zu gehen. Der Analytiker schreibt mit am Text wie jeder andere, der im Leben des Patienten einen bedeutsamen Platz einnimmt. Zugegebenermaßen tut er das von einem *sehr* speziellen Platz aus, und er tut es mit der für Außenstehende nicht leicht entzifferbaren Geheimschrift einer Phantomgestalt.

Nun wissen wir und wusste Greenson allemal um die Verführungsmacht von Phantomgestalten. Und wie sollte es möglich sein, dass der Psychoanalytiker zu etwas verführt, um dann die Mitverantwortung für die Folgen dieser Verführung von sich zu weisen? Ich habe im ersten Kapitel dieses Buches dargelegt, dass die Verführung darin besteht, dem Patienten einen Möglichkeitsraum zu eröffnen, in dem sich »alles Mögliche« ereignen kann. Er konfrontiert ihn mittels seiner tendenzlosen Haltung mit jener abgründigen Freiheit, von der Kierkegaard spricht, und die als solche beängstigend und schwindelerregend ist (Kierkegaard, 1996 [1844], S. 57). Man könnte, um eine andere Linie der Interpretation aufzunehmen, natürlich mit Lacan auch sagen, er hilft dem Patienten herauszufinden, was sein Begehren ist und worauf sich dieses richtet. Das ist zwar das einzige, womit der Analytiker ehrlicherweise auf den Anspruch des Patienten – das ist zumeist der Anspruch auf Gesundheit oder Glück – antworten kann, die einzige Hilfe, die er diesem guten Gewissens versprechen kann (Lacan, 1996). Es ist aber auch zugleich das Gefährlichste und Riskanteste, was er anzubieten hat, auch wenn der Patient weiß, worauf er sich einlässt, was er durchaus nicht immer weiß und wissen kann. Kann man bei einem anderen Menschen die »Unterwelt in Bewegung versetzen« – so das von Freud der *Traumdeutung* vorangestellte Motto – und allen Ernstes daran glauben, man selbst verbliebe im Unschuldsstand des wohltätigen Helfers und Heilers?

C.G. Jung gehörte zu denen, die immer wieder davor gewarnt haben, das Unbewusste ohne Not zu berühren. Eine solche Not und damit Notwendigkeit besteht vor allem dort, wo es um die Selbstentwicklungserfordernisse eines Menschen geht. Wenn es, wie wir gesehen haben, eine »Schuld der Individuation« gibt, dann gibt es auch eine dazugehörige »Mitschuld« des Analytikers, die er dadurch auf sich lädt, dass er an der Selbstentwicklung des Patienten nicht nur begleitend teilnimmt, sondern diese im Sinne der Ermöglichung und Förderung mitbetreibt. Es stellt sich auf diese Weise oftmals ein intimer Schicksalszusammenhang her, der, ohne die Grenzen des analytisch-therapeutischen Rahmens zu verletzen, weit über das hinausreicht, was nach behandlungstechnischen Maßgaben zu verstehen oder unter der Rubrik der Gegenübertragung einzutragen ist.

Die ethische Implikation der Mitverantwortung des Analytikers für die im analytisch-therapeutischen Prozess freigesetzten Energien tritt besonders dort hervor, wo es um das Gewicht und Schicksal der aggressiven Trieb- und Gefühlsregungen geht, die sich als solche in der negativen Übertragung manifestieren. Für die negative Übertragung gilt, was von der Übertragung überhaupt zu sagen ist: Diese konstelliert sich nicht einfach nur, so als wäre sie ein Naturereignis. Sie ist vielmehr gewollt und wird, gleichwohl sie vom Patienten ausgeht und auf dessen psychischer Vorgeschichte beruht, durch das analytische Arrangement und die analytische Technik gebahnt und verstärkt. Sie gehört zum festen Programm des schon erwähnten *acheronta movebo*. Der Analytiker will die Unterwelt, das Unbewusste des Patienten, in Bewegung versetzen, und dazu gehört, dass die »Brut der Nacht« (James Hillman), das ist die Versammlung der negativen Objekte, Antriebe und Begierden, aufgeweckt und heraufgezogen wird. Wie in Homers *Odyssee* beschrieben, wird den Schatten Gelegenheit gegeben, Blut zu trinken und sich auf diese Weise wiederzubeleben, was sich als übertragungsbedingte Verkörperung der Negativität im Objektbild des Analytikers bemerkbar macht.

Die heute verbreitete Fokussierung auf die Leiden des Analytikers durch die Gegenübertragung vernachlässigt die Tatsache, dass die negativen Übertragungsgefühle von Angst, Aggression, Hass und Neid vor allem für den Patienten selbst eine schwere Last darstellen, die ihm von der Analyse auferlegt wird. Der Patient kommt in die Analyse, um gesund zu werden, »seines Lebens wieder froh zu werden«, und er setzt darauf, dass der Analytiker als gutes Objekt ihm dabei hilft. Er ist daher bestrebt, die gute Beziehung zum Analytiker, so fragil diese auch sein mag, zu schützen und zu erhalten. Der Analytiker ist darüber hinaus aber bestrebt, die Türen zur Hölle zu öffnen, nicht weil er den Patienten sadistisch quälen will, sondern weil er unter der guten Beziehung etwas anderes versteht als dieser, nämlich eine Beziehung, die die Feuerprobe bestanden hat, den Test, in dem sich zeigt, ob das gute Objekt den Angriffen standhält und die Zerstörung überlebt. Das ist eine der Überlegungen, und es handelt sich um eine berechtigte Überlegung, aus der der Analytiker die Legitimation bezieht, dem Patienten die Begegnung mit der in ihm schlummernden Negativität zuzumuten. Aber nichtsdestoweniger bleibt es eine Zumutung. Und weil dies so ist, kann der Analytiker seine Hände nicht in Unschuld waschen.

Als einer der wenigen hat Winnicott auf eine spezifische Gefährdung hingewiesen, die für den Patienten von der Analyse ausgeht und deren Ursprung nicht in einer Übertragung zu suchen ist. In der schon erwähnten Arbeit »Die Frage des Mitteilens und Nicht-Mitteilens führt zu einer Untersuchung gewisser Gegensätze« spricht er in selten anzutreffender Offenheit davon, dass man die Angst vor der Psychoanalyse in jedem Fall verstehen müsse, weil der Analytiker in den innersten Seelenraum des Patienten vordringe, dorthin, wo jeder Mensch geschützt und »ungefunden« bleiben wolle. Er schreibt: »Wir können den Hass der Menschen auf die Psychoanalyse verstehen, die tief in die menschliche Persönlichkeit eingedrungen ist, und die für das menschliche Individuum in seinem Bedürfnis nach geheimer Isolierung eine Bedrohung darstellt« (Winnicott, 1984, S. 246).

In einem anderen Zusammenhang macht Jacques Lacan darauf aufmerksam, dass dort, wo der Patient den Sinn der Analyse und damit die spezifische Tätigkeit des Analytikers nicht anzuerkennen in der Lage ist, »die Tätigkeit des Analytikers unabhängig davon, auf welchem Niveau sie sich bewegt, bloß als aggressiv empfunden werden kann« (Lacan, 1986, S. 81). Dieser Hinweis erscheint mir umso bedenkenswerter, als es heute nicht selten vorkommt, dass ein Patient aufgrund seiner schweren Psychopathologie in eine psychoanalytische Behandlung übernommen wird, zu der er auch einwilligt und (oberflächlich) motiviert ist. Sehr bald stellt sich dann aber heraus, dass er den Sinn des analytischen Verfahrens nicht wirklich versteht und anerkennt, was natürlicherweise zu Widerstandsentwicklungen führt, die Übertragungsfehldeutungen des Analytikers provozieren. Diese wiederum verstärken den Widerstand und die reaktive Aggression gegen die als Aggression erlebte Vorgehensweise des Analytikers. »Sprachverwirrungen« (Ferenczi) dieser Art münden nicht selten in die wohlbekannten malignen Verwicklungen, die eine anhaltende Stagnation des analytischen Prozesses oder dessen vorzeitigen Abbruch nach sich ziehen.

Das hier fokussierte Problem zeigt sich besonders dort, wo sich eine strukturelle und dynamische Entsprechung zwischen pathogenen Lebensmustern des Patienten und bestimmten Merkmalen der psychoanalytischen Situation einstellt, wozu ich nicht nur die Setting-Bedingungen, sondern auch Haltung und Technik des Analytikers rechne. Eine fatale Wechselwirkung zwischen diesen beiden Bereichen hat Sándor Ferenczi erstmals aufgedeckt und zum Kernpunkt seiner Kritik an der analytischen »Versagungstechnik« gemacht. Er führte den Nachweis, dass die Einhaltung der technischen Empfehlungen, die dem Analytiker Abstinenz, Neutralität und emotionale Selbstverbergung auferlegen, eine (re)traumatisierende Beziehungssituation herbeiführt, die den Patienten erneut den Einwirkungen aussetzt, die ihn ursprünglich krank gemacht haben. Der Sprengstoff, den Ferenczis Argument enthielt, lag in der Behauptung, dass die zur damaligen Zeit praktizierte analytische Standardtechnik einer Vielzahl von Patienten nicht nur nicht hilft, sondern sogar schadet. Nachdem sich heute allerorten der Übergang zu einer »menschenfreundlicheren« und an die Bedürfnisse der Person angepassten technischen Orientierung vollzogen hat, scheint man sich im guten Glauben zu wiegen, das von Ferenczi aufgedeckte Problem sei so gut wie vom Tisch. Ferenczis Kritik richtete sich im Grunde gegen den paternalen Stil der analytischen Praxis, so wie man das Paternale damals eben verstanden hat und nur verstehen konnte. Die Wendung zum maternalen Stil, also die grundlegende Veränderung, die sich in der Linie von Ferenczi und Balint bis zu Winnicott, Kohuts Selbstpsychologie und den Konzepten der relationalen Psychoanalyse durchgesetzt hat, ist meiner Ansicht nach mit einer Abspaltung der destruktiven Schattenseiten der analytischen Situation einhergegangen. Während die aus Freuds Schule hervorgegangenen Psychoanalytiker mit dem Bild des strengen ödipalen Vaters, dem Vater des Gesetzes, identifiziert waren, identifizieren sich die jüngeren Analytiker, die das Curriculum von Präödipalität und Weiblichkeit durchlaufen haben, mit dem Bild der guten Mutter. Die gute Mutter wird dabei häufig nicht mehr als Übertragungsbild verstanden, das zu analysieren wäre, sondern als Leitbild eines Haltungs- und Verhaltensrepertoires, das der Analytiker in seiner Arbeit konkret zu realisieren hat. Es handelt sich hier um eine neue selbstidealisierende Identifizierung, die heute mehr denn je den Blick dafür verstellt, dass jenseits paternaler oder maternaler Akzentuierungen das analytische Ritual als solches Elemente von potenziell destruktiver und pathogener Wirkung enthält.

Schon lange vor dem Siegeszug der Zwei-Personen-Psychologie hat die fortschreitende Medizinalisierung der Psychoanalyse vor allem in den USA dazu geführt, in der psychoanalytischen Methode ein neutrales Instrument zu sehen, das bei entsprechender Ausbildung und korrekter Indikationsstellung unbedenklich eingesetzt werden kann. Aber erst mit der Wendung zum maternalen Stil ist der Sinn dafür verloren gegangen, dass die Psychoanalyse eine »höchst gefährliche Methode« darstellt (Kerr, 1994). Konnte man der paternal geprägten Psychoanalyse noch vorwerfen, im angemaßten Vollbesitz der Deutungshoheit autoritäre Machausübung zu betreiben, so schien es auf einmal schwer möglich, der Ausübung einer Technik, die sich auf so eindeutig humane Bestandteile wie Empathie, Spiegelung und emotionales Halten stützt, zweifelhafte Motive oder bedenkliche Nebenwirkungen zu unterstellen.

Freud gab Jung noch zu bedenken, dass es das unvermeidliche Risiko des Analytikers sei, »von der Liebe, mit der wir operieren, versengt zu werden« (Freud &

Jung, 1976, S. 233). Er hatte dabei offensichtlich mehr die Gefährdungen für den Analytiker als die für den Patienten im Sinn. Aber wenn dem vergleichsweise gut geschützten Analytiker schon schwere Verbrennungen drohen, kann man sich ein lebhaftes Bild davon machen, mit welchen Beschädigungen der weitaus weniger geschützte Patient gegebenenfalls zu rechnen hat, wenn mit der Liebe »operiert« wird. Aus der analytischen Methode, die von den Gründern immerhin noch als eine höchst gefährliche erkannt wurde, ist heute weithin ein harmlos erscheinendes Therapeutikum geworden, das man wie einen Pflanzensaft verabreichen kann, ohne gravierende Nebenwirkungen befürchten zu müssen. Während man phallischen Aktivitäten wie der mancherorts geradezu in Verruf geratenen Deutung aggressive und erregende Momente unmöglich absprechen kann, scheint die Überzeugung zu herrschen, dass die Darbietung der mütterlichen Brust nie schädlich und folglich ausschließlich gut sein kann, es sei denn, der Säugling projiziert die eigenen bösen Impulse in sie hinein.

Die Abspaltung der destruktiven Schattenaspekte der analytischen Tätigkeit wird nun allerdings von einem Phänomen begleitet, das sich wie die Rückkehr, und zwar die gesteigerte Rückkehr, der verleugneten Gefährlichkeit darstellt. Es ist heute ein allgemein akzeptiertes Faktum, dass sich im Verlaufe der letzten Jahrzehnte eine signifikante Verschiebung im Erscheinungsbild psychischer Störungen vollzogen hat. Die Gruppe der sogenannten klassischen Neurosen wurde nach einer Zwischenphase, in der die Depression den Rang der Zeitkrankheit innehatte, abgelöst von den vielfältigen Formen ichstruktureller Störungen, die unter dem Sammelbegriff der Persönlichkeitsstörungen diagnostiziert werden. Diese Umschichtung hat innerhalb der psychoanalytischen Praxis eine beträchtliche Ausweitung des Indikationsspektrums nach sich gezogen mit der Folge, dass heute Störungsbilder als psychoanalytisch behandelbar angesehen werden, die man zu früheren Zeiten mit Sicherheit ausgeschlossen hätte. Relevant für die hier angestellten Überlegungen ist nun vor allem der Umstand, dass sich die fraglichen Störungsbilder infolge ihrer frühen und oft traumatisch bedingten Genese durch ein hohes Ausmaß an ungebundener Aggression und Destruktivität auszeichnen. Die Unterwelt, die in der psychoanalytischen Behandlung solcher Patienten in Bewegung versetzt wird, ist keine Welt verdrängter libidinöser und aggressiver Triebregungen, keine Welt gefährlicher inzestuöser und vatermörderischer Wunschfantasien. Vielmehr sind wir, um im mythologischen Bild zu bleiben, im tiefsten Tartaros angekommen, auf der untersten Schicht der Unterwelt, die für die Ägypter eine Welt aus Sand war. Diese Metapher enthält das ganze Ausmaß an Nichtigkeit, Leblosigkeit und Vergeblichkeit, das wir an diesem Ort antreffen. Es ist ein Ort bereits vollzogener Zerstörung, die immer neue Zerstörung nach sich zieht. Der paradox erscheinende Sachverhalt, um den es hier geht, besteht nun darin, dass gerade von der maternalen, der nicht-intrusiven, mild gewährenden analytischen Behandlungstechnik erwartet wird, dem Patienten einen Beziehungs- und Möglichkeitsraum anzubieten, in dem er es wagen kann, sich mit den in ihm waltenden destruktiven Kräften zu konfrontieren, um diese mit Unterstützung des Analytikers schrittweise in die noch aufzubauenden libidinösen Strukturen seines Selbst einzubinden. Also gerade die nicht aggressive, mütterlich haltende und bergende analytische Funktion wird als geeignet angesehen, mit den destruktiven Energien umzugehen, die nicht nur den Patienten in größte Bedrängnisse bringen, sondern auch für den Analytiker, der all dies über negative Übertragungsvorgänge und projektive Identifizierung zu spüren bekommt, eine schwere Belastung darstellen. »Versengt zu werden« nimmt sich wie eine Harmlosigkeit aus im Vergleich zu der hier drohenden Gefahr, von destruktiven Gewalten zermalmt, im nihilistischen Sand erstickt zu werden.

Zweifellos gibt es unterschiedliche Auffassungen darüber, wie tief die Regression bei ichstrukturell beeinträchtigen und schwer traumatisierten Patienten reichen sollte und allenfalls reichen darf, um der angestrebten therapeutischen Progression zu dienen und nicht im Gegenteil eine Retraumatisierung zu bewirken. Gleichwohl existiert im psychoanalytischen Verständnis nach wie vor ein technisches Ideal, das sich letztlich nur vom Gelingen eines vollständigen Durchgangs durch die seelischen Totenwelten die Chance einer überzeugenden Heilung verspricht. In diese Richtung weist bereits Balints erwähnte Maxime, wonach der Patient in der Analyse die Ebene der Grundstörung erreichen sollte, um von dort aus zu einem Neubeginn anzusetzen. In ganz analogem Sinn äußert sich Winnicott, der in seiner posthum erschienen Arbeit »Die Angst vor dem Zusammenbruch« die Ansicht vertritt, dass das ursprüngliche und das heißt in der Säuglingsphase zu verortende katastrophale Ereignis, der psychische Zusammenbruch und die damit einhergehende namenlose Angst, in der analytischen Situation wiedererlebt werden müssten, um mental symbolisiert und integriert werden zu können (Winnicott, 1991 [1974]). Ergänzend sei in diesem Zusammenhang das von kleinianischer Seite erhobene Postulat erwähnt, das den Erfolg einer gründlichen Analyse erst dann gewährleistet sieht, wenn diese bis zum »psychotischen Kern« der Persönlichkeit vordringe.

Ich will hier gar nicht erneut und ausführlicher darauf zu sprechen kommen, dass die Realität der psychoanalytischen Therapie, soweit es um das Gebiet der ichstrukturell und traumatisch bedingten Störungen geht, im Großen und Ganzen weit hinter den skizzierten Idealvorstellungen zurückbleibt. Schon der naturgemäß begrenzte Blick, der sich aus eigener psychoanalytischer sowie ausgedehnter Supervisions- und Lehrtätigkeit ergibt, rechtfertigt die Annahme, dass im Falle schwerer Persönlichkeitspathologie nur ein äußerst geringer Bruchteil der analytischen Verläufe eine solche Tiefe erreicht, die zum Gelingen jenes Neubeginns nötig wäre, den Balint zum Leitbild einer »vollständigen« Analyse erhoben hat. Der angestrebte Gang durch die unterweltlichen Feuer- und Wasserproben findet meist nicht statt. Gleichwohl bleibt beim Analytiker die Faszination vom Schrecken und mit ihr der Glaube daran, dass der Patient die abgründigen Regionen von Angst, Leere und Verlassenheit durchschritten haben müsste, um zur Gesundung zu gelangen. Dabei gewinnt man gelegentlich den Eindruck, als ginge es in erster Linie darum, dass er, der Analytiker, sich solchen Erlebnissen auszusetzen habe. Kasuistische Studien zeichnen sich heute dadurch aus, dass wir vor allem etwas über das Gegenübertragungserleben des Therapeuten erfahren, also darüber, wie viel er auszuhalten hat an Verzweiflung, Schmerz, Leblosigkeit, Qual und ähnlichen emotionalen Inhalten, von denen angenommen wird, dass der Patient sie per projektiver Identifikation in ihn »hineinverlegt«. Verbirgt sich hinter der hochgesteckten therapeutischen Ambition vielleicht das heimliche Ziel der Selbsterneuerung des Therapeuten? Eine nicht selten gemachte Erfahrung ist jedenfalls die, dass die Besprechung schwieriger Übertragungs- und Gegenübertragungsphänomene in Supervisionsstunden oder im Kreis von Kollegen für alle Beteiligten produktiver ausfällt als in den anschließenden Sitzungen die Arbeit mit dem Patienten, um den es ja eigentlich geht.

Es kann durchaus vorkommen, dass analytische Prozesse in einem schweren Regressionszustand enden, in dem der Patient zwar seelisch aufgebrochen, zu einer heilsamen Transformation und Integration des nunmehr Erlebten jedoch nicht in der Lage ist. Zur Illustration einer solchen Problematik ziehe ich eine Kasuistik heran, die Bernd Nissen in einem Beitrag mit dem Titel »Zur Bestimmung autistoider Organisationen vorlegt« (Nissen, 2006). Nissen berichtet dort von einem 25-jährigen Patienten, der unter schwersten hypochondrischen Hautkrebsängsten leidet, die er mittels exzessiver Kontrollrituale in Schach zu halten sucht. Das eigentliche Problem für die analytische Behandlung stellt die autistoide Persönlichkeitsstruktur des Patienten dar, also eine Form schizoider Verkapselung, in der sich das emotionale Selbst zurückgezogen und unerreichbar gemacht hat. Trotz größter Widerstände, die sich der Analyse in den Weg stellen, gelingt eine allmähliche Annäherung an die katastrophalen Auflösungs- und Vernichtungsängste, die sich unter der als Symptom erscheinenden Krebsangst verbergen. Doch was geschieht dann? Der Patient gerät in einen Zustand psychotischer Dekompensation, in dem er irgendwann in der Stunde erscheint, verwirrt, dissoziiert, um sich herum Zerstörung anrichtend und völlig unzugänglich für jede Art deutender Intervention vonseiten des Analytikers. Die von Nissen offen und freimütig beschriebene Szene vermittelt ein Bild existenzieller Dramatik, äußerster Verzweiflung und äußerstes Ohnmacht – auf beiden Seiten der Szene. Der Patient, hinter dessen Agieren Nissen unaussprechliche »paranoide Allmachts-, Vernichtungs- und Auflösungsängste« (ebd., S. 244) erkennt, verlässt die Praxis wie er gekommen ist. Den weiteren Ablauf kommentiert Nissen so:

> »Der Patient verkapselte sich und zog sich nach einigen Monaten aus der Behandlung zurück, in denen er aber merklich stiller und ernsthafter wurde. Er schrieb mir, nachdem er gegangen war, noch einige Male voller Anerkennung und berichtete von einer gelungenen Trennung von seinen Eltern« (ebd.).

Man kann nun keinesfalls behaupten, dass der Analytiker und Autor es sich mit diesem vergleichsweise desolaten Ausgang der Geschichte leicht gemacht hätte. Im Gegenteil, er zeigt sich zutiefst betroffen über das Ausmaß und die Art der zutage getretenen psychischen Destruktivität und das Scheitern des analytischen Prozesses. Bezeichnenderweise verbleiben seine abschließenden Überlegungen auf der Ebene der Technik (ebd., S. 244ff.). Er denkt darüber nach, ob ein besseres Containing oder andere Formen der Intervention es vielleicht doch möglich gemacht hätten, in die isolierte Hölle, in die der Patient sich eingeschlossen erlebte, vorzudringen und dort analytisch wirksam zu werden. An keiner Stelle taucht der Gedanke auf, ob hier ein Mensch nicht die äußerste Grenze dessen erreicht hatte bzw. über die Grenze dessen längst hinaus gelangt war, was er ertragen geschweige denn im Dienste seelischen Wachstums verwenden konnte. Ob er, mit anderen Worten, also längst überfordert war von einer Ambition, die anscheinend mehr im Wollen des Analytikers als seinem eigenen anzusiedeln ist. Der von Nissen mitgeteilte Ausgang der Behandlung illustriert ein Phänomen, das an C. G. Jungs Wort von der »regressiven Wiederherstellung der Persona« erinnert. Damit ist gemeint, dass das Ich nach einer gescheiterten Begegnung mit dem Unbewussten auf ein früheres Niveau der Anpassung zurückkehrt. Dass es dem Patienten schließlich noch gelungen ist, die Trennung von seinen Eltern zu vollziehen, gehört zum erfreulicheren Teil der Geschichte. Man darf aber aller Erfahrung nach vermuten, dass dieser Erfolg auch ohne den immensen analytischen Aufwand, der in diesem Fall betrieben worden ist, erreichbar gewesen wäre.

Im Grunde genommen sieht man sich hier an die Situation des Goethe'schen Zauberlehrlings erinnert, der die Geister, die er gerufen hat, nicht mehr loswird. Mit dem einen Unterschied allerdings, dass am Ende nicht ein Meister auftaucht, der dem dämonischen Treiben Einhalt gebietet, sondern der Patient selbst sich mit einem vielleicht letzten seelischen Energieaufwand wieder in die sichere Verkapselung zurückzieht.

Es handelt sich hier nicht darum, einem erfahrenen und umsichtigen Psychoanalytiker Verantwortungslosigkeit im therapeutischen Handeln zu unterstellen. Die Tatsache allerdings, dass die ebenso naheliegende wie lapidare Frage »Wozu das Ganze?« in der Selbstreflexion des Autors überhaupt nicht auftaucht, wirft in exemplarischer Weise ein Schlaglicht auf eine bestimmte Sichtverengung, die sich seit der Ausweitung des Indikationsgebietes psychoanalytischer Therapie auf das Feld schwerer Störungen der Persönlichkeit ausgebreitet hat. Dieser Sichtverengung liegt ein Anspruch zugrunde, den ich an früherer Stelle dieses Buches als demiurgischen bezeichnet habe. Dieser zielt im Letzten darauf ab, das Subjekt in seinen basalen Strukturen und Funktionen neu zu erschaffen. Es fällt nicht schwer, den fraglichen Anspruch aufseiten der Patienten unterzubringen, deren unbewusstes Wünschen und Sehnen tatsächlich oft genug an omnipotenten Heilungs- und Erlösungserwartungen hängt. Umso wichtiger ist es für Psychoanalytiker und Psychotherapeuten, solche Erwartungen in den eigenen Konzepten aufzuspüren, wo sie in wissenschaftlich maskierter Form existieren und sich so der kritischen Reflexion entziehen. Bereits Balints Begriff des Neubeginns impliziert ein solches Phantasma. Es handelt sich im Grunde genommen um ein mythisches oder, in der Sprache Jungs ausgedrückt, archetypisches Konzept, das in der empirischen Realität keine unmittelbare Entsprechung hat. Es gibt, so betrachtet, keinen Neubeginn, jedenfalls nicht in dem grundlegenden und umfassenden Sinne, den der Begriff suggeriert. Es gibt diesen basalen Neubeginn nicht in der Therapie des Neurotikers, und es gibt ihn schon gar nicht in der Behandlung von Patienten mit gravierenden Strukturdefiziten. Damit soll die Möglichkeit der Erfahrung, dass etwas neu anfangen kann, nicht verneint werden. Diese Erfahrung ist aber im Allgemeinen von partikulärer, begrenzter Art und hat wenig von der grandiosen Aura einer umfassenden Erneuerung. Die überwiegende Erfahrung therapeutischer Effizienz ist die, *dass etwas besser geworden ist.*

Ein ernsthaftes Problem liegt darin, dass das Mühselige, Frustrierende, oftmals Ineffiziente und Vergebliche der analytisch-therapeutischen Anstrengungen auf dem umrissenen Praxisfeld so gut wie keinen Eingang in die offiziellen Darstellungen findet, so wie sie uns in der entsprechenden Fachliteratur entgegentreten. Die wenig ermutigende Realität verschwindet hinter einem ausufernden optimistischen Angebot neuer Behandlungsmethoden, diagnostischer Manuale und Evaluationsverfahren. Sie verschwindet hinter der unerschütterlichen Überzeugung, dass ein Mehr an Wochen- oder Behandlungsstunden insgesamt, dass ein noch tieferes Verständnis der Psychodynamik und der Übertragung, dass noch bessere Methoden und Interventionsformen die erstrebte therapeutische Effizienz sicherstellen könnten. Dieser Trend setzt sich an den psychoanalytisch-psychotherapeutischen Ausbildungsinstituten fort. Er wird dort Lernenden vermittelt, die bereits in ihren ersten Ausbildungsanalysen mit Patienten befasst sind, die noch vor zwanzig bis dreißig Jahren von einer psychoanalytischen Behandlung ausgeschlossen worden wären. Bei einer Mehrzahl dieser Behandlungen zeigt sich der typische Verlauf, den ich bereits in anderen Zusammenhängen charakterisiert habe: Starke Widerstandsentwicklung und Stagnation des Prozesses nach einer kurzen produktiven Anfangsphase. Alles Weitere gestaltet sich zäh, schleppend und muss immer wieder durch Aktivitäten des Analytikers in Gang gehalten werden. Die Regression vertieft sich nicht wesentlich. Die Langzeitbehandlung endet im günstigen Fall mit gewissen Verbesserungen auf der Symptomebene, mit Erfolgen, die schätzenswert sind, aber in keinem Verhältnis zum Aufwand und »Sinn« des psychoanalytischen Verfahrens stehen. In den glücklicherweise selteneren Fällen kommt es wie in der referierten Kasuistik von Nissen zu malignen Regressionsverläufen mit Behandlungsabbruch oder anderen Formen des Rückzugs.

In der ausbildungsbezogenen Supervisionstätigkeit zeigt sich ein eigenartiges und in dieser Ausprägung neuartiges Phänomen. Den angehenden Psychoanalytikern fällt es ungemein schwer, die Grenzen eines Patienten anzuerkennen, also sich einzugestehen, dass er etwas Bestimmtes, was die Analyse anstrebt, möglicherweise grundsätzlich nicht kann oder nicht versteht, und dass sich dieser Mangel nicht mithilfe einer optimierten analytischen Haltung oder Technik kompensieren lässt. Es fällt ihnen ebenso schwer, sich einzugestehen, dass ein Patient, der gesund werden will, aber im Grunde kein Interesse und keine Freude an der analytischen Selbsterforschung hat, auch unter Einsatz der besten Technik nicht weit kommen wird. Was man stattdessen beobachtet, ist eine Art Wendung gegen das Selbst. Der Kandidat (ver-)zweifelt eher an sich selbst als am Patienten. Kaum vorstellbar, dass *er* es ist, der eine innere Grenze aufrichtet. Der eindeutig depressive Modus der Verarbeitung offenbart auf der einen Seite die wohltuende Abkehr von der früheren Neigung, den »unergiebigen« Patienten für jedes Scheitern verantwortlich zu machen. Das ist aber nur die Kehrseite der Medaille. Auf der heute sichtbaren Seite erkennt man den hier der Kritik unterzogenen omnipotenten Anspruch, heilen zu können, und zwar im Zweifelsfall auch gegen alle Widerstände. Die Problematik dieses Anspruchs hatte schon Freud im Blick, wenn er vor dem »furor sanandi« (Freud, 1915a, S. 320) warnte. Der Heilungsanspruch verbindet sich heute mehr denn je mit einem Glauben an die Allmacht der »richtigen« Technik. Besonders problematisch ist diese Verknüpfung deswegen, weil unter analytischer Technik heute weithin Beziehungstechnik verstanden wird. Der Therapeut im Zeitalter der Zwei-Personen-Psychologie heilt primär nicht mithilfe sprachlicher Interventionen wie zum Beispiel Deutungen, sondern mithilfe der Beziehungsfaktoren, die er ins Spiel bringt. Die mit diesem Wandel einhergehende Personalisierung der Technik sowie die Wichtigkeit, die der Bereitstellung enormer emotionaler Ressourcen zugemessen wird, erhöhen aufseiten des Analytikers zwangsläufig die Anfälligkeit für Gefühle des Versagens und der Schuld.

Was die ethischen Aspekte der Psychoanalyse betrifft, so ergibt sich aus den beschriebenen Beobachtungen die Schlussfolgerung, dass der Psychoanalytiker nicht nur nichts versprechen sollte, was *er* nicht halten kann, sondern dass er auch nichts versprechen sollte, was der *Patient* offensichtlich nicht einzulösen vermag. Die Verantwortung des Psychoanalytikers sollte sich gerade angesichts unseres Wissens um die Tiefe seelischer Pathologien darauf richten, den Patienten gegebenenfalls auch vor sich selbst zu schützen, das heißt, ihn zu schützen vor katastrophischen Umbrüchen, denen er nicht gewachsen ist und die er deshalb für die Reorganisation oder Entwicklung seines Selbst nicht verwenden kann. Es versteht sich, dass die gemeinte Verantwortung bereits zu einem frühen Zeitpunkt, nämlich im Zuge der Indikationsstellung in Kraft zu treten hätte.

Es wurde weiter oben davon gesprochen, dass dem von mir »demiurgisch« genannten Heilungsanspruch ein Phantasma zugrunde liegt, also eine Form illusionärer Verkennung, die das Subjekt vor einer bestimmten Wahrheit schützt. Im Verständnis Lacans erfüllt das Phantasma vor allem die Funktion, den Mangel im Anderen zu verdecken. Unter dem Einfluss des Phantasmas verleugnet das Subjekt also nicht nur sein eigenes Nichtkönnen, sondern auch das Nichtkönnen des Anderen. Die Wahrheit, die durch die Auslösung des Phantasmas sichtbar wird, besagt, dass der Andere nicht im Besitz dessen ist, was mein Begehren vollständig befriedigen würde. Sofern also der Analytiker in seinem Begehren einem Heilungsphantasma der beschriebenen Art unterliegt, wird er nicht imstande sein, den Mangel im Patienten anzuerkennen, der sein eigenes Begehren unbefriedigt lässt und der ihn immer wieder auf den eigenen Mangel zurückwirft, ohne Aussicht, diesen jemals zum Beispiel durch Aufbesserung seiner technischen Ressourcen beheben zu können.

Um zu verstehen, was die Psychoanalyse zu leisten imstande ist, muss zunächst anerkannt werden, dass sie als Therapie zu keiner Zeit auch nur eine einzige Neurose vollständig geheilt hat und dass sie, wie es aussieht, auch keine einzige Persönlichkeitsstörung heilen wird. Der Kronzeuge für den ersten Teil der Aussage ist ironischerweise Freud selbst. Es muss nachdenklich stimmen, dass der Mann, der für sich in Anspruch nahm, am besten zu wissen, worin Psychoanalyse besteht und wie sie anzuwenden sei, den Nachweis überzeugender Behandlungserfolge schuldig geblieben ist. Seine großen Fallgeschichten, darunter »Dora« und der »Wolfsmann«, gelten unter Gesichtspunkten des Behandlungserfolgs heute als Beispiele für gescheiterte Analysen. Dass sich an dieser Sachlage in den nachfolgenden Jahrzehnten aufgrund verbesserter Technik etwas Grundsätzliches geändert hätte, darf als unwahrscheinlich gelten. *Die Psychoanalyse als solche heilt nicht.* Wenn sie dies in begrenztem Umfang doch tut, dann dank der Wirkung unspezifischer Faktoren, die den Ergebnissen der modernen Psychotherapieforschung zufolge für die positiven Behandlungsresultate aller Psychotherapierichtungen verantwortlich sind. Aber genau das ist es nicht, worin Psychoanalyse besteht und worin sie wirkt.

Die ethische Problematik, mit der die gegenwärtige Psychoanalyse konfrontiert ist, liegt in der Notwendigkeit, den Heilungsanspruch aus Gründen der Verantwortung gegenüber dem Patienten zu begrenzen. Der den neueren psychoanalytischen Behandlungskonzepten inhärente Heilungsanspruch korrespondiert eng mit dem bewussten und unbewussten Heilungsverlangen des Not leidenden Individuums. Dies war sicher zu allen Zeiten so, hat aber in der Gegenwart angesichts der Zunahme an schweren, das psychische Sein in seinen Grundfesten bedrohenden Störungen eine dramatische Zuspitzung erfahren. Jacques Lacan stellt gleich zu Beginn seines großen Seminars über die *Ethik der Psychoanalyse* fest, dass der Anspruch des Patienten, mit dem er in die Analyse kommt, im Allgemeinen der Anspruch auf Glück sei (Lacan, 1996, S. 347ff.). Dabei stützt er sich auf Aristoteles, der in der *Nikomachischen Ethik* die Erlangung der Glückseligkeit dem menschlichen Streben als höchstes Ziel vorangestellt hat – eine ideengeschichtliche Herleitung, die mir nicht ganz überzeugend erscheint. Wie auch immer, das Streben nach Glück als höchstem Gut stellt sich für den durchschnittlichen Patienten als Streben nach Leidensfreiheit dar, nach seelisch-körperlichem Wohlbefinden, Lebensfreude, Arbeits- und Genussfähigkeit. Man hat es also im Wesentlichen mit den Gesundheitszielen zu tun, die auch von den Kostenträgern der psychotherapeutischen Versorgungsleistungen eingefordert werden. Lacan insistiert bereits in der Einleitung seiner Durchquerung des Feldes psychoanalytischer Ethik darauf, dass sich das analytische Versprechen keinesfalls an diese Glückserwartung anschließen kann. Einer der Gründe für die Weigerung, die im weiteren Gang der Überlegungen ausgeführt wird, besteht für Lacan darin, dass das Glücksverlangen in den industriellen und postindustriellen Gesellschaften eine politische Dimension angenommen habe. Wenn ich ihn recht verstehe, meint er damit, dass das Glücksverlangen zu einer kollektiven Erwartung oder Ideologie geworden sei, die von allen Institutionen der Leistungs- und Warengesellschaft nach Kräften bedient wird. Eine Psychoanalyse oder Psychotherapie, die sich solchen Zielen verschreibt, leiste einen »Dienst an den Gütern«, so Lacans sinnreiche Formulierung, bei dem es aber gar nicht mehr um das wirkliche Wohl des Einzelnen gehe, sondern um dessen Einfügung in ein normiertes und vordefiniertes Verständnis dessen, was Glück sei. Eine Psychoanalyse, die sich in der beschriebenen Weise ausrichtet, tappt, so könnte man über Lacan hinaus schlussfolgern, in eine doppelte Falle. Sie verfehlt die Individualität des Einzelnen und scheitert gleichzeitig daran, das allgemeine Glücksversprechen einzulösen.

Die relative Unheilbarkeit einer großen und stetig wachsenden Anzahl psychisch schwer erkrankter Menschen führt der Psychoanalyse drastischer denn je vor Augen, dass ihr Ansatz und ihre Methode nicht zum Glück (im hier zugrunde gelegten Sinne Lacans) der Menschen beitragen und vermutlich noch nie beigetragen haben. In der Sicherstellung dessen, was zahlreiche Patienten heute als seelisches und psychosoziales Existenzminimum benötigen, leistet sie wahrscheinlich sogar weniger als alternative therapeutische Verfahren. Die am inneren und äußeren Aufwand gemessen häufig mehr als bescheidenen Heilerfolge sollten Psychoanalytikern zu einem nüchternen Blick und zu einer gesteigerten Wahrhaftigkeit sich selbst und dem Patienten gegenüber verhelfen. Unter ethischen Gesichtspunkten wäre der angemessene und dann auch einlösbare Anspruch, den Psychoanalytiker an sich zu stellen haben, mit einem neuerlichen Nachdenken darüber verbunden, was man jenseits phantasmatisch grundierter Heilungsbestrebungen als die eigentlichen Aufgaben und Ziele psychoanalytischer Praxis anzusehen hätte.

Der Leser könnte einen die vorausgehenden Ausführungen durchziehenden Widerspruch bemerken. Schon im zweiten Kapitel des Buches ist die Rede davon, dass der Analytiker ein Übermaß an Verantwortung auf sich lade, begünstigt durch eine in der kollektiven psychotherapeutischen Mentalität verankerte Neigung zur Introjektion und depressiven Verarbeitung. Gleichzeitig wird ihm hinsichtlich seiner ethischen Verpflichtung ein Mangel an Verantwortung und Schuldbewusstsein attestiert, nämlich dort, wo er, wie zuletzt aufgezeigt, aus einer Fehleinschätzung entweder der Heilbarkeit des Patienten oder der Heilungsmacht der analytische Methode einer Ambition unterliegt, die ihn als »Armen«, der er ist, wenn er sich und seine Hilfsmittel überfordert, »schuldig werden lässt« (vgl. das Goethe-Zitat in Kapitel 3). Im Einklang mit der an früherer Stelle diskutierten These Alain Ehrenbergs ließe sich feststellen, dass auch der Analytiker an einem Ideal scheitert, wobei man aber hinzufügen müsste, dass es sich zum einen um das falsche Ideal handelt und dieses Scheitern zum anderen einem faktischen Versäumnis im Hinblick auf eine der Realität angemessenere Einstellung gleichkommt. Man kann dies auch so ausdrücken, dass sich der Analytiker, für den die hier angestellte Analyse zutrifft, an der falschen Stelle schuldig fühlt. Sein

Schuldgefühl ist gewissermaßen verrutscht, und zwar auf die Ebene eines imaginären Anspruchs, der ihn hindert, das zu tun, was für die an der analytischen Unternehmung Beteiligten zuträglicher wäre. Insofern erweist sich der vermutete Widerspruch als ein nur scheinbarer. Tatsächlich tritt an ihm der Kerngehalt der hier verhandelten Problematik noch einmal deutlich hervor.

Die analytische Beziehung und der Andere

Wenn es in der Psychoanalyse der Gegenwart ein Zauberwort gibt, dann ist es das der *Beziehung*. Man kann vermuten, dass Beziehung der im aktuellen Vokabular der Psychoanalyse am häufigsten vorkommende Begriff ist – entweder für sich allein stehend oder in Kombination mit anderen Begriffen. Nun ist es ja nicht so, dass die ältere Psychoanalyse nichts von der Beziehung gewusst hätte, sozusagen beziehungsblind gewesen wäre, wie es heute manchmal hingestellt wird. Man hatte sogar sorgfältige Unterscheidungen vorgenommen und sprach von drei, wenn nicht sogar vier verschiedenen Ebenen der Beziehung zwischen Analytiker und Analysand: Die neurotisch bedingte Übertragungsbeziehung, die nicht neurotische basale Übertragungsbeziehung, die Beziehung zwischen dem nicht neurotischen Ich des Analysanden und dem Ich des Analytikers (das sogenannte Arbeitsbündnis) und schließlich die Realbeziehung, von der man annahm, dass sie neben all den anderen Beziehungsebenen bestehe und mehr oder weniger unabhängig von diesen sei. Man kann nun vereinfacht sagen, dass die Entwicklungen, die sich seit dem letzten Drittel des vergangenen Jahrhunderts in der psychoanalytischen Theorienbildung vollzogen haben, in dieser Hinsicht zweierlei bewirkt haben: Sie haben im Zuge der Ausweitung der Konzepte von Übertragung und Gegenübertragung die vormalige Differenzierung der Beziehungsebenen wieder aufgehoben. Und sie haben, aufbauend auf den innovativen Arbeiten Sándor Ferenczis und Michael Balints, mit zunehmendem Nachdruck die Beziehung zu einem entscheidenden Veränderungsfaktor, ja zu *dem* entscheidenden Veränderungsfaktor des analytischen Prozesses erklärt. Nicht die Bewusstwerdung von Unbewusstem, sondern die Verinnerlichung der neuen reparativen Beziehungserfahrungen, die der Patient in der Analyse macht, führt zur Veränderung. In Verbindung mit entwicklungspsychologischen und ätiologischen Erkenntnissen, die vor allem die Frühzeit der Subjektwerdung betreffen, hat die Neubewertung des Beziehungsgeschehens zwischen Analytiker und Patient zu einem Modell des analytischen Prozesses und der Behandlungstechnik geführt, das der englischsprachige Ausdruck des »reparenting« am besten beschreibt. Der Analytiker versteht sich in seinem Tun immer mehr als Repräsentanz einer überwiegend mütterlich ausgewiesenen Elternfigur, die es dem Patienten ermöglicht, nicht stattgefundene oder unzureichend gebliebene Entwicklungs- und Reifungsschritte nachzuholen. Die Geschichte von Aufstieg und Ausbreitung des beziehungsorientierten Paradigmas der Psychoanalyse ist vielfach nachgezeichnet und mancherorts auch kritisch erörtert worden (Junker, 2005). Dies braucht im vorliegenden Kontext, der die ethischen Aspekte der psychoanalytischen Situation fokussiert, nicht erneut nachvollzogen zu werden. Gleichwohl betreffen die hier zur Diskussion stehenden ethischen Fragen genau jene Entwicklungen, die große Teile, wenn nicht gar den Mainstream aktueller psychoanalytischer Praxis prägen. Ich werde mich zunächst mit kritischer Intention drei thematischen Aspekten dieser Praxis zuwenden.

Das falsche Versprechen

Mit diesem Ausdruck kennzeichne ich einen bereits diskutierten Sachverhalt. Dieser besagt noch einmal kurz zusammengefasst: Je mehr sich der Analytiker vom genuinen Ort seines Sprechens entfernt und das heißt, je mehr er sich in die Identifizierung mit einer elterlichen Figur begibt, desto mehr macht er dem Patienten ein Versprechen, das er letzten Endes nicht halten kann. Dies bedeutet nicht, dass seiner Aktivität nicht immer auch Elemente beigemischt wären und sein dürften, die man als »mütterliche« oder »väterliche« Merkmale oder Funktionen bezeichnen kann. Es geht hier um das Ausmaß seiner Identifizierung mit dem Gesamtbild dieser Funktionen. Das Ergebnis dieser Identifizierung entspricht einem doppelten Scheitern. Der Analytiker tut das nicht oder zu wenig, was seinem ausgezeichneten Ort, seiner hochspezifischen Aufgabe entspricht, und er kann gleichzeitig die Ansprüche, die mit der elterlichen Identifizierung verbunden sind, nicht wirklich erfüllen. Seine Bemühungen in letztgenannter Hinsicht greifen immer zu kurz, was kein Wunder ist, wenn man sich vor Augen führt, wie wenig die Beziehungs- und kommunikative Situation zwischen Analytiker und Analysand mit der zwischen einer Mutter und ihrem Kind in Wahrheit gemeinsam hat. In Anlehnung an die bekannte Märchenszene ist man geneigt zu sagen, dass »jedes Kind« sofort erkennen würde, dass es die behauptete Gemeinsamkeit oder Ähnlichkeit nicht gibt und dass »der Kaiser nackt ist«, obgleich alle wie unter Autosuggestion stehend davon überzeugt sind, dass er die herrlichsten Kleider trägt. Dass man es hier mit einem ideologisch eingefärbten Phantasma zu tun hat, liegt auf der Hand. Es ist ein Phantasma, das in einer Zeit, in der die Mutter- und Vaterbilder immer diffuser, polyvalenter und transponierbarer werden, den

Patienten und seine Entwicklung in ein normatives Raster zwängt, das oft genug von konventionellen und in dieser Hinsicht vollkommen unreflektierten Vorstellungen darüber beherrscht ist, wie ein Vater und wie eine Mutter zu sein haben.

Es reicht anscheinend nicht mehr, dass der Patient in seiner Übertragung mächtige Vater- und Mutterbilder aufbietet, um den Analytiker von seiner kindlichen Ohnmacht und Hilfsbedürftigkeit zu überzeugen. Viele Analytiker und Psychotherapeuten sind heute, darin unterstützt und legitimiert durch einschlägige Theorien, von dem Glauben befallen, sie selbst müssten ebenso mächtige Vater- oder Mutterfiguren sein, um ihre Arbeit gut zu machen und dem Patienten wirksam zu helfen. Man entdeckt dann bei sich eine mütterliche oder väterliche Gegenübertragung, bei der es sich aber im Grunde genommen um eine eigene Übertragung handelt. Denn man könnte genauso gut anders auf den Patienten reagieren (Fink, 2013, S. 185ff.). Viele Analytiker sind davon überzeugt, dass sie nur dann zur Gesundung und zum Wohl des Patienten betragen, wenn sie ihre Tätigkeit unter die Flagge analytisch-therapeutischer Elternschaft und des »reparenting« stellen. Das Elternparadigma analytischer Tätigkeit erscheint alternativlos, erscheint aber nur deswegen so, weil zum einen das Selbstverständnis des Analytikers nahezu ausschließlich von entwicklungspsychologischen Referenzen beherrscht ist, und weil sich zum anderen im Wissen darum, was der Analytiker qua seines ausgezeichneten Platzes stattdessen zu tun hätte, eine zunehmende Verfinsterung ausgebreitet hat .

Die psychoanalytischen und psychotherapeutischen Praxen werden seit Langem in zunehmender Frequenz von Menschen aufgesucht, die in ihrer Kindheit in gravierender Weise und mit oftmals traumatischen Folgen elterliche Liebe, Fürsorge und Pflege entbehrt haben. Der in der Vergangenheit stattgehabte Mangel wird also gar nicht bezweifelt, wenn man die Frage stellt, wie diesen Patienten als erwachsenen Menschen so zu begegnen ist, dass diese Begegnung nicht als nachgeholte Elternschaft interpretiert werden muss. Dazu bedarf es in den meisten Fällen gar nicht einer völlig neuen Technik, sondern einer neuen Haltung und eines erneuerten Selbstverständnisses des Analytikers. Wenn ein Patient, der sich als Kind von signifikanten Bezugspersonen nie verstanden und in seinem Wesen akzeptiert fühlte, in der Analyse nun vielleicht erstmals die gegenteilige Erfahrung macht, dann bedeutet das nicht zwangsläufig, dass es sich hierbei um ein »reparenting« handelt, dass also mithilfe des Analytikers etwas nachgeholt wird, was in der Kindheit des Patienten nicht stattgefunden hat, aber eigentlich hätte stattfinden sollen. Zweierlei lässt sich dazu sagen: Der Patient holt nichts nach, sondern *macht eine neue Erfahrung*. Diese Erfahrung kann ein Mensch zu jeder Zeit seines Lebens machen, unabhängig davon, was in seiner Kindheit passiert ist und was nicht.

Die neue Erfahrung als ein Nachholen zu interpretieren, impliziert die Annahme, dass die frühe Kindheit der richtige Zeitpunkt gewesen wäre, diese Erfahrung zu machen, und dass dieser eigentlich richtige Zeitpunkt infolge einer wie auch immer gearteten Unfähigkeit der Eltern nicht genutzt werden konnte. Nun mag es sein, dass ein ausreichendes Verstanden- und Gesehenwerden dem Patienten die spätere neurotische oder narzisstische Störung erspart hätte. Aber das wissen wir überhaupt nicht. Was wir aber wissen und erkennen können, ist dies: dass sich der Analytiker, der sich die reparative Sichtweise zu eigen macht, einem normativen Modell verschreibt, in dem vorab schon festgelegt ist, wie die gesunde Entwicklung eines Individuums auszusehen habe. Es mag sein, dass es gut für ein Kind, dessen Selbstentwicklung und biografische Zukunft ist, wenn es von seinen frühen Bezugspersonen empathisch gespiegelt wird. Es ist aber nicht das, was den Analytiker in erster Linie zu interessieren hat und was er glaubt reparieren oder gemeinsam mit dem Patienten nachholen zu müssen. Eine wesentliche Aufgabe des Analytikers – nicht seine einzige - besteht darin, dem Analysanden dabei zu helfen, sein lebensgeschichtliches Geworden-Sein anzuerkennen und den damit unweigerlich verbundenen Mangel zu integrieren. Dies muss man heute in Erinnerung zurückrufen, obgleich der Feststellung an sich überhaupt kein Neuigkeitswert zukommt. An ihrer Berechtigung hat sich auch dadurch nichts geändert, dass der in der *conditio humana* angelegte Mangel durch zusätzliche Mangelerfahrungen, verursacht durch lieblose, vernachlässigende oder selbst seelisch schwer gestörte Elternpersonen, in zum Teil dramatischer und schicksalsbestimmender Weise verstärkt wird. Nichtsdestoweniger ist auch einem von einer früh einsetzenden Leidensgeschichte geprägten Menschen die Aufgabe zumutbar, *sich selbst in einem beschädigten Leben wiederzufinden* und von dieser Grundlage aus neue und ihm angemessene Weisen des Sein-Könnens zu erproben. Was für ein anmaßender Blick auf ein menschliches Leben ist der, der von der Annahme geleitet wird, dieses Leben hätte, wenn die früheren Umstände »bessere« gewesen wären, auch »besser« verlaufen können, und dies »Bessere«, das damals versäumt wurde, könne heute nachgeholt werden. Es ist ein Blick, der aller Selbstentfremdung, die in einem solchen Leben stattgefunden hat, noch eine weitere hinzufügt. Die Individualität eines Menschen speist sich aus seinem Leben, wie es wirklich war und heute ist, nicht daraus, wie es ausgesehen hätte, wenn »alles gut gegangen wäre«. Ich will damit selbstverständlich nicht sagen, dass Psychoanalytiker und Psychotherapeuten in ihrer Arbeit bewusst mit Konstruktionen der genannten Art operieren würden. Sie tun es aber implizit dort, wo sie ihre Arbeit als Wiedergutmachung oder Nachholen interpretieren, denn diese Interpretation bedeutet, dass das, was sie in ihrer analytischen Arbeit leisten, im Prinzip auch schon zu einem früheren

Zeitpunkt und unter anderen Umständen, nämlich von den verantwortlichen Elternpersonen hätte geleistet werden können. Dagegen steht die hier vertretene und wiederholte Überzeugung, dass das, was Psychoanalyse leistet und versprechen kann, gerade *nicht* zu einem früheren Zeitpunkt oder unter anderen Umständen hätte stattfinden können. Ich betone noch einmal, dass mit dem Vorgebrachten keinesfalls die Bedeutung neuer und durchaus auch besserer intersubjektiver Erfahrungen herabgesetzt oder gar negiert wird, die der Patient dank der Haltung des Analytikers in der analytischen Situation machen kann. Entscheidend ist die Perspektive der Interpretation solcher Erfahrungen. Und diese Perspektive muss in keiner Weise die der Kompensation oder der verspäteten Wiedergutmachung sein, selbst dann nicht, wenn der Patient seine Geschichte, die er in der Gegenwärtigkeit des analytischen Diskurses erzählt, unter eine ebensolche Perspektive stellt.

Beziehungstechnik

In enger Verbindung mit dem falschen Versprechen des »reparenting« steht eine andere Problematik, deren ethische Dimension leicht übersehen wird. Wie bereits mehrfach ausgeführt, verstand sich die traditionelle analytische Technik stets als eine Technik des sprachlichen Diskurses. Nicht umsonst galt die analytische Kur als »talking cure«, als Prozess also, in dem man Veränderung als Effekt sprachlicher Symbolisierungsvorgänge erwartete, ganz gleich, ob man sich darunter wie Freud die Bewusstwerdung von Unbewusstem oder wie später Lacan eine sich im Sprechen vollziehende Umstrukturierung des Unbewussten vorstellte. Mit den beziehungspsychologischen Innovationen verschob sich der Fokus von der Ebene der Symbolisierung auf die der emotionalen Beziehung. Was beim Patienten Wandlung oder Heilung herbeiführe, sei weniger die wiedergewonnene Erinnerung, die Einsicht in unbewusste Motivierungen, das Aussprechen des bislang Unausgesprochenen, sondern die neue emotionale oder Beziehungserfahrung, die der Patient in der Analyse mache. Damit war und ist bis heute gemeint, dass der Patient erleben darf, und zwar in all seinen seelischen Äußerungen, den gesunden wie den pathologischen, vom Analytiker verstanden und empathisch reflektiert zu werden; dass er sich darauf verlassen darf, in chaotischen Affektstürmen, in seinen Zerrissenheits- und Verzweiflungszuständen, vom Analytiker gehalten zu werden; dass er davon ausgehen darf, dass der Analytiker seinen destruktiven Attacken standhält, sie überlebt, ohne sich dafür zu rächen und so fort. Mit einem Wort, die mutative Potenz der Analyse verlagerte sich mehr und mehr auf die nicht deutenden Elemente und Beziehungsfaktoren, und das besonders bei Patienten, von denen man annahm, dass sie aufgrund unzureichender Symbolisierungsfähigkeiten von sprachlich-diskursiven Verarbeitungsformen nicht profitierten, diese vielmehr vorrangig zur Abwehr benutzten.

Man kann ohne Übertreibung sagen, dass sich das Beziehungsparadigma der Psychoanalyse heute weithin als Mainstream psychoanalytischer Behandlungspraxis durchgesetzt hat. Man kann mit ebenso wenig Übertreibung feststellen, dass das Denken in Beziehungskategorien mittlerweile zu einem Emblem psychoanalytischer *correctness* geworden ist, mit der man sich darin ausweist, die Dinge, um die es geht, richtig verstanden zu haben. Die Bewegung hat in ihren bedenklichsten Auswirkungen eine Beziehungsmystik und einen damit einhergehenden Beziehungsjargon hervorgebracht mit den Folgen einer merklichen Entdifferenzierung und Verflachung des fachlichen Diskurses.

Wirft man einen nüchternen Blick auf die Geschichte des psychoanalytischen Beziehungsparadigmas seit den Zeiten Ferenczis und Balints, dann stellt sich sehr schnell heraus, dass dasjenige, was sich verändert hat, primär nicht die Beziehung zwischen Analytiker und Analysand ist, sondern die Haltung des Analytikers einschließlich dessen Bild vom Analysanden und der daraus abgeleiteten therapeutischen Erfordernisse. Die Analytiker fingen damit an, dem, was das Ich erlitten hat, mehr Aufmerksamkeit zuzuwenden als sich auf die Abwehrleistungen dieses Ichs zu konzentrieren. Sie begannen damit, die Regression zu fördern und zu tolerieren, statt zu begrenzen. Sie ließen sich in größerem Maße im Dienste der Entwicklungserfordernisse des Analysanden als Adressaten libidinöser und aggressiver Wunschregungen verwenden. Sie verabschiedeten sich von einer Attitüde der Allwissenheit, gaben Fehler zu und boten Deutungen als heuristische Hypothesen oder Dialoggrundlage an. Sie lockerten den Schutzpanzer absoluter Anonymität und ermöglichten innerhalb eines situativen Rahmens struktureller Ungleichheit mehr Transparenz und Symmetrie. Die Reihe derartiger Neuerungen könnte bis zu den umstürzlerischen Konzepten der modernen psychoanalytischen Intersubjektivisten fortgesetzt werden. Zeigen würde sich dabei immer das Gleiche: dass Ausgangspunkt und Movens der Veränderung immer die veränderte analytisch-therapeutische Haltung einschließlich der daraus abgeleiteten veränderten Interventionsformen war. Und es ist mehr als selbstverständlich, dass die veränderte Haltung veränderte Interaktions- und Beziehungsformen mit sich führen musste. Es dürfte jedermann einleuchtend erscheinen, dass die Qualität einer interpersonalen Beziehung von der Haltung der daran beteiligten Subjekte abhängt. Eine Beziehung ist also nichts für sich und aus sich heraus Bestehendes. Sie richtet sich nach den Gefühlen, Wahrnehmungen, Intentionen, Wünschen und Wertvorstellungen, mit denen Menschen, sei es innerhalb oder außerhalb eines professionellen

Settings, einander begegnen. Was im gegenwärtigen psychoanalytischen Sprachgebrauch Beziehungsfaktoren genannt wird, sind also bei genauer Betrachtung im Wesentlichen Haltungsfaktoren, die sich selbstredend unmittelbar auf die Art der analytischen Beziehungsdynamik auswirken. Was an dieser Unterscheidung ist so wichtig, dass sie im vorliegenden Kontext eigens herausgearbeitet werden muss?

Zunächst gilt es zu erkennen, dass die überwertige Betonung der Beziehung einem Phantasma oder auch Begehren des Analytikers entstammt. Über die Ursprünge und Motive eines solchen Begehrens lassen sich zumindest einige Vermutungen anstellen. So kann man nicht übersehen, dass die erhöhte Aufmerksamkeit für Beziehung und Intersubjektivität in einer Zeit einsetzt, in der Sozialwissenschaftler den genau entgegengesetzten Trend diagnostizieren, nämlich die Anzeichen für einen zunehmenden Zerfall von Bindung und Gemeinschaftlichkeit in den öffentlichen und privaten Lebenswelten, kurzum die Symptome einer heraufziehenden Epoche, die erstmals Christopher Lasch das »Zeitalter des Narzißmus« genannt hat (Lasch, 1995). Ist es auszuschließen, dass Psychoanalytiker und Psychotherapeuten, die im isolierten Gehäuse ihrer Praxis einer im Grunde beziehungsarmen, einsamen Tätigkeit nachgehen, ein gesteigertes Bedürfnis nach interpersonaler Verbindung verspüren – und dies ganz besonders angesichts des anwachsenden Zustroms von hilfebedürftigen Menschen, deren narzisstisch-autistoides Persönlichkeitsbild mehr als geeignet erscheint, ein solches Bedürfnis zu verstärken? Auf der anderen Seite kann keinem aufmerksamen Beobachter entgehen, dass der Patient, der sich in Analyse oder Psychotherapie begibt, nicht in erster Linie eine Beziehung sucht. Er sucht vielmehr einen Experten, der über eine bestimmte Haltung verfügt, über eine solche nämlich, die es ihm, dem Patienten, ermöglicht, sich mit seinen bestgehüteten persönlichen Nöten und Geheimnissen anzuvertrauen, und zwar mit der Hoffnung, dass er darin akzeptiert und verstanden und dass ihm auf die eine oder andere Weise geholfen werde. Wie auch immer die Wünsche und Erwartungen eines Patienten im Einzelfall aussehen mögen, es ist sicher, dass es ihm in seinem Hilfebegehren primär um eine professionelle Haltung und nicht um eine Beziehung geht. Dass sich infolge der Haltung, die er antrifft, dann auch eine spezifisch beschaffene Beziehung einstellt, ist, wie bereits angemerkt, ein natürliches Phänomen, aber eben ein solches, das den Menschen, der einen Psychoanalytiker oder Psychotherapeuten aufsucht, nicht in erster Linie interessiert.

In diesem Punkt scheint sich beträchtliche Verwirrung ausgebreitet zu haben. Sie hat dazu geführt, dass Analytiker es offenbar nicht für ausreichend ansehen, eine fachgerechte Haltung einzunehmen, sondern darüber hinaus meinen, dem Patienten ein »Beziehungsangebot« machen zu müssen. Einmal abgesehen vom dem ausgesprochen lasziven Beiklang, den dieses Wort aufweist, setzt sich der Analytiker mit dieser Bestrebung in den allermeisten Fällen über die Tatsache hinweg, dass bereits eine Beziehung besteht, die ihm aus irgendwelchen Gründen aber nicht ausreichend, nicht »richtig« erscheint. In Verbindung damit setzt er sich möglicherweise auch über die Tatsache hinweg, dass an der eigenen Haltung etwas nicht stimmt, und dass es daran liegt, dass keine oder keine gute Beziehung zustande kommt. Was den ersten Punkt betrifft, so muss hervorgehoben werden, dass wir es in dieser Sache erneut mit einem schon mehrfach thematisierten Problem zu tun haben. Analytiker benehmen sich vielfach so, als verfügten sie über ein autorisiertes Wissen darüber, was eine »richtige« oder »gute« Beziehung sei, also unter welchen exklusiven Voraussetzungen ein menschliches Miteinander das Prädikat »Beziehung« eigentlich nur verdient habe. Hier zeigt sich erneut die beträchtliche Belastung durch normative Konzepte, die auch die neueren psychoanalytischen Theorien nicht losgeworden sind. War es zu früheren Zeiten das normative Modell der Triebentwicklung, der Weg vom polymorph-perversen Stadium zur Genitalität, so ist es heute das normative Modell der Objektbeziehungsreife mit den Zielmarken der Triangulierung, wechselseitigen Anerkennung und depressiven Position. Man kann sich auf einen solchen Diskurs stützen. Nichts wird einem leichter gemacht. Eine andere Frage ist, ob wir darin dem gerecht werden, was die Psychoanalyse zu versprechen hat.

Die Abtrennung des Beziehungsgeschehens von den Haltungsmerkmalen des Analytikers führt zu einer weiteren Problematik, die in den Kontext ethischer Reflexion gehört. Eine Beziehung zwischen zwei oder mehreren Subjekten ereignet sich in Abhängigkeit davon, wie die Subjekte hinsichtlich ihrer Gefühle, Wünsche und Erwartungen zueinander stehen. Wer Einfluss auf die Art oder Qualität einer Beziehung nehmen will, muss folglich an den subjektiven Faktoren ansetzen, die über die Qualität der Beziehung entscheiden. Wenn der Analytiker die therapeutische Beziehung transparenter gestalten will, muss er sich hinsichtlich seiner Intentionen, Ziele und Denkweisen mehr öffnen. Wenn er sie empathischer gestalten will, muss er sich mehr einfühlen und so weiter und so fort. Was dann geschieht, hängt von seiner veränderten Haltung ab, aber natürlich auch davon, wie der Patient auf die veränderte Haltung des Analytikers reagiert. Insofern ist eine Beziehung nie planbar, sie »geschieht« in der einen oder anderen Weise. Die Hypostasierung der Beziehungsphänomene, die in der Rede von den therapeutisch wirksamen Beziehungsfaktoren angelegt ist, begünstigt aber nun die Vorstellung, die Beziehung sei so etwas wie eine steuerbare Größe. Mit anderen Worten, man kommt unvermeidlich dahin, die *Beziehung als Bestandteil der Technik* zu betrachten. Man glaubt, die Beziehung ähnlich wie die Deutung oder eine andere

Interventionsform einsetzen zu können, um einen erwünschten therapeutischen Effekt zu erreichen. Die Beziehung wird zu einem Element des behandlungstechnischen Repertoires des Analytikers. Sie wird zur Beziehungstechnik. Ich habe mich mit dieser folgenschweren Instrumentalisierung der Beziehung, die zu einer Deformierung, ja im Grunde Pervertierung der Beziehung führt, in einer Studie mit dem Titel *Technik und Beziehung. Erkundung einer Widerstreits* gründlicher auseinandergesetzt (Lesmeister, 2005). Meine Argumentation lief dort darauf hinaus, einen grundsätzlichen und unaufhebbaren Antagonismus zwischen interpersonaler Beziehung und technischer Handhabung der Beziehung anzunehmen. Ohne diese Sichtweise grundsätzlich zu revidieren, würde ich meine Kritik in der hier dargelegten Weise präzisieren. Die Technik als zweckrationales methodisches Instrumentarium steht dort im Widerstreit zur Beziehung, die ja jenseits zweckrationaler Bestimmungen bestehen soll, wo sie als Mittel der Technik verstanden und dementsprechend eingesetzt wird. Die nicht selten vernommene Aussage »Die moderne Psychoanalyse arbeitet mit der Beziehung« degradiert die Beziehung zu einem fungiblen Instrument der Technik, und sie unterwirft den Anderen, der an dieser Beziehung beteiligt ist, zugleich einem Verhältnis der *Inklusion*, in dem die Andersheit des Anderen zu verschwinden droht.

Nicht-Inklusion oder der Patient als der Andere

Die Frage, die sich an die zuletzt aufgeworfene Problematik anschließt, lautet: Wie sollte die Haltung des Analytikers beschaffen sein, damit der Patient in der analytischen Beziehung als der Andere, das heißt als Subjekt der Nicht-Inklusion gesehen werden kann? Wir kehren also die gewohnte Fragerichtung um. Es geht nicht darum, wie der Analytiker als der Andere für den Patienten situiert ist (Weiss, 1988), sondern welche ethische Einstellung den Analytiker in die Lage versetzt, in seinem Tun der Alterität der Person, die sich mit einem Hilfebegehren an ihn gewandt hat, gerecht zu werden.

Man muss zunächst festhalten, dass die Figur des Anderen, also des realen Anderen, der jenseits des Bezugssystems meines Selbst existiert und mit dem keine Identifizierung möglich ist, durchaus nicht zu den genuinen Entdeckungen der Psychoanalyse gehört. Die maßgeblichen Arbeiten wurden überwiegend auf philosophischem Gebiet geleistet (Theunissen, 1977) und sind nach und nach in den psychoanalytischen Diskurs übernommen worden (Bohleber, 2004). Eine Ausnahme findet sich in der psychoanalytischen Theorie Jacques Lacans, der einzigen, die den (groß geschriebenen) Anderen als Terminus kennt und ihm einen bestimmten Ort innerhalb des dreidimensionalen Systems der Register des Symbolischen, Imaginären und Realen zuweist. Ansonsten trifft man eher auf implizite und als solche häufig unklare Konzeptualisierungen des Anderen, so etwa in der trieb- oder objektbeziehungstheoretisch formulierten Unterscheidung zwischen subjektivem und Realobjekt, ebenso in der psychologischen Charakteristik des Objektes der depressiven Position bei Melanie Klein, womit ich mich gleich näher befassen werde. Nachdem die Differenzierung zwischen narzisstischem (subjektivem) und realem Objekt in der Selbstpsychologie Heinz Kohuts bereits zu einem diffusen Selbstobjekt zusammengeschmolzen ist, hat bedauerlicherweise der zeitgenössische psychoanalytische Intersubjektivismus – zumindest in manchen seiner von der angloamerikanischen Sozialphilosophie geprägten Erscheinungsformen – seinen Teil dazu beigetragen, die psychologische Mehrdimensionalität der Objekt-Bedeutungen einzuebnen. Unter dem Primat der interpersonalen Begegnung und der neu entdeckten Wertschätzung für Symmetrie und Reziprozität schien es eher unwichtig geworden zu sein, wer da eigentlich wem genau auf welcher Ebene begegnet und wie demzufolge der psychologische Status einer Beziehung einzuschätzen ist.

Im Folgenden werde ich zwei unterschiedliche Konzeptionen diskutieren, die der Figur des Anderen und der Beziehung, in der das Subjekt zu ihm steht, eine ethische Dimension zuschreiben. Die erste dieser Konzeptionen entstammt der psychoanalytischen Theorienbildung und ist unter dem auf Melanie Klein zurückgehenden Begriff der *depressiven Position* zu einem festen Bestandteil der psychoanalytischen Theoriesprache geworden. Die zweite Konzeption ist philosophischen Ursprungs und geht auf das beziehungsethische Denken des jüdischen Philosophen Emmanuel Lévinas zurück. Es ist mir nicht bekannt, dass die von Lévinas vorgenommene Bestimmung des Anderen einschließlich der ethischen Implikationen, die mit dieser Bestimmung einhergehen, bislang auf die Verhältnisse der analytischen Situation und die Beziehung der in ihr interagierenden Subjekte Anwendung gefunden hätte.

Der Andere im Konzept der depressiven Position

Ich schicke eine Bemerkung voraus: Das Konzept der depressiven Position, so wie es von Melanie Klein entwickelt und von ihren direkten Nachfolgern, den neokleinianischen Analytikern und den Vertretern der psychoanalytischen Schulrichtung Wilfred Bions weiter ausgearbeitet worden ist (dazu Bott Spillius, 2002, beruht auf entwicklungspsychologischen Annahmen, die in der Fachdiskussion umstritten sind. Ich löse dieses Konzept, wie dies durchaus häufiger geschieht, von seiner entwicklungspsychologischen Fundierung und behandle es als Beschreibung einer psychischen Organisationsform, die unabhängig von ihrer Genese nachgewiesen und untersucht werden kann. Des Weiteren verzichte ich auf die Darstellung der klinischen Aspekte des Konzepts, weil es, wie bereits deutlich gemacht, im vorliegenden Kontext nicht darum geht, die Entwicklung der psychischen Struktur des Patienten in Augenschein zu nehmen, sondern die depressive Position als Merkmalskomplex der ethischen Haltung des Analytikers auszuweisen.

Die depressive Position ist durch zwei Merkmalskomplexe charakterisiert, die im Hinblick auf die Position des Anderen in der analytischen Beziehung zum Patienten von Interesse sind. In der technischen Sprache der Objektbeziehungstheorie beinhaltet die erste Charakterisierung die Annahme, dass das Objekt als getrennt und unabhängig vom Selbst erlebt wird, nachdem es in der entwicklungspsychologisch vorausgehenden paranoid-schizoiden Position unbewusst als Teil des Selbst und dessen Omnipotenz unterworfen wahrgenommen und behandelt wurde. Mit dem Übergang zur Getrenntheit treten zwangsläufig auch die realen Eigenschaften des Objektes in den Vordergrund, was immer das Attribut »real« in diesem Zusammenhang auch genau bedeuten mag. Mit dem Erreichen der depressiven Position sind in psychoanalytischer Sicht damit überhaupt erst die Voraussetzungen dafür geschaffen, dass der Andere als Subjekt der Nicht-Inklusion die psychologische Bühne betreten kann. Wenden wir diese Bestimmung nun auf die Haltung des Analytikers an, dann ergibt sich sofort das Bild einer ebenso komplexen wie komplizierten Anforderung, welcher dieser in seiner Arbeit gerecht zu werden hat. Denn die Position des Patienten ist – besonders in den Anfängen der analytischen Behandlung, aber im Grunde genommen die gesamte Zeit über – als die eines Abhängigen beschrieben. Die Abhängigkeit erklärt sich in diesem Fall weniger aus der Hilfsbedürftigkeit des Patienten als aus der Übertragung, die ihn mehr oder weniger in einer imaginären, das heißt von subjektiven Objekten beherrschten Beziehung zum Analytiker fixiert. Zu den klassischen Aufgaben des Analytikers gehört es, den imaginären (phantasmatischen) Gehalt dieser Beziehung immer wieder transparent zu machen und gegebenenfalls aufzulösen, sei es durch Deutungen oder andere geeignete Interventionsformen. Die Problematik aufseiten des Analytikers, um die es hier geht, ist aber auf einer anderen Ebene angesiedelt und läuft auf einen zu leistenden Spagat hinaus. Er muss den Patienten gleichzeitig in dessen übertragungsbedingter Abhängigkeit *und* in der Position des Subjektes wahrnehmen können, das von seinem eigenen Analytiker-Selbst getrennt und unabhängig ist. Täte er das Letztgenannte nicht, würde er den Patienten zum Bewohner seines analytischen Selbst und damit zum Objekt einer analytischen Omnipotenz machen, die den imaginären Bestrebungen des Patienten entgegen käme.

Es genügt also nicht, wenn sich der Analytiker in seiner symbolischen Funktion dem Patienten gegenüber immer wieder als der Andere konstituiert. Er muss auch in seinem Gegenüber immer wieder den Anderen erkennen, der im Verständnis der depressiven Position jenseits aller narzisstischen Ambitionen situiert ist, die auch den Analytiker wie Sirenengesänge von seinem Kurs abzubringen drohen. Es ist damit ein Problem angesprochen, dessen Verbreitung und Tragweite man nicht zu unterschätzen hat. Die genannte Anforderung ernst zu nehmen, würde für den Analytiker beispielsweise bedeuten, sich klarzumachen und anzuerkennen, dass der Patient als Selbst und Subjekt eine Existenz außerhalb des Bezugsfeldes hat, das durch die entwicklungspsychologischen, ätiologischen und psychodynamischen Theorien definiert ist, die auf ihn angewandt werden. Dass es im Subjekt etwas gibt, was in diesen Theorien nicht aufgeht, scheint eine fast triviale Behauptung darzustellen, gehört aber nicht zu den Erkenntnissen, die unter psychoanalytisch und psychotherapeutisch Tätigen sorgsam bedacht werden. Oft genug entsteht der Eindruck, dass der Patient als der nicht gekannte Andere innerhalb professioneller Wahrnehmungs- und Interpretationsmuster eigentlich gar nicht existiert. Der reale Andere setzt sich aus dem zusammen, was durch die Maschen der symbolischen und erst recht der imaginären Netzwerke fällt. Er verkörpert gewissermaßen den übriggebliebenen Rest, dem aber gerade dadurch, dass er undefiniert bleibt, der Status der Alterität zukommt. Die Realisierung der depressiven Position würde vom Analytiker folglich verlangen, dieses Restes, der sich in seinem Wissen ja nicht repräsentieren lässt, eingedenk zu bleiben, mit anderen Worten die Tatsache im Bewusstsein zu halten, dass es diesen Rest und damit den Anderen gibt. Tut er dies nicht, dann nehmen seine Erkenntnisse und die therapeutischen Handlungsweisen, die daraus folgen, unweigerlich omnipotente Züge an, was wiederum bedeutet, dass sich seine Haltung in letzter Konsequenz nicht im Einklang mit den Postulaten der depressiven Position befindet.

Es ist vor diesem Hintergrund kein Zufall, dass in den Anfangszeiten der Psychoanalyse zwei Phänomene in enger Verbindung miteinander auftraten. Da war zum einen die hohe Selbstgewissheit in Bezug auf die Wahrheit und umfassende Erklärungskraft der psychoanalytischen Theorie, das also, was man in einfacherer Ausdrucksweise den naturwüchsigen Dogmatismus der Gründerjahre und durchaus auch späterer Zeiten nennen kann. Und es lässt sich parallel dazu vom heutigen Blickwinkel aus eine bestimmte Akzentuierung im analytischen Beziehungsverständnis und in der Wahrnehmung des Patienten konstatieren, die durchaus im Horizont der paranoid-schizoiden Position anzusiedeln sind. Der

Patient galt als derjenige, dem mit Misstrauen und Vorsicht zu begegnen ist, weil er infolge der in ihm vorherrschenden regressiven Triebtendenzen immer darauf aus ist, sich der Analyse seines Unbewussten und damit der Psychoanalyse und dem Psychoanalytiker zu entziehen, mit einem Wort: Widerstand zu leisten. Das freudianische Konzept des Widerstandes beschreibt im Grunde genommen die unbewusst determinierte Weigerung des Patienten, sich dem omnipotenten Wahrheitsanspruch des Psychoanalytikers und dessen Deutungsmacht zu unterwerfen. Im Widerstand insistiert der Patient gewissermaßen mit den ihm zu Gebote stehenden Mitteln auf seinem Eigen- oder Anderssein, das er nur in Form der Negativität, der Verneinung zum Ausdruck zu bringen vermag. Von dieser positiven Deutung des Widerstands waren die frühen Freudianer natürlich weit entfernt. Sie fühlten sich vielmehr vom widerständigen Patienten wie von einem Angreifer bedroht und waren daher bestrebt, den Verfolger zu neutralisieren, was nur heißen konnte, die Widerstände aufzulösen und den Patienten in Übereinstimmung mit der behaupteten psychoanalytischen Wahrheit zu bringen. Die unterstellte Negativität war dabei natürlich nichts anderes als das projizierte Bild der eigenen Macht- und Totalisierungsabsichten. Der einzige, der dem Widerstand eine positive Interpretation verlieh, war Otto Rank, allerdings erst nach seiner Trennung von Freud. Er sah in kritischer Absetzung zu den Freudianern darin die erste Artikulation des Eigenwillens des Patienten, der sich vorläufig nur als Gegenwille bemerkbar machen kann und der nicht etwa zu überwinden, sondern im Gegenteil im Dienste der Selbstentwicklung des Patienten anzuerkennen und zu fördern ist (vgl. Kapitel 1 dieses Buches). In Weiterführung des Rank'schen Gedankens würden wir sagen, dass sich im Gegenwillen, der sich auf dem Weg zum Eigenwillen artikuliert, das Erscheinen des Anderen ankündigt.

Betrachtet man den Status des Anderen im Kontext der von Melanie Klein eingeführten depressiven Position, dann ergibt sich eine Auffälligkeit, die der kritischen Beurteilung bedarf. Es verhält sich, wie dargestellt, ja so, dass auf der psychischen Strukturgrundlage der depressiven Position das Objekt als getrennt und unabhängig vom Selbst realisiert wird. Meine Formulierung, die dem allgemein üblichen Sprachgebrauch folgt, enthält bei genauer Prüfung aber ein in sich widersprüchliches Moment. Denn der Andere soll zwar vom Selbst unabhängig sein, gleichzeitig wird er aber von diesem Selbst gewissermaßen erzeugt. Der Andere als das vom Selbst getrennte und unabhängige Objekt der depressiven Position ist ein Produkt eben dieses Selbst insofern als es ja dessen Entwicklungsstufe und Vermögen zu verdanken ist, dass sich der Andere als getrennt und unabhängig vom Selbst konstituiert. Mit anderen Worten, die Alterität der depressiven Position ist gänzlich vom Selbst her definiert. Inwieweit und in welcher Weise sie dem Objekt als solchem und das heißt unabhängig vom Selbst zukommt – darüber wird überhaupt nichts ausgesagt. Im Konzept der depressiven Position ist der Andere ein Teil der Theorie über das Selbst. Er sagt mehr über die Beschaffenheit dieses Selbst aus als über einen Ort »jenseits« des Selbst.

Der subjektivistische Einschlag, der dem Verständnis des Anderen in Kleins Formulierung der depressiven Position anhaftet, lässt sich noch an einem weiteren Sachverhalt aufzeigen. Konstitutiv für die psychische Organisationsform der depressiven Position ist der Umstand, dass der Andere im Gegensatz zum Perzeptionsmodus der paranoid-schizoiden Position als »ganzes« und als »gutes Objekt« wahrgenommen werden kann, woraus sich für das Erleben des Subjektes mehrere wichtige Folgerungen ergeben. Die erste dieser Folgerungen besteht darin, dass das Objektbild des Anderen von nun an ambivalente, das heißt positive und negative Attribute in sich vereint, die zur ein und derselben Person gehören. Darüber hinaus entsteht nun eine innerpsychische Situation, in der sich das Subjekt als Ursprungsort von Aggression und Destruktivität erkennt, was mit der Gefahr einhergeht, das gute und daher geliebte Objekt zu beschädigen oder gar zu zerstören und damit zu verlieren. Daraus resultieren zum einen depressive Schuld- und Verlustängste, zum anderen Regungen von Reue, Sorge, Mitleid sowie das Bedürfnis nach Wiedergutmachung.

Wir können demnach feststellen, dass die Beziehung zum guten Objekt, so wie sie als Strukturmoment der depressiven Position beschrieben wird, als Kernstück einer ethischen Haltung gelten kann, in der das Bestreben vorherrscht, den Anderen vor den Wirkungen eigener Aggression zu schützen und dort, wo dieser Schutz versagt, die Folgen destruktiver Akte empathisch-schuldhaft zu verarbeiten und Wiedergutmachung zu leisten. Psychoanalytiker, die die Strukturmomente der depressiven Position erworben und verinnerlicht haben, sehen sich in der Lage, den Patienten jenseits von Übertragungs- und Gegenübertragungsvorgängen als den Anderen zu erfahren, der nicht nur unabhängig von ihrem Selbst existiert, sondern das gute Objekt repräsentiert, das es zu schützen und zu erhalten gilt. Es sind also wesentlich die durch die Anerkennung des guten Objektes vermittelten Haltungsmerkmale des Analytikers, die eine von Wertschätzung und Sorge geprägte therapeutische Beziehungsatmosphäre ermöglichen. Dennoch fällt auch auf diese Konstellation ein subjektivistischer Schatten. Wir stellten bereits fest, dass Getrenntheit und Unabhängigkeit des Anderen vom Selbst im konzeptionellen Rahmen der depressiven Position als Konstruktion, als Schöpfung eben dieses Selbst anzusehen sind. In der gleichen Richtung drängt sich nun die Frage auf, ob die auf den Elementen der depressiven Position gegründete ethische Haltung des Psychoanalytikers sich nicht im Wesentlichen als Ausdruck und Folge eines subjektiven, im Analytiker-Selbst liegenden Faktors darstellt, nämlich seiner Angst, das vom Patienten repräsentierte gute

Objekt zu verlieren. Man kann ohne weiteres zu der Folgerung gelangen, dass gemäß der Logik der depressiven Position der Patient als der Andere nicht *um seiner selbst willen* anerkannt, geschützt und erhalten wird, sondern dass dies geschieht, um das Selbst des Analytikers vor einem schmerzhaften und gegebenenfalls katastrophalen Verlust zu bewahren. Dies würde bedeuten, dass auch in diesem Fall das Interesse an der Erhaltung des Selbst und nicht des Anderen im Vordergrund steht. Die Ursache dieser in ethischer Hinsicht problematischen Konsequenz liegt möglicherweise in der von Melanie Klein postulierten entwicklungspsychologischen Situierung und Genese der depressiven Position. Sie entsteht in einer Frühphase der Kindheit, in der das Subjekt – der Säugling – vollkommen ungeschützt und in seiner Existenz gänzlich von einem übermächtigen Mutterobjekt abhängig ist, sodass in jedem Fall, sei es im paranoid-schizoiden oder depressiven Verarbeitungsmodus, die Bedürfnisse nach Schutz und Erhaltung des Selbst vorrangige Bedeutung haben.

Der Andere bei Emmanuel Lévinas und die analytische Situation

Als Alternative zum Modell der depressiven Position werde ich im Folgenden den beziehungsethischen Ansatz des jüdischen Philosophen Emmanuel Lévinas (1906–1995) vorstellen und hinsichtlich seiner bislang unerschlossenen Bedeutung für die Haltung des Psychoanalytikers und die Ethik der analytischen Situation diskutieren. Obgleich Lévinas zu den bedeutendsten Philosophen der Gegenwart zählt und sein Denken zahlreiche psychologisch hochbedeutsame Themen berührt, ist sein Werk in psychoanalytischen Kreisen bislang kaum rezipiert worden. Dies mag unter anderem mit der Tatsache zusammenhängen, dass seine Ideen, die um das Verhältnis von Selbst und Alterität kreisen, in markanter und geradezu provozierender Weise von den Auffassungen abweichen, die unter dem Einfluss einer beziehungstheoretisch und intersubjektivistisch ausgerichteten Psychoanalyse ein gewisses Standardformat angenommen haben. Selbstverständlich kann und muss ich das Denken des Anderen bei Lévinas im vorliegenden Kontext nicht in voller Breite entwickeln. Ich beschränke mich auf wenige Aspekte, wobei ich mich im Wesentlichen an seinem frühem Hauptwerk *Totalität und Unendlichkeit* (1987) orientiere.

Für Lévinas ist der Andere unendlich weit von mir als Ich-Subjekt oder Selbst angesiedelt und dies auch in den Momenten höchster Nähe und Intimität zwischen mir und einem anderen Menschen. Unendlichkeit steht bei ihm, genau genommen, aber nicht im Gegensatz zur Endlichkeit oder Begrenztheit, sondern zur Totalität, zur Inklusion und zum Einschließungsverhältnis. Sie steht im Gegensatz zum Streben und Anspruch des Ich-Subjektes, alles radikal Differente letztlich auszulöschen, indem es dieses den Bedingungen der eigenen Seinsweise unterwirft, also, wie Lévinas sich ausdrückt, wissend, erkennend, begreifend oder über einen anderen Modus der Inbesitznahme das Andere zum Selben macht. Trotz dieser unendlichen Entferntheit, einer radikalen *Exteriorität*, ist eine Beziehung zum Anderen möglich. Diese wird getragen von einem Begehren, das, darin ist die Konzeption Lévinas' der Sichtweise Lacans ähnlich, sein Ziel nie erreicht, sich als Begehren des Anderen aber immer weiter vertieft. Begehren des Anderen wird so zu einem sich vertiefenden Begehren des Unendlichen. Schon die wenigen angeführten Bestimmungen zum Ort des Anderen lassen es zu, die Stellung des Anderen als *transzendent* im Verhältnis zum Selbst zu bezeichnen, womit zunächst noch nichts über eine metaphysische oder gar religiöse Dimension ausgesagt ist.

Bei Lévinas bleibt der Andere in dieser Beziehung jedoch nicht abstrakt. Zunächst gilt: Der Andere ist zunächst und wesentlich der andere Mensch. Und seine Andersheit erscheint in spezifischer Gestalt oder Ausdrucksform. Sie erscheint als *Antlitz*. Was heißt Antlitz bei Lévinas? Die Bedeutung dessen, was Antlitz meint, lässt sich grob in zwei Richtungen ausfalten. Antlitz, das heißt zum einen äußerste Schwäche, Nacktheit, Ausgesetztheit, völlige Wehrlosigkeit und Entbehrung. Und es heißt zum anderen Größe, Erhabenheit, Herrlichkeit, auch eine solche, die über mir steht und mir befiehlt. Das Erscheinen des Antlitzes im Anderen oder als der Andere ist das Ereignis, das mich als Gegenüber in eine unbedingte Verantwortung ruft, eine Verantwortung, in der ich im Grunde immer schon stehe, der Verantwortung für diesen Anderen als anderen Menschen. Im Kern versammelt sich der ethische Anspruch des Antlitzes an mich in einem einzigen Satz und der lautet: *Du wirst nicht töten.*

Was die Intuition des Antlitzes bei Lévinas mit gewissen Begrifflichkeiten bei Lacan und anderen verbindet, ist der traumatische Gehalt, die traumatisierende Wirkung, die mit dem Erscheinen des Antlitzes im Anderen einhergeht. Worin besteht sie? Sie besteht darin, dass die Erfahrung des Antlitzes das Ich-Selbst seines »Könnens« beraubt, seines Töten-Könnens wie seines In-Besitz-nehmen-Könnens. Es handelt sich also um eine Art der Überwältigung, die Lévinas als reine *passio* und durchaus mit bis ins Äußerste zugespitzten Metaphern einer Gewaltsamkeit beschreibt, die auch das Können der Freiheit des Ichs außer Kraft setzt: Als Einfall, Einbruch, Akt des Terrors oder der Geiselnahme. Entscheidend ist hier also, dass die ethische Beziehung zum Anderen, die eine Beziehung der Nicht-Inklusion ist und sein muss, in einer traumatischen Erfahrung der Ich- oder Selbst-Entmachtung, einer Kastration durch die überwältigende Vorrangstellung des Anderen verwurzelt wird – vielleicht die letzte Option, die ethische Ultima Ratio angesichts des Versagens der ethischen Systeme vor den Katastrophen des vergangenen Jahrhunderts.

Die genannten Radikalisierungen in der Bestimmung des Anderen haben Lévinas viel Widerspruch und Missverständnisse eingebracht. Aber sie gehören zum Kernbereich seiner Konzeption. Anstoß genommen haben Kritiker vor allem an der Struktur der Asymmetrie und Nichtreziprozität, die nach Lévinas die Beziehung zum Anderen auszeichnet. Es heißt: Warum sollte dasjenige, was für den anderen Menschen gilt, also Antlitz und der Andere zu sein, nicht auf für mich als Subjekt gelten? Die Antwort: Ja, es kann auch für mich gelten, *aber nur vom Anderen her gesehen*. Es ist durchaus möglich, dass der Andere mich als Antlitz erfährt. Aber das hängt ausschließlich von ihm ab. Ich selbst kann für mich nicht Antlitz sein, ebenso wenig wie ich selbst für mich der Andere sein kann.

Übertragen wir – und all das kann hier nur versuchsweise geschehen – die von Lévinas vorgenommene Bestimmung des Anderen und der möglichen Beziehung zu ihm als Modell eines ethischen Regulativs auf das Feld der analytischen Situation, dann gelangen wir zu Konsequenzen, die herkömmlichen psychoanalytischen Denkweisen nicht nur als gewaltige Herausforderung, sondern durchaus als Bedrohung vorkommen mag. Sprechen wir, um eine ungefähre Mitte zu finden, wenigstens von einer tiefen Verunsicherung, die von den dargestellten Ideen ausgeht. Der schwächere Teil der Verunsicherung liegt darin, dass der Andere, und das wäre in unserem konkreten Fall der Patient als der andere Mensch, in einer unbedingten Unabhängigkeit (Nicht-Inklusion, Exteriorität) im Verhältnis zum Selbst des Analytikers gesehen und zudem mithilfe von Attributen beschrieben wird, die nicht aus subjektiven Dispositionen des Analytiker-Selbst hervorgehen, sondern die, phänomenologisch gesehen, dem Patienten als dem Anderen »von diesem selbst her« zukommen. Der zweifellos stärkere Teil der Verunsicherung betrifft die von Lévinas postulierte Asymmetrie der ethischen Beziehung und der daran gebundene potenziell traumatisierende Gehalt derselben. Vermutlich würden sich die meisten Psychoanalytiker und Psychotherapeuten dagegen sträuben, dem Pateinten so viel Macht zuzubilligen oder, umgekehrt gesehen, davor zurückschrecken, sich in eine derart ohnmächtige, inferiore und abhängige Position bringen zu lassen, wie sie in den Intentionen des Philosophen angelegt ist. Es fällt verhältnismäßig leicht, gegen die von Lévinas geforderten Zumutungen rationale Einwände vorzubringen, aber ebenso sicher gibt es eine Grenze, an der die Rationalität in Angstabwehr übergeht, und diese Grenze ist schwer zu bestimmen. Dass sich der Analytiker durch den Anderen und dessen Erscheinen als Antlitz in seiner Eigenmächtigkeit kastriert fühlen und zu Güte und Gerechtigkeit – zentrale Wertbegriffe bei Lévinas – gewissermaßen gezwungen fühlen muss, dass er nicht aus innerer Freiheit Verantwortung für den Patienten übernimmt, sondern nicht mehr anders *kann* als dies zu tun, all dies erschüttert zutiefst das auf Reziprozität, wechselseitiger Anerkennung und ähnlichen Prinzipien beruhende ethische Grundverständnis der modernen Psychoanalyse. Würden nach unserem als gesichert geltenden psychodynamischen Wissen solche perpetuierten Ohnmachtserfahrungen nicht zwangsläufig dazu führen, dass Güte und Verantwortung in Hass, Groll und Rachebedürfnisse umschlagen, dass also aus dem Nicht-töten-Können erneut ein Töten-Wollen wird? Man kann diese Bedenken nicht von der Hand weisen. Gleichwohl könnte das, was Lévinas den Psychoanalytikern zu sagen hat, dafür sorgen, dass der Asymmetrie der analytisch-therapeutischen Beziehung, die aus dem Verhältnis zwischen Hilfebedürftigem und Helfendem innerhalb eines institutionalisierten Rahmens nicht wegzudenken ist, eine umgekehrte Asymmetrie auf ethischer Ebene gewissermaßen ausgleichend entgegen wirkt. Sie könnte dafür sorgen, dass der Patient in seiner personalen Alterität vom Verstehen des Analytikers nicht verschlungen wird und im Bade der Intersubjektivität nicht untergeht.

Glaube als Element analytischer Haltung und Ethik

Wenn zum Abschluss dieses Kapitels vom Glauben als einem unverzichtbaren Element psychoanalytischer Haltung und Ethik gesprochen werden soll, dann bedarf es angesichts der semantischen Mehrdimensionalität des Glaubensbegriffs und der Komplexität der um diesen Begriff geführten Kontroversen einiger orientierender Hinweise. Die vorläufig wichtigste Klarstellung besteht darin, dass ich mit den nachfolgenden Betrachtungen nicht vorhabe, das Feld religiöser bzw. religionspsychologischer Thematiken zu betreten, also mit anderen Worten mich mit dem religiösen Glauben im engeren Sinne zu befassen. Diese Einschränkung impliziert auch den so weit wie möglich eingehaltenen Abstand zu dem seit geraumer Zeit wiederbelebten Interesse, das sich auf eine Neubestimmung des Verhältnisses von Psychoanalyse und Religion richtet (Gerlach et al., 2004; Frick & Hamburger, 2014). Die vorgenommene Grenzziehung versteht sich als grundsätzliche und zugleich als arbiträre, denn ein gelegentliches Hereinspielen theologischer oder religionsphilosophischer Aspekte kann bei der Behandlung eines Gegenstandes wie dem des Glaubens nicht völlig ausgeschlossen werden. Explizit werde ich mich jedoch auf die säkularen Bedeutungsebenen des Glaubens beschränken, wobei ich zunächst die realitätsfundierende, epistemologische und Beziehungsdimension des Glaubens erörtere, um mich von dort aus meinem thematischen Hauptanliegen, der ethischen Funktion des Glaubens, in der Haltung des Analytikers zuzuwenden.

Die realitätsfundierende, epistemologische und Beziehungsdimension des Glaubens

Fragt man nach der nicht-religiösen Dimension des Glaubens, so stößt man heute vielerorts auf die Überzeugung, der zufolge Glaube ein wesentliches, ja vielleicht sogar unentbehrliches Regulativ unseres Wirklichkeitsbezuges darstellt. Einfacher ausgedrückt: Als wirklich oder real gilt uns nur, woran geglaubt werden kann. Insofern erweist sich der Glaube oder in einer erweiterten Formulierung die Fähigkeit zu glauben als elementare Funktion, die unser Wirklichkeitsverhältnis fundiert, ja möglicherweise überhaupt erst konstituiert. Diese grundlegende Bedeutung der Glaubensfunktion untersucht Ronald Britton in seiner Arbeit »Glaube und psychische Realität« (2001a, S. 21ff.), in der es dem Autor, wie im Titel bereits angedeutet, vornehmlich um das Problem der Be-glaubigung psychischer Realität geht. Er schreibt:

> »Um etwas für psychisch real halten zu können, muss man es bewusst oder unbewusst glauben. Wenn diese Funktion zerstört wird, geht das Gefühl der Gewissheit der Selbstkontinuität und der Alltäglichkeit der wahrgenommenen Welt verloren [...]. Der Betreffende fühlt sich dann nicht nur von der Außenwelt losgelöst, sondern auch von seiner psychischen Realität« (Britton, 2001a, S. 29f.).

Brittons Hinweis darauf, dass im Falle des Zusammenbruchs der Glaubensfunktion das Subjekt sich auch von der Außenwelt getrennt fühlt, zeigt, dass sich die realitätsfundierende Funktion des Glaubens nicht nur auf die Wahrnehmung der inneren Welt (Gedanken, Fantasien, Gefühle, Wünsche), sondern auch auf die der Sinneseindrücke erstreckt. In psychopathologischen Zuständen wie dem der Derealisation geht der Glaube an die Realität der äußeren Welt verloren, was Gefühle wie Panik und existenzielle Unsicherheit erzeugt. In der Psychose kann dieser Zustand durchdringender Unwirklichkeit durch wahnhafte Gewissheit gefüllt und so notdürftig kompensiert werden (ebd., S. 30).

Die entwicklungspsychologische und psychoanalytische Forschung weiß bislang wenig über die Ursprünge der Fähigkeit zu glauben, auch darüber, ob es sich dabei um eine Fähigkeit sui generis oder um eine aus mehreren Komponenten zusammengesetzte psychische Funktion handelt. Da wir es beim Glauben offenbar mir einem mentalen Vermögen zu tun haben, das Aspekte eines basalen Vertrauens und eines Sich-verlassen-Könnens aufweist, liegt es nach unserem entwicklungspsychologischen Wissen nahe, die Genese in den Früherfahrungen des Subjektes anzusetzen, also dort, wo sich die Grundlagen dessen bilden, was man gemeinhin als basales oder Urvertrauen, neuerdings als sichere Bindung bezeichnet. Wir müssen aber einräumen, dass darüber nichts Spezifisches bekannt ist.

Nach allgemeinem Verständnis steht der Glaube im Gegensatzverhältnis zum Wissen. Dieser in der Philosophie der Aufklärung und insbesondere bei Kant zwar nicht erst entstandene, aber festgeschriebene Dualismus stellt sich bei genauerer Betrachtung aber wesentlich komplizierter dar, als dies im Allgemeinen und auch im erwähnten Beitrag von Britton den Anschein hat. Britton stellt klar, dass es zunächst einmal darauf ankomme, den Glauben als solchen zu erkennen. Als Kind, so Britton, habe er fraglos an die Existenz Gottes geglaubt, ohne zu wissen, dass er glaube. Erst nachdem er verstanden habe, was Atheismus sei, habe er begriffen, dass er an Gott *glaube* (ebd., S. 28f.). Um diese Differenzierung vornehmen zu können, bedürfe es der triangulierenden Funktion, also der Fähigkeit, im Verhältnis zu den Phänomenen der inneren und äußeren Welt eine dritte Position einzunehmen, um mit deren Hilfe die Glaubensinhalte auf Tatsachen oder andere und gegebenenfalls abweichende Phänomene zu beziehen. Ein solcher Prozess finde letztlich auch in der Analyse statt, in der es darum gehe, die unbewussten Glaubenssätze und -systeme, an denen der Neurotiker leidet, bewusst zu machen, zu reflektieren und an der Realität zu überprüfen. Brittons Schlussfolgerung lautet daher: »Glaubensinhalte müssen einer Realitätsprüfung unterzogen werden, um zu Wissen werden zu können« (ebd., S. 29).

An dieser Stelle nun zeigt sich ein positivistischer Schwachpunkt in Brittons Argumentation, der seine ansonsten so fruchtbaren Erkenntnisse über die psychologische Bedeutung der Glaubensfunktion geradezu konterkariert. Denn wenn es zutrifft, dass es die Glaubensfunktion ist, die den Phänomenen erst Realitätswert verleiht, ist schwer einzusehen, wie die Gültigkeit des Glaubens an der Realität überprüft werden könnte. Diese Argumentation folgt einer zirkulären Logik. Der Sachverhalt lässt sich noch schärfer fassen. Wird Wahrheit (wahres Wissen) als Übereistimmung mit der Realität (den Tatsachen) definiert und zugleich geltend gemacht, dass Realität, die nicht geglaubt wird, auch nichts bedeutet, dann verliert auch das wahre Wissen jegliche Basis. Die entweder logisch erwiesene Wahrheit einer arithmetischen Operation oder die empirisch erwiesene Wahrheit eines Naturgesetzes muss als solche eben auch geglaubt werden. Und diese Art des Glaubens beinhaltet offenbar eine Art der Annahme oder Bejahung, die selbst nicht wieder von einer Spielart rationalen Wissens abhängen kann.

Die zweite Bruchstelle in Brittons Ausführungen hat mit dem Umstand zu tun, dass er Glauben und Wissen in qualitativer Hinsicht gewissermaßen auf *einer* Skala abträgt. In neopositivistischer Manier definiert er Glauben im ungünstigsten Fall als falsches, das heißt mit der Realität nicht übereinstimmendes Wissen, im günstigsten Fall als »wahrscheinliches« Wissen (ebd., S. 26). Mit dieser Engführung gibt er aber die psychologisch wichtige und besondere Wesensbestimmung des Glaubens gegenüber dem Wissen preis. Er behandelt den Glauben als eine Schrumpfform des Wissens, als vorläufige, noch ungesicherte Annahme oder Überzeugung (»belief« im englischen Original). Außerdem arbeitet er mit der Prämisse, dass es sicheres Wissen gäbe, was von kritischen Wissenschaftsphilosophen wie Karl Popper entschieden verneint wird. Auf epistemologischer Ebene muss Britton von dieser Prämisse jedoch Gebrauch machen, weil sich nur so eine eindeutige Differenz zwischen Wissen und Glauben aufrechterhalten lässt.

Brittons Arbeit ist, was die psychologische Charakteristik der Glaubensfunktion angeht, uneinheitlich und in ihren Formulierungen nicht immer glücklich. Ein luzider Einblick gelingt dem Autor dort, wo er eine Analogie zwischen dem Glauben und der Beziehung, der Liebe zu anderen Menschen herstellt:

> »Ich denke, dass wir an Ideen ähnlich glauben wie wir Objekte ›besetzen‹. Ein Glaube ist eine Phantasie, die mit den Eigenschaften eines psychischen Objektes ausgestattet worden ist, und zu glauben bedeutet, sich auf ein Objekt zu beziehen […]. Wir sprechen über Glauben genauso wie wir über eine Beziehung sprechen würden. Wir bekennen uns zu Glaubensvorstellungen oder unterwerfen uns ihnen; wir halten an ihnen fest oder geben sie auf; manchmal haben wir das Gefühl, sie zu verraten. Manchmal hat uns eine Glaubensvorstellung im Griff, wir fühlen uns von ihr gefangen gehalten, verfolgt oder besessen. Ähnlich wie unsere wichtigsten zwischenmenschlichen Beziehungen können wir die Glaubensvorstellungen, die uns am meisten bedeuten, nur durch einen Trauerprozess aufgeben« (ebd., S. 26).

Implizit, so könnte man schlussfolgern, bringt Britton hier den Glauben in einen Kontext, den intersubjektiven nämlich, zurück, in dem er als Fähigkeit entstanden, gewachsen und gegebenenfalls auch beschädigt worden ist. Allerdings soll uns die Frage der Genese hier nicht vorrangig interessieren. Der entscheidende Punkt an Brittons Gedankengang ist vielmehr der, dass Glaube relational verstanden wird als Ausdruck oder Form einer Beziehung, in der wir ein Objekt – das kann eine Idee oder ein anderer Mensch sein – emotional besetzen. Die Rede von der Besetzung zeigt für sich genommen schon an, dass wir es mit einem in der Hauptsache nicht-rationalen Vorgang zu tun haben, also mit Gefühlen oder affektiv-triebhaften Regungen von Liebe und Hass, die natürlich auch mit dementsprechenden Vorstellungsinhalten einhergehen können. »Nicht-rational« bedeutet hier lediglich, dass wir dort, wo wir im Glauben ein Objekt besetzen, gerade nicht nach Maßgabe des Wissens, sondern anderer, nämlich emotionaler, vielleicht auch intuitiver Faktoren und Beweggründe handeln. *An einen Menschen zu glauben, bedeutet nicht, vieles über ihn zu wissen.* Zweifellos kann ein solches Wissen den Glauben in der einen oder anderen Richtung beeinflussen. Es kann ihn vertiefen oder umgekehrt zum Verlust dieses Glaubens beitragen. Aber das Wissen macht nicht den spezifischen Kerngehalt des Glaubens aus. Der Glaube an einen Menschen geht nicht im Wissen über diesen auf. Ein solcher Glaube kann nicht in Wissen überführt werden, und ein noch so umfassendes Wissen reicht nicht an den Glauben heran. Brittons Analogie von Glaube und Beziehung respektive Objektbesetzung falsifiziert seine im selben Sachzusammenhang aufgestellte naive These vom Glauben als einer primitiven, das heißt nicht an der Realität überprüften Vorstufe des Wissens. Sie stützt vielmehr die Auffassung, wonach der Glaube einer anderen mentalen *Ordnung* als der des Wissens angehört, womit wir auf eine Differenzierung verwiesen werden, die auf religiösem Gebiet bei Blaise Pascal wiederzufinden ist (Pascal, 1978, S. 130ff.). Brittons Idee vom Glauben als einer Form der Objektbesetzung könnte uns darauf bringen, im Glauben eine libidinöse Bejahung, eine Verwandlungsform von Liebe zu erkennen. Die Spielarten des Glaubens von den primitivsten und neurotischsten bis zu den sublimsten und kultiviertesten würden sich als Transformationen der Liebe verstehen lassen. Zu ergänzen wäre an dieser Stelle, dass die Fähigkeit zu glauben wohl nicht nur etwas über die aktive Liebesfähigkeit aussagt, sondern zugleich etwas über das Maß erfahrener und im Selbstgefühl des Subjektes gleichsam sedimentierter Liebe.

»Glaube an O«: Wilfred Bions metaphysische Grundlegung psychoanalytischer Ethik

Man wird in der modernen Psychoanalyse kaum einen zweiten finden, der sich wie Wilfred Bion in spekulatives Gebiet vorgewagt hat, ohne dass dies seiner professionellen Reputation und seinem Einfluss geschadet hätte. Bions breit angelegte Ausflüge in die Metaphysik lassen sich unter einem Symbol zusammenfassen, dessen überquellenden Bedeutungsgehalt man verstanden haben muss, um sich ein Bild davon machen zu können, was seine dem empiristischen Geist nicht leicht zugänglichen oder überflüssig erscheinenden philosophischen Grundannahmen über die geforderte Haltung des Psychoanalytikers und die in ihr realisierten ethischen Positionen aussagen. Die Rede ist von Bions geheimnisumwittertem »O«, dem Sprachzeichen für eine letzte, absolute Realität oder Wahrheit, die dem analytischen Prozess und allen Phänomenen, die darin vorkommen, zugrunde liegt. Die von Bion vorgenommenen Ausbuchstabierungen von O fallen äußerst vielfältig, nicht selten widersprüchlich oder verwirrend aus. Sie entstammen Rückgriffen auf Elemente der eigenen Theorie, schöpfen aber vorwiegend aus dem Fundus traditioneller Metaphysik und Mystik. Ich beziehe mich bei den folgenden Charakterisierungen im Wesentlichen auf die Vielzahl verteilter Aussagen in den Werken *Transformationen* (Bion, 1997 [1965]) und *Aufmerksamkeit und Deutung* (Bion, 2006 [1970]).

Bions absolute Realität ist zunächst gleichbedeutend mit den Beta-Elementen, also den präsymbolischen, noch nicht »denkbaren« Rohmaterialien der inneren Welt. Gleichzeitig enthält sie die basalen Präkonzeptionen, also angeborene Formen oder Strukturen, die im Vollzug spezifischer psychischer Akte (des Denkens, Wahrnehmens, Fühlens) in Realisierungen überführt werden. Von hier aus zieht Bion die Verbindung zu den platonischen Ideen, den transzendenten Urbildern des Seienden. Des Weiteren spricht er mit besonderer Vorliebe von O als dem Kant'schen Ding-an-Sich, genauer von einer Ding-an-sich-Welt, die er von der dem Erkennen zugänglichen phänomenalen Welt absetzt. In Begrifflichkeiten, die uns aus mystisch-gnostischen Systemen vertraut sind, beschreibt Bion die absolute Realität als Sphäre des Formlosen, Ungestalteten, der pleromatischen Fülle und des Nichts, als Anfang (origin) und Ende (omega), als primordiale Matrix, die alle phänomenale Unterschiedenheit in sich vereint und aus sich hervorgehen lässt. Als konsequente Fortführung und Steigerung dieser Bestimmungen erscheint O schließlich als Ausdruck und Träger eines Gottesbildes, das sich im individuellen Bewusstsein im Zuge bestimmter psychischer Transformationen inkarniert.

Vor diesem Hintergrund der begrifflichen Amplifikationen stellt sich die Frage nach der Erfahrbarkeit von O. Da die letzte Realität nicht symbolisch repräsentiert und auch gar nicht repräsentierbar ist, kann sie nicht als Objekt, als gegenständliche Realität erkannt oder gewusst werden. Zwar vermag sich der erkennende Geist der numinosen Wirklichkeit von O anzunähern, er kann aber nicht den Sprung vollziehen, der zur Erfahrung von O führt. Diese Erfahrung kann nicht im Modus der Erkennens, wohl aber im Modus des *Seins* erfolgen. Ziel aller im analytischen Prozess stattfindenden Transformationen ist daher jenes von Bion so benannte Einswerden mit O, O-Werden, Realwerden in O, das heißt das Identischwerden mit der eigenen letzten Wahrheit oder Realität.

Man darf es sich mit der intendierten Seins-Erfahrung nicht zu einfach machen und sie etwa auf die gängige Unterscheidung von Denken und Fühlen herunterbrechen. Es heißt, etwas dürfe, um seelisch wirksam zu werden, nicht nur gedacht, sondern müsse auch gefühlt werden. Dies ist wohl richtig, aber auch unzureichend oder sogar irreführend im Hinblick auf das, was Bion vorschwebt. Ein

Gefühl zu haben, bedeutet nicht immer und für jeden Menschen – man denke an oberflächlich-konventionelle oder fassadäre hysterische Gefühlsbildungen –, darin als Person real, mit der eigenen Wahrheit verbunden zu sein. Umgekehrt kann ein Gedanke, eine Einsicht durchaus zur tiefen Seins-Erfahrung werden, also diese innerste personale Realität oder Wahrheit bezeugen. Einen Fingerzeig auf das Wesentliche erhält man vielleicht am besten durch den Begriff der »Inkarnation«: Eine Erfahrung, sei es ein Gedachtes, Gefühltes, Vorgestelltes, Gewolltes, muss »in Fleisch und Blut« übergehen, muss von der Person in ihrer psychosomatischen Leiblichkeit Besitz ergreifen, in ihr aufgehen.

Wie nun kann sich der Analytiker in der analytischen Situation auf die Wirklichkeit von O beziehen und einstellen? Da er O nicht über die Sinne wahrnehmen, nicht denken und auch nicht unbedingt fühlen kann, bleibt nur jenes Organ, das sich dort, wo es um die letzten Dinge geht, immer schon angeboten und bewährt hat. Dieses Organ ist der *Glaube*. Das Ungewöhnliche an Bions klinischer Theorie besteht darin, dass er den Glauben – »faith in O« – im Kontext einer metaphysischen Grundlegung des analytischen Prozessverständnisses zu einem zentralen und unverzichtbaren Merkmal der analytischen Haltung erhebt (Bion, 2006 [1970], S. 41ff.). Dass Bion mit dem Glauben etwas qualitativ anderes im Blick hat als Britton im oben besprochenen Beitrag, zeigt sich schon in der englischsprachigen Wortwahl. Während Britton durchgängig den Ausdruck »belief« gebraucht, womit Glaube im Sinne eines Für-wahr-Haltens gemeint ist, spricht Bion von »faith«, ein Wort, das etwas ganz anderes beinhaltet als wahrscheinliches Wissen und in dem deutlich und auch so gewollt religiöse Konnotationen mitschwingen. Es ist nicht nur der Glaube an die fundierende transzendente Realität von O, sondern auch daran, dass die Seins-Erfahrung, die der Transformation in O folgt, möglich ist und dass ihr Bedeutung zukommt. Wenn das Ziel der Analyse für den Analysanden darin besteht, seines realen Selbstseins inne zu werden, dies im Partikularen wie im Ganzen seines Selbst- oder Personseins, dann muss der Analytiker davon überzeugt sein, dass dieses Ziel einschließlich der Prozeduren, die zu ihm hinführen, bedeutungsvoll ist und deshalb gegen Angriffe und Zerstörung verteidigt werden muss. Der zuletzt angesprochene Aspekt liefert den entscheidenden Hinweis auf die ethische Dimension des Glaubens an O, der im vorliegenden Zusammenhang unser hauptsächliches Interesse gilt.

Wie mir scheint, lässt sich Bions »faith in O« als Vorkehrung gegen die in der menschlichen Psyche wirksame Destruktivität verstehen. Dem Glauben fällt die Aufgabe zu, das Lebendige, das angewiesen ist auf Wert und Bedeutung, zu schützen gegen den »Tod ohne Ende«, gegen jene »Kraft, die weiterbesteht [...], auch wenn sie Existenz, Raum und Zeit zerstört hat« (Bion, 1997 [1965], S. 101). Bions Glaube an die transzendente Wahrheit des Seins soll dem Subjekt die Hoffnung erhalten, die Destruktion zu überleben, um in einer inneren Welt aus Wert und Bedeutung weiter existieren zu können. Der amerikanische Psychoanalytiker Michael Eigen ist der Ansicht, dass sich der Glaube als Schutzwall gegen die Mächte der Zerstörung besonders gut eignet, weil er einer von allen konkreten psychischen Inhalten entkleideten Haltung entspricht, jener von Bion so oft thematisierten Haltung »without memory, desire, understanding« (Eigen, 1998, S. 75f.). Gedanken, Vorstellungen und Gefühle können angegriffen und vernichtet werden, der gestaltlose Glaube, der unsichtbar im Seienden wohnt, dagegen nicht. So die Hoffnung. Glaube als Bestandteil der analytischen Haltung hätte demnach die Funktion eines antinihilistischen Schirmes im Dienste des Guten, wobei für dieses Gute die Namen des Eros und des Lebendigen einzusetzen wären, im Weiteren die von Sinn und Bedeutung, die nur auf der Basis lebendiger seelischer Verbindungen zustande kommen und erhalten bleiben.

Das aus dem Glauben an O abgeleitete ethische Postulat enthält gleichwohl eine Problematik, die geeignet erscheint, den Wert der Bion'schen Idee gleichsam von innen heraus anzugreifen und zu unterminieren. Ich spreche hier gar nicht von den naheliegenden Einwänden moderner Subjekt- und Identitätskritik, denen Bions ganz im Stile traditioneller metaphysischer Systeme gehaltene, überdies äußerst eklektisch konstruierte Philosophie schutzlos ausgeliefert wäre, und mit denen der Autor sich an keiner Stelle seines Werkes ernsthaft auseinandersetzt. Der Feind verbirgt sich im Innern des eigenen Hauses. Wenn O im Sinne der identitätsphilosophischen und mystischen Auffassungen die in sich noch undifferenzierte Alleinheit des psychisch Seienden bezeichnet, dann enthält diese Alleinheit natürlich auch das gesamte ungesättigte Potenzial an Destruktivität. Folglich kann der Glaube an O nicht den Schutz vor den Mächten der Destruktion verbürgen, da diese Bestandteil dessen sind, worauf sich der Glaube richtet. Im Übrigen weiß Bion darum, dass es eine Angst vor O, genauer vor der Erfahrung von O gibt. Als Erfahrung des Formlosen gleicht O dem *Realen* im Verständnis Lacans, dessen Einbruch immer traumatische Qualität aufweist. Daher gilt für Bion, dass alle Abwehrvorgänge und damit auch alle im psychoanalytischen Prozess auftauchenden Widerstände in einem grundlegenden Widerstand gegen O und das heißt in einer basalen Angst vor dem Realen, vor dem Realwerden im eigenen Sein wurzeln. Transponiert man die Betrachtung auf die Ebene religiöser Begrifflichkeit, so ließe sich mit Rilke sagen: »Ein jeder Engel ist schrecklich« (Rilke, 1984, S. 441). Und er ist besonders schrecklich, wenn in seinem Erscheinen Gutes und Böses, Lebendiges und Totes, Konstruktives und Destruktives nicht zu unterscheiden sind. Bions Glaube an O gleicht in ethischer Hinsicht dem verzweifelten Versuch, Gott gegen Gott zu Hilfe zu rufen. Vielleicht rächt sich hier, dass Bion etwas zu großzügig und unbesorgt in der Auswahl seiner metaphysischen Referenzmodelle ist. In O ist *alles* möglich, und daher eignet sich O nicht als Grundlage einer ethischen Haltung. »Faith in O« kann dem Analytiker so etwas wie die Gewissheit einer »ultimate reality« vermitteln, ihm aber nicht als Orientierung für seine ethische Haltung dienen.

Analytischer Glaube: »aus dem Nichts«

Man muss Bions metaphysische Grundlegung der analytische Situation und des analytischen Handelns nicht im Ganzen befürworten, um zu der Überzeugung zu gelangen, dass die behandlungspraktischen Entscheidungen, die der Analytiker trifft, in vielfacher Hinsicht von Glaubenseinstellungen oder, wenn wir etwas zurückhaltender formulieren, von irrationalen Faktoren nicht nur geprägt, sondern getragen sind, von Faktoren mithin, die mit professionell vorgegebenen technischen Parametern wenig zu tun haben. Nehmen wir als Beispiel eine Standardsituation analytisch-psychotherapeutischer Praxis, die Situation zu Beginn einer therapeutischen Begegnung, in der der Therapeut nach Abschluss einer Reihe von Gesprächen eine Entscheidung darüber treffen muss, ob er den jeweiligen Patienten in Behandlung nimmt oder nicht. Das technische Instrumentarium gibt dazu eine Reihe von Kriterien vor, die im Übrigen auch im gegebenenfalls zu erstellenden Psychotherapieantrag an die Krankenkasse aufgeführt und zu berücksichtigen sind. Zu diesen Kriterien oder Parametern gehören: die Therapiemotivation des Patienten, seine Bereitschaft zur aktiven Auseinandersetzung mit seiner Problematik, das Niveau und die Struktur der Störung, Introspektions- und Verbalisierungsfähigkeit, Regressionsfähigkeit, Beschaffenheit der Abwehr, Ausmaß der vorhandenen Ichleistungen und psychischen Ressourcen und anderes mehr. Jeder auf diesem Gebiet Tätige weiß, dass bei der anfänglichen Therapieentscheidung neben den auswahlweise angeführten technischen Parametern gewisse idiosynkratische Momente eine bedeutende Rolle spielen, die in den offiziellen Manualen allerdings schon nicht mehr aufgeführt werden. Gemeint sind damit die Momente der persönlichen Passung, die man in salopper Redeweise als die »Chemie« zwischen den Beteiligten bezeichnet. Keine Checkliste, an der sich insbesondere der Berufsanfänger orientieren möchte, misst der Frage Bedeutung zu, ob gewisse typologische oder charakterologische Empfindlichkeiten und daraus resultierende Unverträglichkeiten vorliegen, die Sinn und

Erfolg einer therapeutischen Zusammenarbeit unwahrscheinlich erscheinen lassen. Eine sich hartnäckig haltende und jeder selbstanalytischen Prüfung trotzende Antipathie spricht dagegen, einen Patienten in Therapie zu nehmen. Umgekehrt lässt sich fragen, ob nicht bei übermäßig fixierten positiven Gefühlsregungen aufseiten des Therapeuten dasselbe zu gelten hätte. Worauf es mir an dieser Stelle ankommt, berührt jedoch nun eine Sphäre, die noch einmal jenseits oder unterhalb der angeführten subjektiven Dynamiken liegt. Es ist eine Ebene der inneren Entscheidungsbildung, die dort in Erscheinung tritt, wo der Patient die relevanten Kriterien für Indikation und Prognose nicht erfüllt oder nur teilweise oder nur annäherungsweise erfüllt und wir uns *trotzdem* für die Zusammenarbeit mit ihm entscheiden. Von den Motiven, die einem solchen manchmal irrational anmutenden Schritt zugrunde liegen, möchte ich im hier interessierenden Zusammenhang diejenigen ausschließen, die auf spezielle Gegenübertragungsdispositionen, omnipotente Heilungs- und Rettungsbestrebungen zurückgehen oder der Verlegenheit entspringen, kein alternatives Therapieangebot empfehlen zu können. Worauf ich vielmehr hinaus will, ist das Vorhandensein und die Wirksamkeit einer inneren Regung, für die mir der Begriff des Glaubens vielleicht etwas behelfsmäßig, im Ganzen jedoch brauchbar erscheint. Der Glaube, von dem ich hier spreche, macht sich bemerkbar in der tiefen und rational nicht weiter reduzierbaren Überzeugung, dem in seelischer Not befindlichen Menschen in einer vielleicht noch gar nicht näher bestimmbaren Form helfen zu können, »etwas für ihn tun zu können«. Die auf die Person des Patienten bezogene Entsprechung dieser Glaubenshaltung besteht in der ebenso festen wie oft schlecht begründbaren Gewissheit, dass es in ihm, in seinem vielleicht noch so beschädigten oder unentwickelten Selbst etwas gibt, was lebendig ist oder wieder zum Leben erweckt werden kann, was ihn trägt und was eine Zukunft hat. Dieser zweipolige Glaube verknüpft demnach in der intersubjektiven Bezogenheit auf einen individuellen Menschen ein basales Vertrauen in das eigene analytisch-therapeutische Vermögen mit dem Vertrauen in das Selbst-Vermögen des Anderen, in dessen Selbstwerden-und Selbstsein-Können. Es ist das unterhalb jeder behandlungstechnischen Verfahrensebene wirkende Vertrauen in das transformative Potenzial einer Begegnung, die sich unter ganz spezifischen Rahmenbedingungen ereignet. Vermutlich liegen die Dinge so, dass die basale Glaubenshaltung immer beteiligt ist, dort jedoch eher verdeckt bleibt oder implizit am Werk ist, wo die technischen Parameter erfüllt sind und als solche ausreichen, um eine Therapieentscheidung zu fundieren. Mangelt es jedoch an solchen Eignungsnachweisen, tritt umso deutlicher die tiefere Geschehensebene ans Licht. Ich will noch einmal hervorheben, dass diese Geschehensebene nicht die der Verlegenheit oder Beliebigkeit ist. Das genaue Gegenteil trifft zu. Es ist die Ebene, auf der unter Wegfall aller technischen Halte- und Schutzvorrichtungen, auf einer Ebene von Nacktheit, wenn man so will, eine Wahl getroffen wird, die man, gerade weil ihr die Legitimierung mittels allgemeingültiger Kriterien fehlt, als weitestgehend *individualisierte* anzusehen hat. Der Glaube im hier verstandenen Sinne ermöglicht eine Singularität der Entscheidung, die als solche immer eine ungeschützte ist. Es muss folglich eingeräumt werden, dass der analytische Glaube auf etwas Unbestimmtem aufruht und sich gleichermaßen auf etwas Unbestimmtes richtet. Ich würde dieses Unbestimmte weniger eine Realität als eine *Wahrheit* nennen, etwa in dem Sinne, wie Jacques Lacan dies tut, wenn er die individuelle Wahrheit des Subjekts und seiner Geschichte, so wie und soweit diese sich in seinem Sprechen artikuliert, im Blick hat (Lacan, 1986, S. 71ff.). Der Glaube richtet sich auf die Wahrheit des Selbst als etwas, was im substanziellen Sinne gar nicht »da« ist. Und ebenso erweist er sich mangels jeglicher begründungsfähiger Referenz als »nichtig«. Der Glaube gründet im Nichts. Aus diesem steigt er als *creatio ex nihilo* auf und behauptet seine ethische Gültigkeit. Man kann daher ermessen, dass die Glaubensbereitschaft des Analytikers, auch wenn es sich bei ihr um kein religiöses Phänomen *sensu stricto* handelt, dem von Kierkegaard geforderten *Sprung* gleichkommt, dem durch keinerlei rational-wissenschaftliches Fangnetz abgesicherten existenziellen Wagnis der Begegnung, in diesem Falle nicht mit Gott, sondern mit einem anderen Menschen im Kontext der analytischen Situation.

Ein Letztes noch bleibt anzuschließen. Wie schon das Bedeutungsfeld des Begriffs nahelegt, kann Glaube nicht ohne eine Vorstellung von Vertrauen, Zuversicht und das heißt letztlich von Hoffnung gedacht werden. Hoffnung – das wäre so etwas wie die Zukunftsdimension des Glaubens. Glaube ist Vertrauen in die Zukunftsoffenheit. Bei Britton haben wir erfahren, dass Glaube als eine Form der Liebe verstanden werden kann, dass also dort, wo wir an einen Menschen glauben, wir ihm in einer Weise des Liebens entgegentreten. Nehmen wir die drei Aspekte zusammen oder sehen wir sie in ihrem wechselseitigen Bedingt- und Enthalten-Sein, dann gelangen wir zum Sinngehalt der paulinischen Dreiheit von Glaube – Hoffnung – Liebe (1. Kor. 13,13). Diese als ethische Maxime der psychoanalytischen Haltung zugrunde zu legen, ist ein vielleicht weit hergeholter, aber, wie wir gesehen haben, kein unmöglicher Gedanke.

Literatur

Agamben, G. (2005). Genius. In ders., *Profanierungen* (S. 7–17). Frankfurt a.M.: Suhrkamp.

Altmeyer, M. (2000). *Narzissmus und Objekt. Ein intersubjektives Verständnis der Selbstbezogenheit.* Göttingen: Vandenhoeck & Ruprecht.

Arendt, H. (2006). *Vom Leben des Geistes.* München: Piper.

Aristoteles (1982). *Poetik* (Hrsg. u. übersetzt v. Manfred Fuhrmann). Stuttgart: Reclam.

Badiou, A. (2012). *Die Philosophie und das Ereignis.* Wien: Turia & Kant.

Balint, M. (1966). *Die Urformen der Liebe und die Technik der Psychoanalyse.* Stuttgart: Klett.

Balint, M. (1973). *Therapeutische Aspekte der Regression. Die Theorie der Grundstörung.* Reinbek: Rowohlt.

Beland, H. (2004). »Nichts Feierliches«. Gleichschwebende Aufmerksamkeit als Unwissen und Wagnis. In A. Gerlach, A.-M. Schlösser & A. Springer (Hrsg.), *Psychoanalyse des Glaubens* (S. 71–101). Gießen: Psychosozial-Verlag.

Bion, W.R. (1997 [1965]). *Transformationen.* Frankfurt a.M.: Suhrkamp.

Bion, W.R. (1988 [1967]). Anmerkungen zu Erinnerung und Wunsch. In E. Bott Spillius (Hrsg.), *Melanie Klein heute. Band 2.* München/Berlin: Verlag Internationale Psychoanalyse.

Bion, W.R. (2006 [1970]). *Aufmerksamkeit und Deutung.* Frankfurt a.M.: Brandes & Apsel.

Bohleber, W. (Hrsg.). (2004). Der Andere in der Psychoanalyse. *Psyche, 58*(9/10).

Bohleber, W. (Hrsg.). (2014). *Suche nach Repräsentanz. Neue Arbeiten zu seelischen Transformationsprozessen. Psyche, 68*(9/10).

Bott Spillius, E. (2002). *Melanie Klein heute. Entwicklungen in Theorie und Praxis.* Stuttgart: Klett-Cotta.

Britton, R. (2001a). Glaube und psychische Realität. In ders., *Glaube, Phantasie und psychische Realität* (S. 21–34). Stuttgart: Klett-Cotta.

Britton, R. (2001b). Ödipus in der depressiven Position. In ders., *Glaube, Phantasie und psychische Realität* (S. 47–60). Stuttgart: Klett-Cotta.

Britton, R. (2001c). Subjektivität, Objektivität und der trianguläre Raum. In ders., *Glaube, Phantasie und psychische Realität* (S. 61–82). Stuttgart: Klett-Cotta.

Büchner, G. (1979). *Dantons Tod. Werke und Briefe. Band I.* Frankfurt a.M.: Insel.

Carus, C.G. (1941 [1846]). *Psyche. Zur Entwicklungsgeschichte der Seele.* Stuttgart: Kröner Verlag.

Cavell, M. (2006). Subjektivität, Intersubjektivität und die Frage der Realität in der Psychoanalyse. In M. Altmeyer & H. Thomä (Hrsg.), *Die vernetzte Seele* (S. 178–200). Stuttgart: Klett-Cotta.

Dihle, A. (1985). *Die Vorstellung vom Willen in der Antike*. Göttingen: Vandenhoeck & Ruprecht.

Eagle, M.N. (1988). *Neuere Entwicklungen in der Psychoanalyse. Eine kritische Würdigung*. München/Wien: Verlag Internationale Psychoanalyse.

Ehrenberg, A. (2008). *Das erschöpfte Selbst. Depression und Gesellschaft in der Gegenwart*. Frankfurt a.M.: Suhrkamp.

Ehrenberg, A. (2012). *Das Unbehagen in der Gesellschaft*. Frankfurt a.M.: Suhrkamp.

Eigen, M. (1998). *The Psychoanalytic Mystic*. London/New York: Free Association Books.

Evans, D. (2002). *Wörterbuch der Lacanschen Psychoanalyse*. Wien: Turia & Kant.

Ferenczi, S. & Rank, O. (1924). *Entwicklungsziele der Psychoanalyse*. Leipzig/Wien/Zürich: Internationaler Psychoanalytischer Verlag.

Ferro, A. (2003). *Das bipersonale Feld*. Gießen: Psychosozial-Verlag.

Fink, B. (2013). *Grundlagen der psychoanalytischen Technik. Eine Lacansche Annäherung für klinische Berufe*. Wien: Turia & Kant.

Fonagy, P., Gergely, G., Jurist, E.L. & Target, M. (2004). *Affektregulierung, Mentalisierung und die Entwicklung des Selbst*. Stuttgart: Klett-Cotta.

Freud, S. (1895d). Studien über Hysterie. In *GW I* (S. 75–312).

Freud, S. (1899a). Über Deckerinnerungen. In *GW I* (S. 529–554).

Freud, S. (1904a). Die Freudsche psychoanalytische Methode. In *GW V* (S. 3–10).

Freud, S. (1913c). Zur Einleitung der Behandlung. In *GW VIII* (S. 454–478).

Freud, S. (1915a). Bemerkungen über die Übertragungsliebe. In *GW X* (S. 306–321).

Freud, S. (1916–17a). *Vorlesungen zur Einführung in die Psychoanalyse. GW XI*.

Freud, S. (1919a). Wege der psychoanalytischen Therapie. In *GW XII* (S. 181–194).

Freud, S. (1920a). Über die Psychogenese eines Falles von weiblicher Homosexualität. In *GW XII* (S. 269–302).

Freud, S. (1920g). Jenseits des Lustprinzips. In *GW XIII* (S. 3–66).

Freud, S. (1923b). Das Ich und das Es. In *GW XIII* (S. 235–289).

Freud, S. (1927c). Die Zukunft einer Illusion. In *GW XIV* (S. 323–380).

Freud, S. (1930a). Das Unbehagen in der Kultur. In *GW XIV* (S. 419–505).

Freud, S. (1937d). Konstruktionen in der Analyse. In *GW XVI* (S. 43–56).

Freud, S. (1939a). Der Mann Moses und die monotheistische Religion. In *GW XVI* (S. 103–246).

Freud, S. (1950c). Entwurf einer Psychologie. In *GW Nachtragsband* (S. 387–477).

Freud, S. & Jung, C.G. (1976). *Briefwechsel* (Hrsg. v. W. McGuire & W. Sauerländer). Zürich: Ex Libris.

Freud S. & Ferenczi, S. (1996). *Briefwechsel (1917–1919)* (Hrsg. v. E. Falzeder & E. Brabant). Wien: Böhlau.

Frick, E. & Hamburger, A. (Hrsg.). (2014). *Freuds Religionskritik und der »Spiritual Turn«. Ein Dialog zwischen Philosophie und Psychoanalyse*. Stuttgart: Kohlhammer.

Frommer, J. & Tress, W. (1998). Primär traumatisierende Welterfahrung oder primäre Liebe? *Forum der Psychoanalyse*, *14*(2), 139–150.

Geier, M. (2013). *Geistesblitze. Eine andere Geschichte der Philosophie*. Reinbek: Rowohlt.

Geissler, P. (2001). *Mythos Regression*. Gießen: Psychosozial-Verlag.

Gerlach, A., Schlösser, A.-M. & Springer, A. (Hrsg.). (2004). *Psychoanalyse des Glaubens*. Gießen: Psychosozial-Verlag.

Gödde, G. (1999). *Traditionslinien des »Unbewussten«. Schopenhauer – Nietzsche – Freud*. Tübingen: edition diskord.

Goethe, J.W.v. (1998a [1795/96]). *Wilhelm Meisters Lehrjahre* (Werke in 6 Bänden. Band 4). Frankfurt a.M.: Insel.

Goethe, J.W.v. (1998b [1820]). Urworte. Orphisch. In ders., *Gedichte* (Werke in 6 Bänden. Band 1). Frankfurt a.M.: Insel.

Green, A. (1999). *The Work of the Negative*. London/New York: Free Associations Books.

Greenson, R. (1981). *Technik und Praxis der Psychoanalyse*. Stuttgart: Klett-Cotta.

Grunberger, B. (1988). Jenseits des Ödipuskomplexes. In ders., *Narziss und Anubis. Psychoanalyse jenseits der Triebtheorie. Band 1* (S. 200–214). München/Wien: Verlag Internationale Psychoanalyse.

Grunert, J. (1989). Intimität und Abstinenz in der psychoanalytischen Allianz. *Jahrbuch der Psychoanalyse, 25*, 203–235.

Habermas, J. (1973). *Erkenntnis und Interesse*. Frankfurt a.M.: Suhrkamp.

Harre, K. (1987). *Das Problem der Schuld in der Analytischen Psychologie von C.G. Jung* (Abhandlung zur Erlangung der Doktorwürde der Philosophischen Fakultät der Universität Zürich). Aachen: Dissertationsdruck Mainz GmbH.

Haynal, A. (1989). *Die Technik-Debatte in der Psychoanalyse. Freud, Ferenczi, Balint*. Frankfurt a.M.: Fischer.

Hegel, G.W.F. (1988 [1807]). *Phänomenologie des Geistes*. Hamburg: Meiner.

Heidegger, M. (2003). *Beiträge zur Philosophie (Vom Ereignis)* (Gesamtausgabe. Band 65). Frankfurt a.M.: Vittorio Klostermann.

Hillman, J. (1972). *Pan und die natürliche Angst*. Zürich: Schweizer Spiegel Verlag.

Hillman, J. (1975). Abandoning the Child. In ders., *Loose Ends – Primary Papers in Archetypal Psychology* (S. 5–48). Dallas: Spring Publications.

Hirsch, M. (2007). *Schuld und Schuldgefühl. Zur Psychoanalyse von Trauma und Introjekt*. Göttingen: Vandenhoeck & Ruprecht.

Honneth, A. (1994). *Kampf um Anerkennung*. Frankfurt a.M.: Suhrkamp.

Jaffé, A. (1977). *Erinnerungen, Träume und Gedanken von C.G. Jung*. Olten/Freiburg: Walter Verlag.

Janus, L. (2010). Die »Technik der Psychoanalyse« von Otto Rank – eine Ressource für die heutige Psychoanalyse. *Forum der Psychoanalyse, 26*(2), 129–149.

Janus, L. (2015). Die Objektbeziehungspsychologie Otto Ranks. *Psyche, 69*(3), 257–279.

Jehoschua, A.B. (2005). Das Unbehagen in der Kultur. *Psyche, 59*(12), 1139–1153.

Jobs, S. (2005). Rede an der Stanford University. http://news.stanford.edu/2005/06/14/jobs-061505/ (15.03.2017).

Jones, E. (1930). Angst, Schuldgefühl und Hass. *Internationale Zeitschrift für Psychoanalyse, 16*(1), 5–20.

Jung, C.G. (1938 [1912–13]). *Wandlungen und Symbole der Libido*. Leipzig & Wien: Franz Deuticke.

Jung, C.G. (1985 [1913]). Versuch einer Darstellung der psychoanalytischen Theorie. In *GW 4* (S. 107–255).

Jung, C.G. (1981 [1916]). Anpassung, Individuation, Kollektivität. In *GW 18/2* (S. 481–488).

Jung, C.G. (1971 [1928]). Die Beziehung zwischen dem Ich und dem Unbewussten. In *GW 7* (S. 127–247).

Jung, C.G. (1989 [1940]). Zur Psychologie des Kindarchetypus. In *GW 9/1* (S. 163–220).

Jung, C.G. (1984 [1946]). Die Psychologie der Übertragung. In *GW 16* (S. 173–341).

Jung, C.G. (1988 [1952]). *Symbole der Wandlung. Analyse des Vorspiels zu einer Schizophrenie. GW 5*.

Junker, H. (2005). *Beziehungsweisen. Die tiefenpsychologische Praxis zwischen Technik und Begegnung*. Frankfurt a.M.: Brandes & Apsel.

Kant, I. (1983 [1781]). *Kritik der reinen Vernunft* (Werke in 6 Bänden. Band 2). Darmstadt: Wissenschaftliche Buchgesellschaft.

Kerényi, K. (1966). *Die Mythologie der Griechen. Band II: Die Heroen-Geschichten*. München: Deutscher Taschenbuch Verlag.

Kernberg, O. (1998). *Wut und Hass: Über die Bedeutung von Aggression bei Persönlichkeitsstörungen und sexuellen Perversionen*. Stuttgart: Klett-Cotta.

Kerr, J. (1994). *Eine höchst gefährliche Methode. Freud, Jung und Sabina Spielrein*. München: Kindler.

Kierkegaard, S. (2003 [1843]). *Entweder – Oder*. München: Deutscher Taschenbuch Verlag.

Kierkegaard, S. (1996 [1844]). *Der Begriff Angst*. Frankfurt a.M.: Europäische Verlagsanstalt.

Kirchhoff, C. (2009). *Das psychoanalytische Konzept der »Nachträglichkeit«. Zeit, Bedeutung und die Anfänge des Psychischen*. Gießen: Psychosozial-Verlag.

Kohut, H. (1985a). Überlegungen zum Narzissmus und zur narzisstischen Wut. In ders., *Die Zukunft der Psychoanalyse* (S. 205–251). Frankfurt a.M.: Suhrkamp.

Kohut, H. (1985b). Bemerkungen zur Bildung des Selbst. In ders., *Die Zukunft der Psychoanalyse* (S. 252–285). Frankfurt a.M.: Suhrkamp.

Kohut, H. (1991). *Die Heilung des Selbst*. Frankfurt a.M.: Suhrkamp.

La Rochefoucaud, François de (2005 [1665]). *Maximen und Reflexionen*. Stuttgart: Reclam.

Lacan, J. (1986). Funktion und Feld des Sprechens und der Sprache in der Psychoanalyse. In ders., *Schriften I* (S. 71–169). Weinheim/Berlin: Quadriga.

Lacan, J. (1987). *Die vier Grundbegriffe der Psychoanalyse. Das Seminar Buch XI*. Weinheim/Berlin: Quadriga.

Lacan, J. (1996). *Die Ethik der Psychoanalyse. Das Seminar Buch VII*. Weinheim/Berlin: Quadriga

Lacan, J. (1997). *Die Psychosen. Das Seminar Buch III*. Weinheim/Basel: Quadriga.

Laplanche, J. (2011). *Neue Grundlagen für die Psychoanalyse*. Gießen: Psychosozial-Verlag.

Lasch, C. (1995). *Das Zeitalter des Narzissmus*. Hamburg: Hoffmann & Campe.

Lesmeister, R. (1992). *Der zerrissene Gott. Eine tiefenpsychologische Kritik am Ganzheitsideal*. Zürich: Schweizer Spiegel Verlag.

Lesmeister, R. (1993). Die sadomasochistische Struktur der analytischen Beziehung unter archetypischen Aspekten. Ein Beitrag vom Verhältnis von Liebe und Macht in der analytischen Beziehung. *Analytische Psychologie, 24*(1), 22–38.

Lesmeister, R. (2001). Ziele in der Psychoanalyse. Überlegungen zum Subjekt des Unbewussten im analytischen Prozess. *Analytische Psychologie, 32*(1), 3–19.

Lesmeister, R. (2005). Technik und Beziehung. Erkundung eines Widerstreits. In L. Otscheret & C. Braun (Hrsg.), *Im Dialog mit dem Anderen. Intersubjektivität in Psychoanalyse und Psychotherapie* (S. 29–56). Frankfurt a.M.: Brandes & Apsel.

Lesmeister, R. (2009). *Selbst und Individuation. Subjektivität und Intersubjektivität in der Psychoanalyse*. Frankfurt a.M.: Brandes & Apsel.

Lesmeister, R. (2011). C.G. Jung im psychoanalytischen Diskurs der Gegenwart. *Analytische Psychologie, 42*(3), 271–287.

Lévinas, E. (1987). *Totalität und Unendlichkeit. Versuch über die Exteriorität*. Freiburg: Verlag Karl Alber.

Liebermann, E. J. (1997). *Otto Rank. Leben und Werk*. Gießen: Psychosozial-Verlag.

Maier, C. (2014). Bion und C.G. Jung. *Forum der Psychoanalyse, 30*(2), 157–178.

Martin, V. (2016). In Berührung mit dem Unerkennbaren – Transzendenz und psychotherapeutischer Prozess bei Bion und Jung. *Analytische Psychologie, 47*(2), 208–222.

Meier, I. (2015). Der klassische, gebannte und negative Held: Heldenbilder im Wandel der letzten 100 Jahre. *Analytische Psychologie, 46*(1), 9–26.

Montaigne, M. de (1953). *Essais*. Zürich: Manesse.

Morgenthaler, F. (1986). *Technik. Zur Dialektik der psychoanalytischen Praxis*. Frankfurt a.M.: Syndikat.

Neumann, E. (1974 [1949]). *Ursprungsgeschichte des Bewusstseins*. München: Kindler.

Neumann, E. (2008). *Der schöpferische Mensch* (Eranos Vorträge. Band 3). Rütte: Johanna Nordländer Verlag.

Nietzsche, F. (1982a). *Also sprach Zarathustra* (Werke in 3 Bänden. Hrsg. v. Karl Schlechta. Band 2). Darmstadt: Wissenschaftliche Buchgesellschaft.

Nietzsche, F. (1982b). *Zur Genealogie der Moral* (Werke in 3 Bänden. Hrsg. v. Karl Schlechta. Band 2). Darmstadt: Wissenschaftliche Buchgesellschaft.

Nissen, G. (2006). Zur Bestimmung autistoider Organisationen. In ders. (Hrsg.), *Autistische Phänomene in psychoanalytischen Behandlungen* (S. 225–247). Gießen: Psychosozial-Verlag.

Nissen, G. (Hrsg.). (2009). *Die Entstehung des Seelischen. Psychoanalytische Perspektiven*. Gießen: Psychosozial-Verlag.

Ogden, T. (2006). Das analytische Dritte, das intersubjektive Subjekt der Analyse und das Konzept der projektiven Identifizierung. In M. Altmeyer & H. Thomä (Hrsg.), *Die vernetzte Seele* (S. 35–64). Stuttgart: Klett-Cotta.

Olalla, J. A. B. & Minguill6n, R. Z. (o. J.). *Die Schuld der Individuation* [Unveröffentlichtes Manuskript].

Pascal, B. (1978 [1679]). *Pensées*. Heidelberg: Lambert-Schneider.

Petzold, H. & Sieper, J. (Hrsg.). (2004). *Der Wille in der Psychotherapie. Band 1: Tiefenpsychologische und humanistische Verfahren*. Göttingen: Vandenhoeck & Ruprecht.

Pohlen, M. & Bautz-Holzherr, M. (1991). *Eine andere Aufklärung. Das Freudsche Subjekt in der Analyse*. Frankfurt a.M.: Suhrkamp.

Pohlen, M. & Bautz-Holzherr, M. (1995). *Psychoanalyse – Das Ende einer Deutungsmacht*. Reinbek: Rowohlt.

Rank, O. (2006). *Technik der Psychoanalyse. Band I–III (1926–31)*. Gießen: Psychosozial-Verlag.

Rank, O. (2015 [1929]). *Wahrheit und Wirklichkeit*. Graz: Edition Geheimes Wissen.

Rilke, R. M. (1984). *Duineser Elegien* (Werke in 6 Bänden. Band 2). Frankfurt a.M.: Insel.

Safouan, M. (1988). *Die Übertragung und das Begehrens des Analytikers*. Würzburg: Königshausen & Neumann.

Sandler, J. & Dreher, A. U. (1999). *Was wollen die Psychoanalytiker? Das Problem der Ziele in der psychoanalytischen Behandlung*. Stuttgart: Klett-Cotta.

Sandler, J. & Sandler, A.-M. (1985). Vergangenheits-Unbewusstes, Gegenwarts-Unbewusstes und die Deutung der Übertragung. *Psyche, 39*(9), 800–829.

Sartre, J.-P. (2001 [1943]). *Das Sein und das Nichts. Versuch einer phänomenologischen Ontologie*. Hamburg: Rowohlt.

Schadewaldt, W. (1991). *Die griechische Tragödie. Tübinger Vorlesungen Band 4*. Frankfurt a.M.: Suhrkamp.

Schopenhauer, A. (1991 [1859]). *Die Welt als Wille und Vorstellung. Erster Band*. Zürich: Haffmanns.

Sell, M. & Küchenhoff, J. (2015). »In Stücke zerrissen«: Der fragmentierte Körper. *Psyche, 69*(11), 1008–1032.

Steiner, J. (1999). *Orte des seelischen Rückzugs*. Stuttgart: Klett-Cotta.

Stern, N. D. (2005). *Der Gegenwartsmoment*. Frankfurt a.M.: Brandes & Apsel.

Stern, N. D., Bruschweiler-Stern, N., Lyons-Ruth, K., Morgan, A. C., Nahum, J. P. & Sander, L. W. (2012). *Veränderungsprozesse. Ein integratives Paradigma*. Frankfurt a.M.: Brandes & Apsel.

Stern, N. D., Sander, L. W., Nahum, J. P., Harrison, A. M., Lyons-Ruth, K., Morgan, A. C., Bruschweiler-Stern, N. & Tronick, E. Z. (2002). Nicht-deutende Mechanismen in der psychoanalytischen Therapie. Das »Etwas-mehr« als Deutung. *Psyche, 56*(9/10), 974–1006.

Stone, L. (1973 [1961]). *Die analytische Situation*. Frankfurt a.M.: Fischer.

Symington, N. (1997). *Narzißmus*. Göttingen: Steidl.

Szondi, P. (1961). *Versuch über das Tragische*. Frankfurt a.M.: Insel.

Theunissen, M. (1977). *Der Andere*. Berlin: Walter de Gruyter & Co.

Tustin, F. (2005). *Autistische Barrieren bei Neurotikern*. Tübingen: edition diskord.

Weiss, H. (1988). *Der Andere in der Übertragung. Jahrbuch der Psychoanalyse* (Beiheft 11). Stuttgart: frommann-holzboog.

Widmer, P. (1990). *Subversion des Begehrens. Jacques Lacan oder Die zweite Revolution der Psychoanalyse*. Frankfurt a.M.: Fischer.

Winnicott, D.W. (1984 [1962]). Die Frage des Mitteilens und des Nicht-Mitteilens führt zu einer Untersuchung gewisser Gegensätze. In ders., *Reifungsprozesse und fördernde Umwelt* (S. 234–253). Frankfurt a.M.: Fischer.

Winnicott, D.W. (1989 [1969]). Objektverwendung und Identifizierung. In ders., *Vom Spiel zur Kreativität* (S. 101–110). Stuttgart: Klett-Cotta.

Winnicott, D.W. (1991 [1974]). Die Angst vor dem Zusammenbruch. *Psyche*, *45*(12), 1116–1126.

Wirth, H.-J. (2001). Das Menschenbild der Psychoanalyse: Kreativer Schöpfer des eigenen Lebens oder Spielball dunkler Triebnatur. In A.-M. Schlösser & A. Gerlach (Hrsg.), *Kreativität und Scheitern* (S. 13–40). Gießen: Psychosozial-Verlag.

Wurmser, L. (1987). *Flucht vor dem Gewissen. Analyse von Über-Ich und Abwehr bei schweren Neurosen*. Berlin/New York: Springer.

Žižek, S. (2014). *Was ist ein Ereignis?* Frankfurt a.M.: Fischer.

Christoph Bialluch

Das entfremdete Subjekt

Subversive psychoanalytische Denkanstöße bei Lacan und Derrida

2011 · 470 Seiten · Broschur
ISBN 978-3-8379-2103-8

Eine detaillierte Darstellung der Positionen zweier prominenter Denker des 20. Jahrhunderts zur Subversion des Subjekts.

Das vorliegende Buch präsentiert eine groß angelegte Studie, die in kleinen Schritten und dicht an den jeweiligen Primärtexten die Freud- und Marx-Lektüren von Lacan und Derrida chronologisch nachzeichnet und gegenüberstellt. Dabei werden einige Texte, die noch nicht in deutscher Sprache vorliegen, durch Übersetzungen des Autors zugänglich gemacht. Im Zentrum der Untersuchung stehen Lacans Diskurs der Hysterika sowie die Auseinandersetzung Derridas mit der Figur des Gespenstes, die letztlich gegen die Vorstellung eines unentfremdeten, homogenen Subjekts in Stellung gebracht werden. Durch diese Zusammenschau werden die Möglichkeiten und Grenzen eines subversiven psychoanalytischen Denkens offenbar. Dieses Buch soll eine zukünftige Diskussion eröffnen, um die gesellschaftspolitischen Potenziale dieser dialogischen Lektüre zu erschließen.

Robert Heim, Emilio Modena (Hg.)

Jacques Lacan trifft Alfred Lorenzer

Über das Unbewusste und die Sprache, den Trieb und das Begehren

2016 · 184 Seiten · Broschur
ISBN 978-3-8379-2532-6

Lacan und Lorenzer – eine einzigartige Konstellation, die es verdient, nach den Regeln der diskursiven Kunst noch einmal verhandelt zu werden.

Jacques Lacan (1901–1981) und Alfred Lorenzer (1922–2002) gehören zu den charismatischen Gestalten der Psychoanalyse nach Freud. Sie haben ein wissenschaftliches Erbe hinterlassen, von dem die Psychoanalyse noch heute lebt und mit dem sie ihre Aktualität als Theorie und klinische Behandlungsmethode bekräftigt. Beider Werk ist von den Krisen und Brüchen des 20. Jahrhunderts geprägt: Sie haben die wissenschaftlichen und intellektuellen Strömungen ihrer Zeit in ein psychoanalytisches Denken aufgenommen, das nie einen komfortablen Frieden mit einer kapitalistischen Welt zu machen bereit war.

Gegen die Tendenz des Rückzugs auf selbstreferenzielle Ansätze in der zeitgenössischen Psychoanalyse bringen die Autorinnen und Autoren dieses Buches Lacan und Lorenzer in einen nachträglichen Dialog. Das Aufeinandertreffen dieser kritischen Theoretiker des Subjekts betont Differenzen ihrer Denkpositionen, schlägt aber auch Brücken.

Mit Beiträgen von Robert Heim, Hans-Dieter König, André Michels, Emilio Modena, Ulrike Prokop, Marianne Schuller, Thierry Simonelli und Peter Widmer